U0463506

SAIF

Shanghai Advanced

Institute of Finance

上 海 高 级 金 融 学 院

全球的中国金融研究权威

中国的全球金融研究高地

大目标与新进程

——上海国际金融中心建设系列报告 2023

高金智库《上海国际金融中心建设系列报告》课题组◎著

主　编◎屠光绍　李　峰

中国金融出版社

责任编辑：黄海清
责任校对：孙　蕊
责任印制：丁淮宾

图书在版编目（CIP）数据

大目标与新进程：上海国际金融中心建设系列报告：
2023／高金智库《上海国际金融中心建设系列报告》课
题组著；屠光绍，李峰主编． -- 北京：中国金融出版
社，2024．8． -- ISBN 978 - 7 - 5220 - 2489 - 9

Ⅰ．F832.751

中国国家版本馆 CIP 数据核字第 2024FQ4812 号

大目标与新进程——上海国际金融中心建设系列报告 2023
DA MUBIAO YU XIN JINCHENG：SHANGHAI GUOJI JINRONG
ZHONGXIN JIANSHE XILIE BAOGAO 2023

出版
发行　**中国金融出版社**

社址　北京市丰台区益泽路 2 号
市场开发部　（010）66024766，63805472，63439533（传真）
网 上 书 店　www.cfph.cn
　　　　　　（010）66024766，63372837（传真）
读者服务部　（010）66070833，62568380
邮编　100071
经销　新华书店
印刷　北京七彩京通数码快印有限公司
尺寸　169 毫米 × 239 毫米
印张　16.25
插页　2
字数　261 千
版次　2024 年 8 月第 1 版
印次　2024 年 8 月第 1 次印刷
定价　108.00 元
ISBN 978 - 7 - 5220 - 2489 - 9
如出现印装错误本社负责调换　联系电话（010）63263947

前　言

2023 年 10 月召开的中央金融工作会议提出了建设金融强国的宏伟目标，并要求增强上海国际金融中心的竞争力和影响力，这为新阶段上海国际金融中心建设指明了方向。

首先，上海国际金融中心建设应以服务金融强国为目标，以"五篇大文章"为着力点，努力建成强大的国际金融中心。2024 年 1 月，习近平总书记在省部级主要领导干部推动金融高质量发展专题研讨班开班式上发表重要讲话，将"强大的国际金融中心"列为金融强国的核心要素之一。中央金融工作会议提出做好科技金融、绿色金融、普惠金融、养老金融、数字金融"五篇大文章"。这些领域既是我国经济结构优化的突破口，也是金融服务高质量发展、服务实体经济的重要任务。当前，上海国际金融中心建设正迈入从"量"到"质"进阶的关键阶段，应将"五篇大文章"作为深化金融高质量发展的具体抓手，为金融强国建设提供有力赋能和支撑作用。

其次，上海国际金融中心建设应在"五个中心"建设下统筹推进。2023 年 11 月，习近平总书记在考察上海时强调，加快建设"五个中心"，是党中央赋予上海的重要使命，也是上海的主攻方向。"金融中心"作为"五个中心"的重要一环，既面临落实总书记提出的"加强现代金融机构和金融基础设施建设，实施高水平金融对外开放，更好服务实体经济、科技创新和共建'一带一路'"等建设任务，也是为其他四个中心服务并赋能的重要资源，需要与其他中心建设统筹、协同推进，助力整体城市能级和核心竞争力的提升。

最后，上海国际金融中心建设应落实好探索金融高水平制度型开放的重要任务。2023 年 11 月，习近平总书记在上海召开的"深入推进长三角一体化发展座谈会"上，对上海提出了"稳步扩大金融领域制度型开放，提升跨境投融资便利化"等重要指示。2023 年底以来，国务院先后发布《全面对接国际高标准经贸规则，推进中国（上海）自由贸易试验区高水平制度型开放总体方案》《浦东新区综合改革试点实施方案》等政策文件，支持上海自贸区、浦东引领区与临港新片区率先开展与国际高标准经贸规则对接的制度探索，为全面深化改革和扩大开放探索新路径、积累新经验。

步入新时代新征程，围绕中央对上海国际金融中心建设提出的新目标、新要求、新任务，为更好地推进"五个中心"建设、做好"五篇大文章"、落实制度型开放，高金智库组织专家成立课题组，重点聚焦科创金融、全球金融科技中心建设、全球资产管理中心建设、浦东引领区金融开放和长三角金融一体化等上海国际金融中心建设的重要领域进行专项研究。

科创金融作为"五个中心"和"五篇大文章"的"重头戏"，也是上海国际金融中心建设的重点领域。上海应立足"全球科创中心"和"国际金融中心"联动优势，加速构建"科技—产业—金融"高水平循环，推动全球资源配置功能和科技创新策源功能互促发展。

全球金融科技中心建设作为上海落实数字金融大文章的重要抓手，通过对金融机构、金融监管、金融市场和金融基础设施等领域的科技赋能，为产业升级、城市转型等经济高质量发展提供强大动力。

全球资产管理中心建设作为上海提升金融市场国际化水平和增强全球资源配置能力的重要突破口，通过推动市场及规制建设逐步与国际接轨、丰富人民币资产供给和提升全球定价权等，为上海实现更高水平的金融开放提供有力支撑。

浦东引领区金融开放是中央赋予上海的重要使命，需要加快落实制度型开放领域的先试先行作用，在风险可控的前提下，发展出适合我国国情并与国际接轨的金融改革与开放路径，推动国际金融中心建设走稳、走实。

　　长三角金融一体化发展也是上海建设国际金融中心的重要组成部分。在长三角一体化发展的背景下，上海金融机构的空间布局和金融功能的深化都会涉及长三角地区。地区扎实的科创基础、城市能级提升和社会经济发展也将带来多层次的金融需求，为上海国际金融中心建设提供坚实基础。

　　希望通过以上专项研究，为深化对上海国际金融中心建设面临的新进程、新任务的认识提供"高金视角"。

目　录

上海深化科创金融发展研究

子课题①负责人：李　峰

内容摘要：人民银行等八部门印发《上海市、南京市、杭州市、合肥市、嘉兴市建设科创金融改革试验区总体方案》，深入贯彻习近平总书记关于长三角一体化发展和创新体系建设的重要指示和讲话精神，将上海科技首创、金融引领功能引入长三角科创金融体系通盘考虑，着眼金融、科技和产业良性循环与互动，通过加强与长三角兄弟城市的协同效应，推进原始创新、技术创新和产业创新，推动形成金融供给和需求结构平衡、金融风险有效防范的良好生态，打造科技创新和制造业研发生产新高地。

上海、北京、深圳等城市之间存在明显的竞争合作关系。三地金融政策制定既具有一致的时代特征，又存在明显的地域差异，科创资源、科创企业培育体系、科创投资的募投管退，以及国有资本投资平台建设和政府引导基金发展情况均各具优势。未来，上海要抓住机遇，积极学习，大胆借鉴，突破创新，引领建设长三角协同创新体系。一是加快完善科技信贷体系，大幅提升间接融资便利度；二是提高财政资金使用效率，撬动更多社会资本支持科创；三是调动国资资本投资积极性，为创新提供强大资本支持；四是大力繁荣创业投资，为科创企业提供强大资本支持；五是加快完善上海科创金融政策，推进科创企业的数字化。

一、上海科创金融发展现状

2022 年以来，上海积极发挥金融市场完备、金融机构集聚等优势，围绕服务科创企业发展的全生命周期，持续推进科创金融制度建设，基本形成以银行信贷、股票市场、创业投资、保险和融资担保等为核心，全方位、多层次的

---

① 本课题组由高金智库组织相关专家组成，课题组长：李峰，上海交通大学上海高级金融学院会计学教授、副院长；课题组成员：贾德铮、胡素素、张一懔。

科创金融服务体系，"科技—金融—产业"良性循环雏形初现。

2022 年 11 月 18 日，人民银行等八部门印发了《上海市、南京市、杭州市、合肥市、嘉兴市建设科创金融改革试验区总体方案》，突出金融供给侧精准发力，协同推进原始创新、技术创新和产业创新。2023 年，上海出台了《上海银行业保险业支持上海科创中心建设的行动方案（2022—2025 年）》、新一轮科技型中小企业信贷风险补偿方案等一系列金融支持科技创新政策，并取得了积极成效。

（一）创新发展基础不断夯实

在金融赋能的环境下，上海科创发展基础日益坚实。一是科技企业产值稳步增长。上海战略性新兴产业快速发展，科创企业对经济增长的贡献稳步提高。2022 年，上海战略性新兴产业增加值创历史新高，达 10 641.2 亿元，同比增长 8.6%，约占全市生产总值的 23.8%，比上年提升 3.4 个百分点（见表 1）。

表 1   上海市战略性新兴产业增加值及增速

年份	增加值/亿元	同比增速/%	上海 GDP/亿元	战略性新兴产业增加值占 GDP 的比重/%
2016	4 182.3	5.0	29 887.0	14.0
2017	4 943.5	8.7	32 925.0	15.0
2018	5 641.9	8.2	36 011.8	15.7
2019	6 133.2	8.5	37 987.6	16.1
2020	7 327.6	9.2	38 963.3	18.8
2021	8 794.5	15.2	43 214.9	20.4
2022	10 641.2	8.6	44 652.8	23.8

数据来源：上海市统计局。

二是研发投入持续增加。2022 年，上海全社会研发经费支出约为 1 875.4 亿元，同比增速约为 3.1%，研发投入强度（全社会研发经费支出占全市生产总值的比重）为 4.2%（见表 2），处于全国领先水平。

表2   上海市 **R&D** 支出及占 **GDP** 比重

年份	R&D 支出/亿元	占 GDP 的比重/%
2015	936.1	3.4
2016	1 049.3	3.5
2017	1 205.2	3.7
2018	1 359.2	3.8
2019	1 524.6	4.0
2020	1 600.4	4.1
2021	1 819.3	4.2
2022	1 875.4	4.2

数据来源：上海市统计局。

三是科技成果转化快速推进。2022 年，上海经认定登记的技术合同38 265项，成交金额 4 003.5 亿元，分别比上年增长 3.4%、45.0%。从地区来看，上海与长三角的技术合同成交数量和金额最大，占比分别为 70.8%、53.2%（见表3）。

表3   **2022 年上海技术合同成交数及成交额**

技术合同来源地	成交额/亿元	占比/%	成交合同数/项	占比/%
长三角地区	2 130.0	53.2	27 086	70.8
国内其他省市（除长三角地区）	1 314.3	32.8	10 694	27.9
国外	559.2	14.0	485	1.3
合计	4 003.5	100.0	38 265	100.0

数据来源：上海市科学技术委员会《2022 上海科技进步报告》。

（二）科技企业培育体系完善

上海注重科技企业源头培育，从支持创新意识、创意火花到孵化科技型中小企业，全面打造高新技术企业培育链，构建完善的科技企业认证体系，引导科技型中小企业加大研发投入，激发创新创业活力，助推上海科技企业高效率培育、高质量发展。目前，上海市已建立起由科委牵头的科技企业认证和由上海市经济和信息化委员会（以下简称经信委）牵头的"专精特新"企业认证两大体系（见表4），彼此优势互补，共同发力，为上海科创企业持续赋能。

表 4   上海市科创企业认证体系分类

序号	科委系统	经信委系统
1	科技型中小企业	创新型中小企业
2	科技小巨人	"专精特新"中小企业
3	高新技术企业	专精特新"小巨人"
4	技术先进型服务企业	—

资料来源：根据公开资料整理。

科委系统中，全市入库企业数量快速增长。2022 年，全年科技型中小企业入库 16 988 家，比上年增长 11.4%；科技小巨人库新立项支持企业 155 家，比上年多 2 家；高新技术企业库新认定 9 956 家，有效期内高新技术企业数为 2.2 万家；技术先进服务企业新认定 186 家，有效期内企业数 211 家（见表 5）。

表 5   上海科技企业培育情况   单位：家

年份	科技型中小企业		科技小巨人		高新技术企业		技术先进服务企业	
	新入库	累计入库	新立项	累计扶持	新认定	有效期内企业数	新认定	有效期内企业数
2020	8 008	17 000	191	2 300	7 396	17 000	n. a.	n. a.
2021	15 254	n. a.	153	2 498	4 014	20 000	15	n. a.
2022	16 988	n. a.	155	n. a.	9 956	22 000	186	211

数据来源：根据历年上海科技进步报告整理。

经信委系统中，全市"专精特新"企业数量在全国名列前茅。2022 年全国第一批"专精特新"中小企业认定中，上海市共有 510 家企业获得认定，2022 年第二批有 1 328 家企业获得认定（见表 6）。此外，工业和信息化部认定专精特新"小巨人"企业 245 家[①]。截至 2023 年 11 月底，上海市经信委已公布 2023 年三批"专精特新"中小企业，合计 2 249 家。2023 年度，工业和信息化部认定专精特新"小巨人"企业，上海共有 206 家[②]。

---

① 关于上海市第四批专精特新"小巨人"企业和第一批专精特新"小巨人"复核通过企业名单的公示［OL］.（2022 - 08 - 18）. https：//app. sheitc. sh. gov. cn/gg/693156. htm.

② 关于上海市第五批专精特新"小巨人"企业和第二批专精特新"小巨人"复核通过企业名单的公示［OL］.（2023 - 07 - 14）. https：//app. sheitc. sh. gov. cn/gg/695357. htm.

表6 上海"专精特新"中小企业认定数 单位：家

年份	"专精特新"中小企业	专精特新"小巨人"
2022	1 838	245
2023①	2 249	206

数据来源：工业和信息化部、上海市经济和信息化委员会。

（三）专项资金支持计划丰富

一是税收优惠政策红利快速释放。2022年，科技型中小企业研发费用100%加计扣除。当年享有高新技术税收优惠的企业共计3 221家，减免所得税243亿元。享有研发费用加计扣除的企业共计35 686家，加计扣除额2 622.1亿元，减免所得税655.5亿元。②

二是科技创新券通用通兑规模扩大。2022年，上海共向1 543家中小企业和创新团队发放创新券，且将科技型中小企业使用科技创新券额度上限由30万元提高至50万元。

科技创新券可以分为两大类：一类是仪器共享类，另一类是技术转移服务类。在仪器共享类方面，2022年共向1 408家中小企业和创业团队发放了总额7亿元的科技创新券，共348家中小企业实现兑付，兑付金额超过3 940万元，带动企业研发总支出1.4亿元（见表7）。

表7 上海科技创新券使用情况（仪器共享服务）

年份	发放企业数/家	金额/亿元	带动研发总支出/亿元	实际兑现补贴/万元
2019	10 100	11.6	6.2	13 396
2020	3 739	18.6	2.1	7 837
2021	1 678	5.0	2.1	6 210
2022	1 408	7.0	1.4	3 940

数据来源：根据历年上海科技进步报告整理。

在技术转移服务类方面，2022年共向135家中小企业和创业团队发放总额986万元的科技创新券，231家中小企业和创业团队实现兑付，共购买创新服务150次，预计投入研发经费3.74亿元，产生技术买卖或成果转移转化19

---

① 数据统计至2023年11月底。
② 上海市科学技术委员会.2022上海科技进步报告［R］.2023.

项，带动企业获融资 15 项，投融资金额 5 亿元，形成或购买新专利共 183 件（见表 8）。

表 8 　　　　　　　 上海科技创新券使用情况（技术转移服务）

年份	发放企业数/家	金额/万元	利用创新券购买服务/次	带动企业获投融资/项	投融资金/亿元	形成或购买新专利/件
2019	820	9 800	n. a.	n. a.	n. a.	n. a.
2020	542	5 200	n. a.	71	4.1	57
2021	1 641	49 000	240	53	3.5	224
2022	135	986	150	15	5.0	183

数据来源：根据历年上海科技进步报告。

三是科技支持专项资金持续高位运行。截至 2023 年 11 月，上海财政专项资金（财政资金直达基层）共有 79 项，其中与科技创新相关的主要是上海市科技计划专项资金、上海市知识产权专项资金，其中上海市科技计划专项资金 2022 年合计支出 31.9 亿元（见表 9），上海市知识产权专项资金 2022 年合计支出 0.99 亿元。

表 9 　　　　　　 上海市科技计划专项资金分配情况 　　　　　　单位：万元

序号	领域	2019 年	2020 年	2021 年	2022 年
1	基础研究与前瞻性重大技术研究	38 689.6	40 188.0	64 775.8	63 704.4
2	功能型平台建设与发展	38 980.0	47 500.0	41 287.0	38 558.8
3	研发基地运行经费	21 707.4	29 922.0	14 732.0	12 838.0
4	关键技术领域科技攻关	97 882.1	93 581.0	97 490.6	98 380.0
5	科技人才计划	30 500.0	32 829.0	32 998.3	34 043.1
6	创新创业扶持计划	27 366.9	25 416.0	27 189.0	32 050.1
7	科技成果转移转化促进计划	10 344.7	11 905.0	10 249.6	10 888.0
8	国内与国际科技交流合作	10 709.7	8 144.0	6 143.3	6 948.2
9	科技资源共享及保障	5 305.0	4 363.0	4 259.5	5 120.6
10	科技小巨人工程	17 590.0	13 440.0	13 110.0	9 520.0
11	高新技术成果转化与应用	15 124.0	4 282.0	6 789.3	6 498.0
	合计	314 199.4	311 570.0	319 024.3	318 549.1

数据来源：根据上海市人民政府网站财政公开信息进行整理。

（四）信贷融资服务持续优化

上海科技信贷支持力度持续提升。截至 2022 年末，上海有科技支行 7 家、科技特色支行 81 家，上海辖内科技型企业贷款户数为 1.99 万户，较年初增长47.8%；贷款余额为 6 892.48 亿元，较年初增长 51.9%。

1. 科技信贷服务政策创新不断。2023 年 1 月，为了进一步落实《上海市、南京市、杭州市、合肥市、嘉兴市建设科创金融改革试验区总体方案》，上海银保监局等八部门印发《上海银行业保险业支持上海科创中心建设行动方案（2022—2025 年）》等方案，详细描述了针对科创企业的信贷服务机制，打造伙伴银行机制，并制定了上海 2025 年银行保险机构目标，即实现科技型企业贷款余额突破 1 万亿元，科技型中小企业贷款余额在 2021 年基础上实现翻一番，知识产权质押融资余额和户数在 2021 年基础上实现翻两番等[①]。

2. 科创信贷种类日益丰富。上海聚焦科技企业创新主体培育，加速构建"载体链＋政策链＋服务链＋金融链"的双创生态。

一是不断完善"3＋X"科技政策信贷产品体系。上海银行体系加大科技信贷投放力度，创新科技信贷产品，优化"履约贷""高企贷""小巨人信用贷"，推广"科创助力贷"，实现科创企业不同融资需求的全阶段覆盖。截至2022 年，三类产品累计服务 7 300 余家企业，支持贷款金额 451.9 亿元。仅2022 年，上海政策性科技贷款全年服务共计 842 家企业，支持信贷总额共计710 380 万元（见表 10）。

表 10　　　　　　　　　　上海政策性科技贷款规模

年份	类别	科技履约贷	小巨人信用贷	科技微贷通	科创助力贷款	合计
2023 年 1—9 月	信贷额/万元	117 510	384 731	500	77 116	579 857
	贷款家数/家	238	185	3	295	721
2022	信贷额/万元	247 400	433 600	1 080	28 300	710 380
	贷款家数/家	510	200	7	125	842

---

① 新浪财经　上海银保监局等八部门印发《上海银行业保险业支持上海科创中心建设行动方案（2022—2025 年）》等方案［OL］.（2023 - 01 - 05）. https：//finance. sina. com. cn/money/bank/bank _ hydt/2023 - 01 - 05/doc - imxzckxc6642468. shtml.

续表

年份	类别	科技履约贷	小巨人信用贷	科技微贷通	科创助力贷款	合计
2021	信贷额/万元	266 890	354 850	1 950	2 245	625 935
	贷款家数/家	600	187	11	12	810
2020	信贷额/万元	308 835	350 286	2 480	n. a.	661 601
	贷款家数/家	763	171	16	n. a.	950
2019	信贷额/万元	308 990	253 137	3 376	n. a.	565 503
	贷款家数/家	705	166	24	n. a.	895
2018	信贷额/万元	263 677	236 037	4 245	n. a.	503 959
	贷款家数/家	617	88	29	n. a.	734
2017	信贷额/万元	224 140	143 217	4 800	n. a.	378 687
	贷款家数/家	526	69	34	n. a.	640
2016	信贷额/万元	164 024	104 780	6 355	n. a.	291 909
	贷款家数/家	429	90	45	n. a.	586

数据来源：根据上海市科技金融信息服务平台数据整理。

二是高企贷规模持续上升。2022年7月，人民银行上海总部与上海市科委共同发布"高新技术企业综合授信服务方案2.0"（以下简称高企贷2.0），该升级方案新增中国工商银行、中国农业银行、中国建设银行、兴业银行、中国光大银行5家合作银行，新增总额不低于500亿元面向高新技术企业的授信规模。2022年全年，13家合作银行通过高企贷2.0为5 826家高新技术企业提供各类信贷支持1 885.6亿元，其中为5 761家中小企业发放贷款1 014.9亿元，首贷企业1 021家，发放金额77.2亿元①（见表11）。

表11　　　　　　　　　　　上海高企贷2.0贷款规模

年份	企业数/家	贷款额/亿元
2019	824	237.6
2020	3 338	1 839.3
2021	3 983	1 521.6
2022	5 826	1 885.6

数据来源：根据历年上海科技进步报告汇总。

---

① 上海市科学技术委员会.2022年上海市科技技术进步报告［R］.2023.

三是科创专项再贷款、再贴现创新发展。2023 年 7 月，人民银行上海总部创新推出"沪科专贷""沪科专贴"科创专项再贷款再贴现，聚焦金融服务科技创新的短板弱项，着力引导金融机构缓解初创期小微、民营类科创企业的融资难题。"沪科专贷""沪科专贴"优先支持金融机构对科创企业发放首贷、信用贷，鼓励金融机构向科创企业提供中长期资金支持。截至 2023 年 9 月末，"沪科专贷""沪科专贴"已累计发放专项资金 212 亿元，惠及科创企业 2 900 余家，高新技术企业占比近九成，支持近 110 户科创企业首次获得贷款。此外，"沪科专贷"贷款加权平均利率为 3.74%，较 2023 年 8 月上海市新发放小微贷款加权平均利率低 0.09 个百分点。获"沪科专贴"支持的科创类票据贴现平均享受 0.08 个 ~0.15 个百分点的贴现率优惠。

四是知识产权质押爆发式增长。2022 年，上海银保监局、市地方金融监管局、市知识产权局等八部门发布《上海银行业保险业做好知识产权质押融资服务的工作方案》。2022 年全市专利商标质押融资登记 519 笔共 121.5 亿元，金额同比增长 59.2%（见表 12）。

表 12 上海知识产权质押融资规模

年份	金额/亿元	笔数/笔
2009	1.2	64
2010	1.8	68
2011	2.2	97
2012	2.3	80
2013	10.8	n. a.
2014	8.6	n. a.
2015	11.4	52
2016	5.3	52
2017	6.6	62
2018	7.1	82
2019	13.6	89
2020	38.4	n. a.
2021	76.3	n. a.
2022	121.5	519

数据来源：根据上海知识产权白皮书整理。

3. 融资担保体系更加完善。"政府 + 市场 + 科技企业"的信贷担保合作模式在中小微企业的科技创新和产业结构升级过程中继续发挥作用。截至 2022 年底，上海市共有 30 家融资担保机构持有有效经营许可证，注册资本 200.9 亿元，净资产 204.9 亿元，融资担保机构融资担保在保余额 853.5 亿元，融资担保代偿率为 1.6%。截至 2022 年底，上海政府性融资担保机构共 10 家，融资担保在保余额 762.1 亿元，其中小微企业融资担保在保余额 678.8 亿元，占比为 89.1%，较好地体现了政策性引导作用①。

（五）科创企业保障不断加强

1. 科技保险产品不断完善。

一是科技企业创业责任保险试点工作开启。2023 年 1 月，上海市科委和中国银行保险监督管理委员会上海监管局发布《关于开展科技企业创业责任保险试点工作的通知》，开展为期两年的科技企业创业责任保险试点，允许上海市各类科技创新创业主体、载体自主投保科技企业创业责任保险，保险公司提供定制化综合保险产品进行承保。

2023 年 6 月，上海首张科技企业责任险保单在数字长宁体验馆交付。华泰财产保险有限公司上海分公司等 7 家保险公司为上海东华大学科技园承保。若企业倒闭，将给出每人每月 6 000 元的赔偿，每家企业不超过 3 人，最长赔偿期限不超过 6 个月②。

二是创业责任保险保费补贴政策及时跟进。2023 年 7 月，上海市科学技术委员会发布《关于开展 2023 年度科技企业创业责任保险保费补贴工作的通知》，明确注册在试点区域（浦东新区、闵行区、杨浦区、徐汇区、宝山区、长宁区）的国家级大学科技园和纳入上海市科技创新创业载体培育体系的科技企业孵化器，对其支付的创业责任保险保费给予 50% 的财政补贴③。

2. 科技保险规模稳步增长。科技保险风险缓释作用持续发挥。截至 2023 年 6 月底，集成电路共保体提供风险保障约 6 665 亿元，首台（套）重大技术

---

① 上海市地方金融监督管理局. 上海市融资担保行业 2022 年度发展与监管情况 ［OL］.（2023 - 03 - 09）. https://jrj. sh. gov. cn/xzsp - cgs/20230313/46d510fc4e4a474dbd041bf91cff3b7. html.

② 资料来源：文汇网官方账号. 沪首张科技企业创业责任险保单交付，2023 年 6 月 14 日。

③ 资料来源：上海市企业服务云.2023 科技企业创业责任保险保费补贴工作，2023 年 7 月 12 日。

装备保险承保项目涵盖 ARJ21 飞机、船舶制造、智能发电设备、工程设备等重点领域，累计提供风险保障 873 亿元。2022 年，上海专利保险共完成 801 笔，保险金额达到 2.9 亿元（见表 13）。

表 13   上海专利保险规模

年份	保险金额/万元	笔数/笔
2014	590	n. a.
2015	700	30
2016	2 610	50
2017	2 510	57
2018	3 950	82
2019	6 920	157
2020	n. a.	185
2021	15 100	n. a.
2022	29 000	801

数据来源：根据上海科技进步报告、上海知识产权白皮书整理。

（六）科技信贷补偿方案升级

一是科技型中小企业信贷风险补偿政策不断升级。从 2012 年上海市财政局等三部门印发《上海市科技型中小企业信贷风险补偿暂行办法》，到 2022 年 12 月上海市财政局、上海市地方金融监督管理局等四部门印发《上海市科技型中小企业和小型微型企业信贷风险补偿办法（2023 年版）》，科技型中小企业和小微企业信贷风险补偿方案不断升级，地区范围逐步扩展到上海全市，贷款不良率 3% 以上作为风险补偿的门槛逐渐降至 0.8% 或 0.5%（适用于重点行业），极大地缓解了银行业金融机构贷款给科技型中小企业和小微企业的后顾之忧，降低了科技型中小企业和小微企业贷款难的程度。

二是贴息贴费规模持续上升。2022 年上海保费补贴规模创历史新高，全年对 700 家企业进行了补贴，合计补贴金额 3 211 万元。2023 年上半年，上海进行第一批科技金融保费补贴，合计 331 家企业，补贴金额 1 702.65 万元（见图 1）。

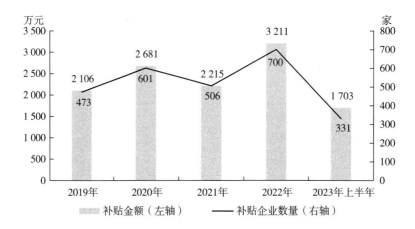

图1 上海历年保费补贴规模

（数据来源：根据上海市科学技术委员会网站公开信息整理）

三是信贷风险奖补规模持续增加。目前，上海财政专项资金（财政资金直达基层）中，"中小微企业信贷奖补专项资金"不仅对中小微企业信贷风险进行补偿，也对为中小微企业提供贷款的银行给予奖励，以调动商业银行的积极性。2022年，该项财政资金分配金额2.59亿元，比上年增长12.50%。其中，对商业银行奖励约2.53亿元，增长10.56%（见表14）。

表14   上海小微企业信贷风险补偿专项资金

年份	使用类别	分配银行数/家	分配金额/万元
2020	上海市小型微型企业信贷奖励	39	19 240.0
	上海市科技型中小企业和小型微型企业信贷风险补偿	2	179.7
	合计	41	19 419.7
2021	上海市小型微型企业信贷奖励	38	22 900.0
	上海市科技型中小企业和小型微型企业信贷风险补偿	4	104.1
	合计	42	23 004.1
2022	上海市小型微型企业信贷奖励	42	25 318
	上海市科技型中小企业和小型微型企业信贷风险补偿	1	562.7
	合计	43	25 880.7

资料来源：上海市人民政府网站。

（七）私募股权投资持续活跃

在过去四年里，上海股权投资基金管理人数量略有下降，但平均基金规模显著增长。截至 2022 年末,上海拥有股权投资基金管理人 2 117 家,较 2019 年末的 2 317 家下降 8.6%,与此同时,管理基金的规模从 2019 年末的 1.7 万亿元稳步上升至 2022 年末的 2.3 万亿元,增长 39.3%,平均管理基金规模从 7.2 亿元增长至 10.9 亿元,增幅超过 50%(见图 2)。

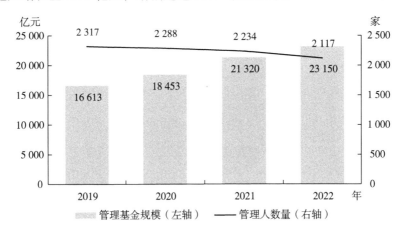

图 2   上海股权投资基金管理人及其管理规模

(数据来源:根据中国证券基金业协会数据整理)

1. 募资规模小幅下降。上海新增私募股权投资类基金平均募资规模略有下降。受到国内经济复苏不及预期、美元加息周期、国际地缘政治局势紧张等因素的影响,2022 年上海私募股权投资类基金新增备案数量 88 只,同比下降 49.7%;共募集资金 1 055.6 亿元,同比下降 65.3%(见表 15)。从基金类型来看,2022 年上海新募基金以风险投资基金为主,数量占比约为 46.6%,数量排名第二的是成长基金,募集基金数量占比为 38.6%(见图 3)。

表 15   2018 年至 2023 年 9 月上海新增备案数量和募集资金额

年份	数量/只	募资金额/亿元	平均规模/亿元
2018	303	2 554.3	8.4
2019	182	1 275.2	7.0
2020	190	1 787.3	9.4
2021	175	3 042.6	17.4
2022	88	1 055.6	12.0
2023	72	766.7	10.6

数据来源:根据清科 PEDATAMAX 数据库整理。

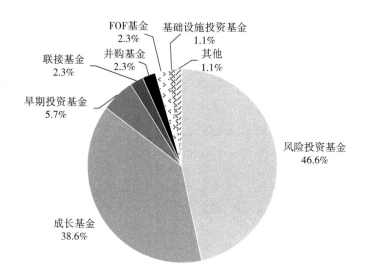

图 3　2022 年新募基金类型数量分布

（数据来源：根据清科 PEDATAMAX 数据库整理）

2. 投早投小投科技渐成趋势。

一是股权基金投资频次下降。2022 年，上海股权投资行业共计发生投资 1 524 起，同比下降 35.5%；投资总金额共计 2 254.76 亿元，同比下降 40.0%。尽管 2022 年单笔投资平均规模为 1.5 亿元，相比于 2021 年的 1.6 亿元略有下降，但从长期趋势来看，单笔投资规模趋势向上。截至 2023 年第三季度，单笔投资平均规模已回升至 2.2 亿元（见图 4）。

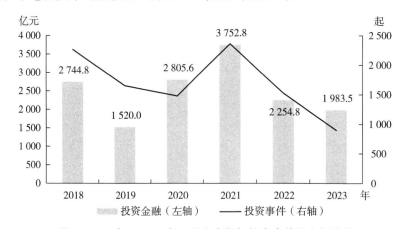

图 4　2018 年至 2023 年 9 月上海股权投资事件及金额趋势

（数据来源：根据清科 PEDATAMAX 数据库整理）

二是硬科技行业成为重点投资领域。根据被投企业所属经济行业分布，从投资事件数量上看，2014—2021年，信息传输、软件以及信息技术服务业的投资持续占据股权投资市场投资数量第一。2022年此类投资事件数量共计499起，略低于制造业的508起，约占全部投资事件的34.3%，其他投资事件发生数量均未及全部投资事件的10%。从投资金额上看，除2020年的信息技术类产业投资规模略低于制造业外，2014—2021年其他年份信息技术类产业年度投资金额均高于制造业，占据股权投资市场投资规模第一。2022年信息技术类产业规模共计774.37亿元，约占全部投资金额的39.6%，略低于制造业，居市场规模第二。除了科学研究和技术服务业投资规模占比36.8%外，其他行业投资规模均未及全部投资规模的10%（见图5）。

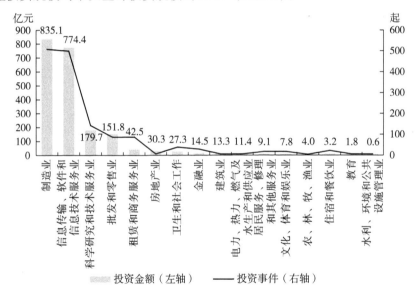

图5　2022年上海各行业投资事件、金额分布
（数据来源：根据清科PEDATAMAX数据库整理）

三是早期投资更受机构青睐。从已披露的各轮次投资数量分布来看，早期投资发生事件数量整体上升。2022年种子轮投资共发生37起，占全部股权投资事件的3.2%，比重上升0.8个百分点，尤其是相比于2020年种子轮占当年投资数量的1.6%，2022年投资事件比重几乎增加了一倍。2022年天使轮投资共发生164起，占当年股权投资事件发生总量的13.4%。尽管2022年天使轮投资占比相比于2021年的16.6%有所下降，但是相比于2020年的11.2%，总体呈现上升趋势。2022 年，A、B、C 三轮投资共发生 752 起，占比为 63.6%，与 2021 年占比 62.8% 相比，比重提高 0.8 个百分点。但从整体趋势来看，相比于 2020 年的 66.4% 以及 2018 年的 70%，尽管上海私募股权 A 轮、B 轮、C 轮投资发生事件数均占全部股权投资数量的 50% 以上，但整体占比趋势降低（见图 6）。

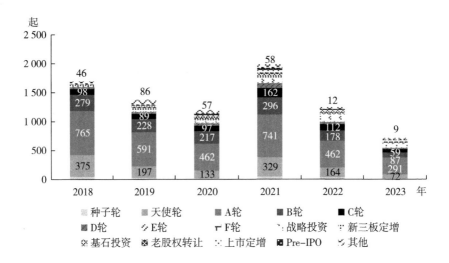

图 6 2018 年至 2023 年 9 月上海各投资轮次事件分布

（数据来源：根据清科 PEDATAMAX 数据库整理）

从已披露的各轮次投资金额分布看，总体上在沪早期单笔平均投资规模上升。2022 年，种子轮投资金额共计 5.7 亿元，占比为 0.3%；平均投资规模 0.15 亿元，同比下降 89.3%。天使轮在沪投资总金额为 75.9 亿元，占比为 3.4%；平均投资规模 0.46 亿元，同比上升 123.0%。因此，总体来看，受天使轮投资金额显著上涨的影响，单笔早期投资规模①为 0.41 亿元，同比上升 11.6%。2022 年，A 轮、B 轮、C 轮在沪合计投资金额 902.7 元，同比下降 57.2%，A 轮、B 轮、C 轮合计投资金额占全部股权投资的 40.1%，比重同比降低 16.1 个百分点。A 轮、B 轮、C 轮平均投资规模分别为 0.83 亿元、1.58 亿元和 2.11 亿元，规模同比分别下降 25.8%、34.7% 和 39.0%（见图 7）。

---

① 单笔早期平均投资规模 =（种子轮投资规模 + 天使轮投资规模）/（种子轮投资发生事件数量 + 天使轮投资发生事件数量）。

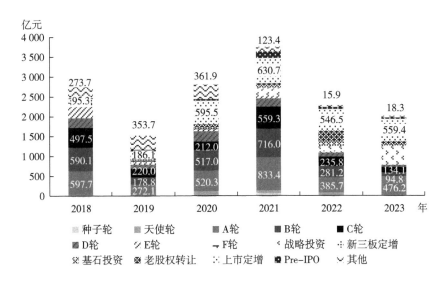

图 7 2018 年至 2023 年 9 月上海各投资轮次规模分布

（数据来源：根据清科 PEDATAMAX 数据库整理）

3. 市场退出端渠道扩宽。

一是退出规模持续扩大。截至 2022 年，IPO 占比在过去十年中不断提升，成为最主要的退出方式。全面注册制改革进一步优化完善企业发行上市条件，为中小科创企业进入资本市场敞开大门，增加了创投机构的退出渠道，缩短退出周期。2022 年，上海整体股权投资行业共计发生退出案例 682 起，同比上升 3.2%。

二是 IPO 是退出主要渠道。就退出案例发生数量而言，2022 年，IPO 作为退出渠道共发生 491 起，占全部退出案例的 72%。就退出案例金额而言，2022 年，上海股权投资退出金额共计 1 426.8 亿元，其中 IPO 退出金额共计 1 095.0 亿元，占全部退出金额的 76.8%。并购作为第二大主要退出渠道，2022 年共计发生 67 起，同比下降 2.9%；退出金额共计 197.8 亿元，同比上升 1.2%，其他退出渠道退出数量及退出金额同比均有一定程度的增加。截至 2023 年 9 月，2023 年上海退出案例共发生 707 起，同比上升 60%；IPO 发生 211 起，同比降低 42.7%，退出金额共计 364.5 亿元，同比下降 17.5%。由此可见，全面注册制改革下，市场退出渠道更加丰富，IPO 作为过往主要股权投资退出渠道的比重明显降低。

三是新一代信息技术产业退出加快。从产业来看，2022 年信息技术类产业退出加快。根据被投企业的国民经济行业划分，2022 年上海信息传输、软件和信息服务业以及生产制造类产业退出案例数增长最快，分别为 149 起和

389 起。以战略性新兴产业为标签，退出案例仍以新一代信息技术产业为主，2022 年上海共计有 216 起退出案例涉及新一代信息技术，同比增长 134.8%。然而，新能源产业、新材料产业、相关服务业、数字创业产业以及高端装备制造等产业退出案例数量呈现不同程度的下降（见图 8）。

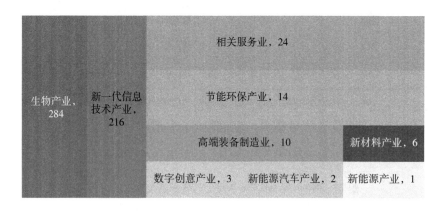

图 8　2022 年上海不同行业退出数量分布（单位：家）

（八）国有资本投资合力形成

1. 构建国有资本投资平台合力。上海是中国国资规模最大的城市。2022 年，上海市管国资企业总资产约为 2.8 万亿元，营收为 3.8 万亿元，营业收入占当年 GDP 的比重高达 85.2%（见表 16），而同期北京、深圳分别为 46.2% 和 35.1%。

表 16　　　　　　　　　历年上海市管国资规模

年份	资产总额/亿元	营业收入/亿元	利润总额/亿元	利润率/%	GDP/亿元	营业收入与GDP 的比重/%
2022	280 085.3	38 062.7	2 450.9	6.4	44 653	85.2
2021	262 707.7	39 970.5	3 526.6	8.8	43 215	92.5
2020	245 807.3	37 633.8	3 368.3	9.0	38 701	97.2
2019	219 210.1	38 205.7	3 604.5	9.4	38 155	100.1
2018	197 697.3	35 857.1	3 494.8	9.7	36 012	99.6

数据来源：根据上海市国资委网站整理。

上海国资平台在股权投资领域发挥重要作用。目前，上海主要有 5 大国有资本投资平台，分别是上海科技创业投资（集团）有限公司（以下简称上海科创集团），上海国有资本投资有限公司（以下简称上海国投公司），上海国盛（集团）有限公司（以下简称上海国盛集团），上海国际集团有限公司（以下简称上海国际集团），上海联合投资有限公司（以下简称联合投资公司），这些集团资产规模庞大（见表17），发挥着科创投资、产业培育的带头引领作用。2022年，上海5大国有资本投资平台资产合计6 027亿元，同比增长4.6%。

表17　　　　　　　　上海主要国有资本投资运营平台财务绩效

年份	企业名称	资产总计/亿元	营业总收入/亿元	利润总额/亿元	资产负债率/%	净资产收益率/%	资产收益率/%
2022	上海国际集团	2 325.2	3.3	70.9	29.4	4.1	3.1
2021		2 571.9	6.4	103.4	29.9	5.4	4.0
2020		2 466.8	5.1	131.7	31.8	6.9	5.3
2019		2 618.0	6.0	63.9	29.6	3.6	2.4
2018		2 119.0	5.2	43.3	29.4	2.3	2.0
2022	上海国盛集团	1 734.0	2.3	13.8	33.9	1.1	0.8
2021		1 729.7	3.2	50.8	33.2	4.4	2.9
2020		1 259.4	3.3	21.1	37.6	2.7	1.7
2019		1 094.3	5.1	34.4	33.5	4.9	3.1
2018		929.4	5.2	16.0	30.9	2.2	1.7
2022	上海科创集团	854.9	3.1	9.1	44.7	0.9	1.1
2021		778.7	3.3	38.7	39.0	5.6	5.0
2020		362.9	0.7	18.2	44.5	7.6	5.0
2019		300.7	0.8	3.6	40.1	1.8	1.2
2018		256.9	0.4	6.9	39.2	3.5	2.7
2022	联合投资公司	626.7	0.2	24.8	20.3	4.4	4.0
2021		613.3	1.1	9.0	17.5	2.0	1.5
2020		504.7	0.4	7.5	17.1	2.0	1.5
2019		637.1	0.2	10.2	12.0	2.2	1.6
2018		542.7	0.3	7.5	10.0	1.9	1.4
2022	上海国投公司	486.3	0.0	20.3	11.8	7.6	4.2
2021		66.9	0.0	0.1	5.1	0.1	0.2

数据来源：根据上海市国资委网站整理。

上海科创集团是上海唯一以早期创投为主业的国有核心投资平台，是上海市创业投资引导基金、上海集成电路产业投资基金、上海市战略性新兴产业重大项目、上海市融资担保专项资金等的管理者。截至 2022 年底，上海科创集团下属上海科投、上海创投、浦东科创集团等 6 家 2 级公司及 34 家 3 级公司，集团员工 260 人，集团总资产 839 亿元，管理资本规模 1 200 亿元，参股创投基金 162 家，参股基金投资项目 2 000 余家，投资培育上市企业近 200 家，其中科创板上市企业 88 家（占科创板上市总数的 17%），科技金融累计服务科创企业 12 000 余家。此外，成立市场化基金管理平台——海望资本，管理规模 150 亿元。

上海国际集团是上海重要的国有资本投资运营平台和金融国资平台。2022 年完成上海金融科技股权投资基金首轮封闭，基金认缴规模 30.1 亿元；2018 年发起设立长三角协同优势产业基金，首期募资 72 亿元，直接投资长三角地区底层项目超 200 亿元，撬动超 800 亿元社会资本。截至 2022 年末，共直接投资 39 家科技企业及 41 只子基金，覆盖 819 个科技项目；2022 年发起设立长三角协同引领产业基金，基金目标规模 100 亿元，首封签约规模已达到 71 亿元。截至 2022 年底，两个长三角基金已培育 67 家企业在资本市场上市或过会。①

上海国盛集团基本形成以国改基金为枢纽、以产业投资为特色、以对接落实国家战略和上海重大任务为功能的国盛系基金集群。截至 2022 年底，集团投资 36 只基金，主导发起 16 只基金。集团主导发起的基金认缴规模超过 322 亿元，基金对外实际投资超 200 亿元，集团参与认缴规模 107 亿元，带动投资上千亿元。国盛系基金集群投资项目在科创板上市公司数量合计 81 家。②

上海国投公司聚焦重大战略投资任务和优化国资布局结构。2022 年设立上海孚腾私募基金管理有限公司、上海国有资本投资母基金有限公司等大型投资机构，同时设立上海国资国企综改试验基金、上海引领接力基金，参与投资诚通混改基金。其中，上海引领接力基金目标总规模 100 亿元，是中国目前规模最大的 S 基金。③

2. 发挥政府引导基金引领效应。政策性引导基金和国资平台是科创金融

---

① 资料来源：上海国际集团 2022 年社会责任报告。
② 资料来源：上海国盛集团 2022 年社会责任报告。
③ 资料来源：上海国投公司 2022 年社会责任报告。

股权投资落地的两大抓手。根据北京基金业协会的整理，截至 2022 年末，上海地区政府引导基金共录得 21 只，其中市级 8 只、区级 13 只（见表18）。市级引导基金方面，上海市创业投资引导基金和上海市天使投资引导基金是由上海市政府设立并按照市场化方式运作的政策性基金。上海人工智能产业投资基金、上海科创基金、长三角协同优势产业基金均是由上海国资运营平台管理，属于政府引导、市场化运作的基金。

表 18　　　　　　　　　　　**上海政府引导基金目录**

序号	引导基金名称
1	上海市创业投资引导基金
2	上海市天使投资引导基金
3	上海人工智能产业投资基金
4	上海科创基金
5	长三角协同优势产业基金
6	上海文化产业发展基金
7	上海城市更新引导私募基金
8	上海双创孵化母基金
9	上海松江双创启迪投资母基金
10	上海双创文化产业投资母基金
11	上海嘉定创业投资引导基金
12	浦东科技创新投资基金
13	普陀区科技创新引导基金
14	金山区创新创业引导基金
15	闵行区创新创业投资引导基金
16	青浦发展创业投资引导基金
17	黄浦区创业创新产业引导基金
18	奉贤区产业发展引导基金
19	静安区政府产业引导基金
20	松江区创业投资引导基金
21	上海海通引领区产业引导母基金

资料来源：北京基金业协会。

目前，上海市级政府引导基金，主要有上海市创业投资引导基金、上海市天使投资引导基金和上海科创基金三大政策性科创引导基金，分别由上海科技创业投资（集团）有限公司，上海创业接力科技金融集团有限公司和上海科创中心股权投资基金管理有限公司负责管理（见表 19）。

表 19 **上海市主要市级政府引导基金情况**

基金名称	基本情况	投资方向	管理机构
上海市创业投资引导基金	截至 2022 年末，累计评审通过子基金 89 只，子基金总规模 680 亿元，其中创投引导基金承诺出资 156.6 亿元，实际完成出资 114.6 亿元；实际设立 77 只子基金，设立完成率 86.5% 资料①	上海重点发展的产业领域特别是战略性新兴产业，并主要投资于处于种子期、成长期等创业早中期的创业企业②	上海科技创业投资（集团）有限公司
上海市天使投资引导基金	截至 2023 年 10 月，基金总规模超过 170 亿元，合作基金 60 家，过会基金超过 120 只，覆盖被投企业超过 1 100 家③	有行业或产业经验背景的投资人所管理的天使投资企业④	上海创业接力科技金融集团有限公司
上海科创基金	截至 2023 年 9 月，上海科创基金已投资子基金 80 只，子基金签约总规模 2 273 亿元，穿透底层项目超过 2 300 个。在上述底层项目中，初创期企业数量占比为 61%，成长期企业数量占比为 32%，合计超过 90%⑤	投资于新一代信息技术、生物医药、先进制造和环保新能源等战略性新兴产业	上海科创中心股权投资基金管理有限公司

资料来源：详见脚注。

3. 创新引入长期资本投资科创。2023 年 11 月，全国社保基金长三角科技创新股权投资基金在上海正式成立，该基金由全国社保基金出资，首期规模 51 亿元，IDG 资本担任基金管理人，按照市场化、专业化方式投资运营，该基金可以充分发挥社保基金久期长、资金足的优势，更好地参与支持科技创新。该基金也是继 2023 年 7 月，北京设立规模为 50 亿元的社保基金中关村自

---

① 资料来源：上海科技创业投资（集团）有限公司公司债券募集说明书（2023 年 7 月）。
② 资料来源：上海科技创业投资（集团）有限公司官网。
③ 资料来源：上海天使投资引导基金网站。
④ 资料来源：上海市天使投资引导基金管理实施细则。
⑤ 资料来源：界面新闻：上海科创基金已投资子基金 80 只，签约总规模 2 273 亿元，2023 年 10 月 14 日。

主创新专项基金后，第二只由全国社保基金出资投资科创的基金。

（九）多层次资本市场日趋繁荣

1. 上市培育机制不断完善。2019 年 5 月，上海市科技创新中心正式推进"科创企业上市培育库"建设，设立科创板上市企业培育中心（上海），通过模块课程、企业沙龙、走进上市公司等加强学员交流，推动企业上市进程。截至 2022 年底，"科创企业上市培育库"累计入库企业数 1 750 家，集聚各类服务机构 75 家。其中，通过孵化培育，入库企业中已有 35 家登陆科创板（见表 20）。

表 20　　　　　　　上海科创企业上市培育库情况　　　　　　单位：家

年份	新入库企业数	累计入库企业数	其中：登陆科创板企业数
2019	875	875	5
2020	408	1 283	8
2021	275	1 557	11
2022	193	1 750	35
2023 上半年	91	1 841	5

数据来源：根据上海科技进步报告整理。

2. 科创板支撑与溢出效应凸显。

一是科创板影响力全面提升。充分发挥科创板示范引领作用，打造"硬科技"企业上市首选地。积极完善"浦江之光"企业库和政策库，做好优质科创企业的挖掘和服务工作，切实提升服务科创企业的能力。截至 2023 年 8 月底，科创板累计上市企业 557 家，累计首发募资额约 8 917.6 亿元，总市值约 6.3 万亿元。

二是科创板成为上海科创企业上市首选之地。2019 年上交所科创板开市，自此科创板由于其"支持硬科技"的板块定位和多元化的上市条件，成为上海科技企业上市的首选地。2020 年和 2021 年上海分别有 24 家和 22 家企业登陆科创板，2022 年有所回落，自 2019 年至 2023 年 11 月 15 日，上海共有 171 家企业在 A 股上市，其中 88 家选择登陆科创板，占比为 51.5%（见图 9）。截至 2023 年 11 月 15 日，上海共有上市公司 439 家，科创板占比为 20.0%。

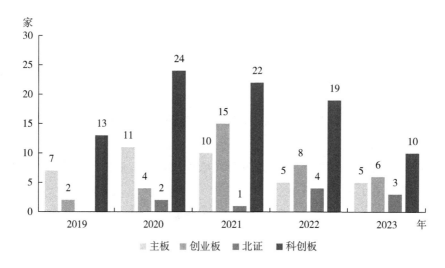

图 9　2019 年至 2023 年 11 月 15 日上海在 A 股各板块 IPO 数量趋势

（数据来源：Wind、高金智库）

二、上海、北京、深圳科创金融政策对比分析

上海、北京、深圳等城市之间存在明显的竞争合作关系。其中，政策制定是各城市相互竞争的重点环节之一，各地政府在政策出台之前都做了大量前期调研工作，以便综合比较分析其他城市的科创金融政策。

上海、北京、深圳的政府部门、金融监管机构早已出台一系列关于科创金融的政策文件，涉及科技信贷、科技保险、创业投资、引导基金和贴息贴费补偿奖励等内容，构建了完整的科创金融服务政策体系。这些内容概括性地体现在《上海市、南京市、杭州市、合肥市、嘉兴市建设科创金融改革试验区总体方案》《北京市中关村国家自主创新示范区建设科创金融改革试验区总体方案》，以及深圳相关法规政策文件中。事实上，这些方案、文件背后是各地政府及其区县已经制定的大量政策细节和具体落地措施①。

（一）科创金融政策具有鲜明的时代特征

北京、上海、深圳、合肥等城市科创金融政策体系都具有明显的时代性，

---

① 本部分对比的政策主要是 2023 年 7 月 31 日前各城市市级政府发布的政策。

本质上都符合中国经济发展的趋势、当前金融市场形势，以及监管政策要求，在全国范围内具有明显的政策引领作用。在政策制定中，各城市科创金融政策会不可避免地出现内容一致性、相似性，各地政策规章、规范性文件基本都涵盖了所有涉及科创金融的政策领域，从科技成果转化到上市扶持，从科技信贷到引导基金投资一应俱全。

因此，第一，从政策结构层面看，各城市科创金融政策整体差异性不显著。第二，各城市股权投资政策的差异性大于科技信贷政策。可以认为，各城市科创金融政策的差异主要体现在股权政策方面，而不是科技信贷政策。第三，各城市对创业投资、引导基金、产业基金的培育措施各有特色。

1. 科技信贷政策协同推进。把科创金融政策体系进行分解，可以发现科创金融政策的核心是科技信贷、创业投资。

近年来，各城市科技信贷政策都在不断推陈出新，主要体现在两点，一是更加注重银行科技信贷的组织体系建设。鼓励银行构建专属科技信贷机构，搭建与其他业务条线并行的科技信贷评估、审核机制，设计科技信贷人员奖励、免责机制。二是注重人工智能等科学技术对科技信贷的支持功能。鼓励地方加强金融科技产业集聚，推动尖端科技应用于科技信贷的贷前、贷中、贷后各环节，强调使用科技手段加强信贷监管和政策效果评估。

各地科技信贷政策演化发展基本同步，在各城市科技信贷政策体系上的表现是政策构成要点基本相同。这主要是因为，第一，银行业监管取决于国家金融监管机构，其业务活动不受地方政府影响，银行开设科技支行、开展科技信贷管理体系变革都取决于银行本身，地方政府制定科技信贷政策以正向鼓励为主，基本不干涉银行信贷的具体业务活动。第二，尽管监管机构可以在监管措施上对银行提出要求，但是监管机构要求各地监管政策具备一致性，因此，各地监管政策基本变化不大，如北京、上海、深圳、安徽金融监管局（原银保监会）都提出"小微型科技型企业不良容忍度可较各项贷款不良率提高不超过3个百分点"。第三，银行，尤其是大型银行，主要采取总行—分行—支行的结构模式进行运营，科技信贷政策一旦在某一地区分行实行，则很容易扩展至其他地区分行。第四，政府鼓励银行发展科技贷款的政策手段主要是提升首贷率、贷款贴息、信贷风险补偿、信贷奖励等手段，难以实现有效的差异化。第五，金融科技的进步，尤其是人工智能技术的发展，在信用主体识别和分析、市场监管等领域发挥了重要作用，有效推动银行信贷业务发展，但是这种技术不具有区域排他性，在上海地区应用的技术，在深圳、北京同样适用。

2. 创业投资政策结构相似。创业投资具有自身的发展规律和行业特征，各城市的创业投资政策需要符合国家政策规定、监管发展趋势、行业自身市场特点等要素。近些年，创投政策主要有三大趋势：一是强调长期资本投入。各地都把保险资金、养老基金作为重点募资来源，推动保险机构与创投机构对接。二是创投退出成为各地创投政策关注的焦点。各地都把发展 S 基金（Secondary Fund，私募股权二级市场基金）作为重中之重，把并购（母）基金的发展作为退出的主要手段。三是借助信息技术打造创投企业、银行、政府、科技企业的服务对接平台，构建服务对接机制。如上海提出要实现"创业投资领域信用信息全覆盖"，深圳提出"开发建设私募投资企业综合信息服务平台，建立'信息披露—风险预警—公示及联合惩戒'为一体的信用信息管理体系"，合肥提出"协调法院、司法等部门，依托'信易贷'平台，开发'法院—司法—公证处—信易贷平台'四方对接系统"。

创业投资是各地推动科创发展的中坚力量，也是各城市科创金融政策竞争的关键领域，各城市都结合本地实际，花大力气推动创投行业发展，在"募、投、管、退"方面大做文章。一是加大募资力度。各地政府基本都采取增加财政出资力度、鼓励社会资本投资、强化与国家大基金合作等方式扩大本地创投、引导基金的市场规模，安徽更是提出了"基金丛林"概念。二是鼓励创投机构投早投小。各地都在强化创业投资、引导基金、科技企业、孵化器之间的对接平台建设，提升知识产权保护力度。三是注重对被投企业服务。由政府出面，直接对被投企业提供各类优惠和奖励政策。四是丰富退出渠道。构建上市奖励、资助制度，推动 S 基金在当地集聚，给予并购基金优惠、扶持政策。五是强化基金的集聚效应。深圳、苏州等地着力打造基金小镇等创投集聚区，为入驻创投机构提供奖励和各类补贴。

3. 政府引导基金政策方向趋同。当前，各地都在加快政府引导基金体系改革，提升引导基金市场活力。政府引导基金政策重点主要有：一是构建高效引导基金管理体系。北京、上海、深圳都提出要明确区域内各政府引导基金定位，细化返投比例问题，并强调完善政府投资管理体系。二是推动引导基金市场化、专业化、规范化和国际化转变，如，（1）提高子基金存续期，北京已规定对投资原始创新的子基金存续期可为 15 年，安徽合肥将子基金存续期提高至 15 年；（2）改进出资比例限制；（3）提升对子基金的风险容忍度。三是提升国资普通合伙人（General Partner，GP）的投资积极性。主要内容涉及改进国资 GP 的管理和考核办法，构建更加符合行业特征的股权结构体系，建立免责容错机制，强化人员约束和激励机制等。

（二）科创金融政策地区差异明显

尽管各地文件所涉及科创金融政策要点具有相似性，但是在政策背后的落地办法、服务对接、财政支持等具体措施都因地制宜，体现出了明显的差异性，对上海有一定的借鉴意义。

1. 服务对接渠道侧重不同。上海、北京、深圳都已建立丰富的企业、政府、金融机构对接平台，其内容涉及信用信息汇总、企业信息搜集等。其中，北京服务科创金融的策略优势显著，成为各地借鉴的标杆。

一是注重线下平台建设。北京不仅有线上服务平台，而且有首贷服务中心、中关村科创金融服务中心等线下对接平台，综合集成北京市企业续贷受理中心、北京市股权交易中心等功能。这一措施被深圳发布的《深圳市关于金融支持科技创新的实施意见（征求意见稿）》列为重要举措，提出"结合北京中关村关于科创金融服务中心试点的有关做法，支持有条件的区率先探索建立科创金融服务中心"。深圳市围绕深圳金服平台开通线下金融驿站，将优秀科创资源送到各区、街道、社区、楼宇和企业，目前全市已设立 129 个金融驿站。

二是具备更加便利的创投登记机制。北京提出"建立朝阳区'白名单'制度及专家评议机制，对符合'优质创投机构评价标准'的机构，朝阳区纳入'白名单'，并在 5 个工作日内向市级前置管理主办部门出具推荐材料；对不在'白名单'内但通过专家评议的机构，朝阳区在 10 个工作日内向市级前置管理主办部门出具推荐材料，对获得市级前置管理主办部门出具的无异议函的机构，朝阳区在 1 个工作日内核发营业执照"。此外，北京还提出"本市股权投资和创业投资份额转让平台在朝阳区率先设立专属服务窗口"。

2. 政策措施细则描述差异。北京、深圳、合肥在市级规章、规范性文件中都明确提出了产业发展的奖励措施，尤其在股权投资领域，措施描述更为具体，而上海市级层面对这类政策仅作了定性描述。

一是具体政策措施内，北京、深圳和合肥的量化数值更加明确。如北京明确提出"北京市科技创新基金出资比例最高可达到子基金总规模的 50%"，深圳"允许管理层和核心骨干持股比例占总股本的 30%"。合肥的政策描述更为全面,"允许管理层和核心骨干持股比例占总股本的 30%","按照天使投资基金、风险投资基金最高分别为 80% 和 40% 的投资设置损失允许率"。

二是明确提出相关产业资金支持对象、支持活动以及具体支持额度。如深圳提出"对新设立或新迁入的股权投资、创业投资企业,按其自设立之日起 3 年内,实际投资深圳区域非上市企业累计每满人民币 4 亿元(或等值外币)的,给予其管理企业奖励人民币 500 万元,单笔奖励最高金额不超过人民币 2 000 万元",北京提出"对完成募资、符合条件的新设投资机构,朝阳区根据其管理基金实际募集资金规模,给予不超过 500 万元的募资奖励"。针对这些措施,上海市的政策基本表示为"探索适当的让利机制""安排一定比例的投资奖励"等。

3. 政府引导基金投入力度不同。目前,政府引导基金已经成为创投市场主要的有限合伙人(Limited Partner,LP),政府引导基金的规模在某种程度上决定了当地市场资金的充裕程度。

一是加大引导资金投入规模。北京、深圳、合肥都建立了庞大的引导基金体系,早在 2018 年 12 月,深圳在《深圳市促进创业投资行业发展的若干措施》中便提出,"发挥首期 50 亿元的天使投资引导基金作用",2023 年 6 月,深圳天使母基金规模已约为 100 亿元。同时,苏州天使母基金首期规模约为 60 亿元。而 2023 年第一季度末,上海市天使投资引导基金规模仅 35 亿元。

从总体上看,尽管上海政府引导基金、产业基金规模并不落后于北京和深圳,但是上海的经济体量位居全国之首,肩负国际金融中心和全球科创中心建设的历史使命,其政府性基金体量应进一步提升,以便相比其他城市更具有明显竞争力。

二是提高引导基金管理效率。2022 年 8 月,清科研究中心发布的中国政府引导基金 50 强榜单中,深圳市政府投资引导基金位居榜首,杭州市创业投资引导基金居第 10 位,上海市天使投资引导基金居第 15 位,上海市创业投资引导基金排在第 19 位。在引导基金管理效率方面,上海与其他城市相比,并不具有明显优势,这与上海建设全球科创中心的地位不匹配。

4. 政府资源整合模式不同。深圳、苏州、合肥等城市都通过资源整合,形成了高效的创投体系,培育了良好的创投氛围。深圳形成了以深创投为核心的产业投资体系。苏州通过资源整合形成以苏创投、元禾控股、苏高新创投为核心的"三巨头",引领当地创投行业发展。合肥也构建了以兴泰集团为核心的产业投资体系。

目前,上海拥有上海国盛、上海国际、上海科创等国资平台,这些平台及其管理的资金规模庞大,参与大多数上海产业基金的募集和管理,是上海国资投资体系的标杆。但是,由于上海是中国经济体量最大的城市,加之科技创新资源活跃,对科创资金的需求量远超其他城市,相比之下,整个城市似乎缺乏整合带动创投、产投发展的行业推动力,缺乏像深创投一样具有号召力、影响力的投资机构,这也对上海国资体系资源整合能力提出了更高的要求。

5. 创投集聚效应培育机制不同。创投机构是凸显城市科创金融竞争力的主要指标。科创企业的管理和培育水平的提升,在一定程度上,推进了创投机构的集聚。因此,各城市都密集出台了鼓励创投发展的政策措施,为上海集聚创投机构提供了一定的借鉴意义。

一是跟上时代步调,完善创业投资发展的法治环境。早在2003年2月,深圳市人民代表大会就制定了《深圳经济特区创业投资条例》,先后在2012年6月、2019年4月分别作出第一次和第二次修正,并于2021年9月进行系统性修订,以适应创投行业出现的新形势、新变化,并将此次修订版的《深圳经济特区创业投资条例》定位为行业促进法,全面系统促进和保护创业投资发展生态环境建设的全链条。目前,上海创业投资法律条例建设尚不完善。

二是持续推动创投政策修订和更新,提升政策时效性,扩大宣传力度。2022年4月,深圳在2018年政策基础上,出台了升级版的《关于促进深圳风投创投持续高质量发展的若干措施》,2022年6月出台了《深圳市外商投资股权投资企业试点办法》,不断更新、完善股权投资政策,强化创投产业的集聚效应。上海应效仿深圳,因时因势调整政策策略。

三是建立创投配套补贴政策体系。深圳、安徽对创投机构的论坛会议给予一定的补贴。深圳提出"按深圳市金融发展专项资金管理有关规定,对市政府主办、合办、协办的创投论坛实际产生的费用,分别按照审核结果的100%、50%、30%予以补贴",安徽提出"支持风投创投机构及行业商协会举办股权投资领域国际化、国家级、专业化的路演、论坛等活动,所在地政府可给予一定补贴"。目前,上海政策体系中尚未明确这方面补贴。

四是打造创投集聚区，构建创投产业空间物理集聚形态。北京着重打造
CBD 功能区、奥运功能区，深圳聚焦前海深港基金小镇、福田深业上城投资
基金产业园等园区，其中前海深港基金小镇获得 2022 年中国基金报颁发的
"最受欢迎基金小镇"。目前，上海尚未形成国内有影响力的创投基金产业集
聚区。

三、上海、北京、深圳科创金融现状对比分析

（一）科创禀赋条件对比

一是上海战略性新兴产业规模偏小。2022 年，上海市战略性新兴产业增
加值 10 641.2 亿元，比上一年增长 8.6%，近 5 年（2018—2022 年）平均增
速达到 9.9%；深圳市 2022 年战略性新兴产业增加值 13 324 亿元，比上一年
增长 6.9%，近 5 年（2018—2022 年）平均增速 6.9%；北京市 2021 年战略性
新兴产业增加值 9 961.6 亿元，比上一年增长 14%；过去四年（2018—2021
年）平均增速达 9.2%（见表 21）。

表 21　　　　　　上海、北京、深圳战略性新兴产业规模

年份	上海		北京		深圳	
	增加值/亿元	同比增速/%	增加值/亿元	同比增速/%	增加值/亿元	同比增速/%
2016	4 182.3	5.0	3 824.3	10.7	7 847.7	10.6
2017	4 943.5	8.7	n. a.	n. a.	9 183.6	13.6
2018	5 641.9	8.2	4 893.4	9.2	9 155.2	9.1
2019	6 133.2	8.5	8 405.5	7.3	10 155.5	8.8
2020	7 327.6	9.2	8 965.4	6.2	10 272.7	3.1
2021	8 794.5	15.2	9 961.6	14.0	12 146.4	6.7
2022	10 641.2	8.6			13 324.0	6.9

数据来源：上海市统计局、北京市统计局、深圳市统计局发布的国民经济和社会发展统计公报。

从数量上来看，2016 年深圳市战略性新兴产业增加值高于上海 3 665 亿
元，到 2022 年，该项指标深圳市只高于上海 2 683 亿元，两者差距缩小了近
1 000 亿元；与北京相比，2016 年，上海市战略性新兴产业增加值高于北京
358 亿元，但到了 2021 年，上海市战略性新兴产业增加值比北京少 1 167 亿

元。比较而言，近年来北京市战略性新兴产业虽起点低，但发展趋势更为强劲。

二是上海研发投入强度偏低。自 2019 年北京研发投入强度达到 6% 以来，总体呈上升态势。2022 年，北京全社会研发经费投入总量为 2 843.3 亿元，同比增长 8.1%，研发投入强度（研发支出相对于 GDP 比重）为 6.8%。2022 年，深圳全社会研发投入总量为 1 778.8 亿元，同比增长 5.7%，研发投入强度为 5.5%。2022 年，上海研发投入总量为 1 875.4 亿元，同比增长 3.1%，研发投入强度为 4.2%。从横向比较来看，2022 年，上海研发投入总量只相当于北京的 66%，两者差距近 1 000 亿元，与深圳全社会研发投入总量接近（见表 22）。

表 22　　　　　　　上海、北京、深圳 R&D 支出及占 GDP 比重

年度	上海		北京		深圳	
	研发支出/亿元	相当于 GDP 比重/%	研发支出/亿元	相当于 GDP 比重/%	研发支出/亿元	相当于 GDP 比重/%
2015	936.1	3.5	1 384.0	5.6	732.4	4.0
2016	1 049.3	3.5	1 484.6	5.5	843.0	4.0
2017	1 205.2	3.7	1 579.7	5.3	977.0	4.2
2018	1 359.2	3.8	1 870.8	5.7	1 163.5	4.6
2019	1 524.6	4.0	2 233.6	6.3	1 328.3	4.9
2020	1 615.7	4.2	2 326.6	6.5	1 510.8	5.5
2021	1 819.3	4.2	2 629.3	6.5	1 682.2	5.5
2022	1 875.4	4.2	2 843.3	6.8	1 778.8	5.5[①]

数据来源：上海市统计局、北京市统计局、深圳市统计局。

从纵向比较来看，虽然近年来上海研发投入强度持续提升，但到 2022 年，上海研发强度只相当于北京 2000 年的水平（北京市 1999 年研发投入强度为 3.46%，2000 年研发投入强度为 4.85%），相当于深圳 2017 年的水平。

（二）科创企业规模对比

上海的高水平科技企业数量落后于北京、深圳。2022 年，上海市国家技

---

① 数据来源：《2023 年深圳市政府工作报告》。

术创新示范企业 32 家，比北京少 11 家，比深圳多 13 家。从增速来看，近 5 年（2018—2022 年），上海市保持平均每年增加 2 家国家技术创新示范企业，超过北京和深圳（见表 23）。

表 23　　　　　上海、北京、深圳国家技术创新示范企业　　　　单位：家

年份	上海	北京	深圳
2016	22	25	12
2017	23	29	14
2018	24	34	15
2019	26	37	16
2020	28	41	17
2021	30	42	18
2022	32	43	19

数据来源：企研数据库（2016—2021）；2022 年数据来自工业和信息化部《关于公布 2022 年国家技术创新示范企业名单的通知》。

2021 年，上海市国家级高新技术企业 20 091 家，低于北京的 27 628 家，也低于深圳的 21 475 家。平均来看，上海市年均认定国家级高新技术企业 12 210 家，低于北京的年均认定数量 23 838 家，但高于深圳的年均认定数量 14 914 家（见表 24）。

表 24　　　　　上海、北京、深圳国家级高新技术企业　　　　单位：家

年份	上海	北京	深圳
2016	6 596	15 659	7 195
2017	7 314	19 822	10 424
2018	9 230	24 267	14 427
2019	12 947	26 869	17 159
2020	17 079	28 781	18 803
2021	20 091	27 628	21 475

数据来源：企研数据库。

截至 2022 年，工信部共组织四批次国家级专精特新"小巨人"企业认定。2022 年，上海、北京、深圳获认定国家级专精特新"小巨人"企业分别为 245 家、334 家和 276 家（见表 25）。

表 25　　　　上海、北京、深圳国家级专精特新"小巨人"企业　　　单位：家

年份	上海	北京	深圳
2021	262	264	170
2022	245	334	276

数据来源：企研数据库（2019—2021），2022 年数据来自各城市工信部门发布第四批专精特新"小巨人"企业名单。

2021 年，上海市获认定国家级制造业单项冠军示范企业 9 家，五年间（2017—2021 年）共获认定 27 家；北京市 2021 年获认定国家级制造业单项冠军示范企业 17 家，五年间（2017—2021 年）共获认定 50 家；深圳市 2021 年认定国家级制造业单项冠军示范企业 15 家，五年间（2017—2021 年）共获认定 39 家（见表 26）。从认定总数来看，近年来上海市国家级单项冠军企业数量偏少，需要大力度提升制造业细分市场的技术、工艺与市场占有率。

表 26　　　　上海、北京、深圳国家级制造业单项冠军示范企业　　　单位：家

年份	上海	北京	深圳
2017	4	4	3
2018	4	6	4
2019	4	9	7
2020	6	14	10
2021	9	17	15

数据来源：企研数据库。

（三）科技信贷规模对比

一是上海科技信贷占当地信贷比例较低。上海、北京、深圳都有较大规模的科技信贷，从数量上看，截至 2023 年 3 月，深圳科技企业信贷余额约为 9 659 亿元，排名第一；其次是上海，科技企业信贷余额约为 8 501.6 亿元，排名第二；最后是北京，约为 8 064.2 亿元（见表 27）。从科技企业贷款余额占当地信贷余额比例来看，深圳依然是占比最高的城市，约为 10.8%；上海占比最低，仅为 4.1%。

表 27 2023 年 3 月底上海、北京、深圳科技信贷余额

项目	上海	北京	深圳
科技信贷余额/亿元	8 501.6①	8 064.2②	9 659.0③
当地信贷余额/亿元	207 171.8	135 317.3	89 245.0
占比/%	4.1	6.0	10.8

数据来源：根据国家金融监督管理总局公开资料整理。

二是上海知识产权质押融资规模偏低。深圳在知识产权质押和知识产权证券化方面超过北京和上海。2022 年，深圳市知识产权质押融资项目数 694 个，同比增长 26.0%；知识产权质押金额 194.8 亿元，同比增长 64.0%。北京市专利和商标质押金额共计 173 亿元。上海市专利商标质押融资登记项目有 519笔，同比增长 173.2%；登记金额 121.53 亿元，同比增长 59.2%（见图 10）。

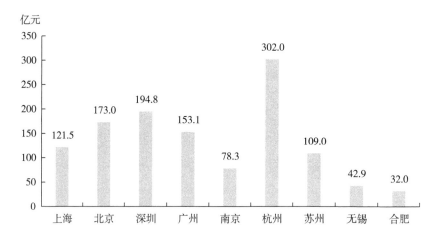

图 10 2022 年上海、北京、深圳等城市知识产权质押贷款规模

（数据来源：根据各城市知识产权管理部门公开信息整理）

（四）财政补贴模式对比

一是首贷补贴模式各不相同。各地都对科创企业首贷给予大力支持。北京

---

① 国家金融监督管理局．2023 年 5 月末上海辖内普惠贷款余额首破万亿元［OL］．2023 - 07 - 13．
② 李明肖：北京科技企业贷款同比增超二成 科创金融服务增量扩面［N］．新京报，2023 - 06 - 07．
③ 深圳市科技型企业贷款同比增长 30% 金融机构多层级把脉科创需求［N］．21 世纪经济报道，2023 - 04 - 25．

有专门的中小微企业首贷贴息贴费政策，深圳将首贷政策包含在科技型中小微企业贷款贴息贴费政策中，上海的首贷政策置于经信委管理的中小企业发展专项资金中管理（见表28）。

表28　　　　　　　　上海、北京、深圳三地首贷补贴政策比较

城市	上海	北京	深圳
牵头部门	上海市经济和信息化委员会	北京市经济和信息化局	深圳市科技创新委员会
贴息/贴费标准	2%的贴息，贴息期限一年	贴息或贴费：100个基点首次贷款合同金额不超过2 000万元	对于首次获得贷款的申请企业，按照实际支付利息的70%予以资助
每家企业最高支持额度	20万元	20万元	每年100万元，有效期内总额不超过300万元
补贴时机	事后支持	见贷即贴	事后支持

资料来源：根据相关政府网站公开信息整理。

目前，在最新的《北京市中小微企业首次贷款贴息及担保费用补助实施细则（2023年修订版）》中，中小微企业首贷贴息贴费政策已经从"按笔补贴"变为"按户补贴"，从"事后审批"变为"见贷即贴"，将贴息资金提前预拨至入驻银行，推动贴息直达企业。北京2022年第一批符合条件的首贷补贴项目共1 022家企业，获得贷款总金额共约33亿元，第一批贴息金额约511万元[①]。

深圳市科技创新委员会于2020年2月发布了《深圳市科技型中小微企业贷款贴息贴保项目管理办法》[②]，由深圳市科技行政主管部门根据申报企业所属产业领域、企业性质和规模等因素设定贴息贴保资助额度。其中，对于首次获得贷款的申请企业，按照实际支付利息的70%予以资助。深圳首贷贴息政策是整体贴息贴保政策的重要组成部分，其贴息规模被一并纳入整体贴息贴保额（见表29）。

---

① 市经济和信息化局、市政务服务局、市金融监管局、北京银保监局、市财政局：《北京市中小微企业首次贷款贴息及担保费用补助实施细则》（京经信发〔2022〕34号）。

② 深圳市科技创新委员会：《深圳市科技型中小微企业贷款贴息贴保项目管理办法》（深科技创新规〔2020〕5号）。

表 29　　　　　　深圳和上海科技型中小微企业贴息贴费政策比较

城市	深圳	上海
牵头部门	深圳市科技创新委员会	上海市科学技术委员会
贴息/贴费标准	科技型中小微企业贷款利息按照实际支付利息的 50% 予以资助；小额贷款保证保险费用按照实际支付保费的 50% 予以资助，单个申请企业每年获得本项资助不超过 50 万元；担保费用按照实际支付担保费用的 50% 予以资助，单个申请企业每年获得本项资助不超过 30 万元；单个申请企业每年获得贴息贴保资助不超过 100 万元，管理办法有效期内获得贴息贴保总额不超过 300 万元	对于科技型中小企业履约责任保证保险（担保）贷款、科技微贷通贷款的授信企业，并已按时还本付息，履行完成贷款合同，可享受保费（担保费）50% 的财政专项补贴。科技型中小企业履约责任贷款，首次申请单笔贷款金额一般为 100 万～500 万元，续贷最高不超过 1 000 万元，贷款期限为 12 个月以内（含），保险费（担保费）为贷款本息合计的 1.5%。科技微贷通单笔贷款金额一般为 50 万～200 万元，期限 6～12 个月，担保/保险费为贷款本息和的 2%
每家企业最高支持额度	2022 年计划资助 410 个项目，4 034.6 万元，2022 年实际资助 292 个项目，拨付 2 450.9 万元	2022 年，一共对两批次 700 家单位予以保费补贴，经费总额 3 211.1 万元
补贴时机	事后支持	事后支持

资料来源：根据相关政府网站公开信息整理。

上海"首贷户"贷款贴息项目对符合贴息条件的企业给予 2% 的贴息，期限一年，每家企业贴息金额最高 20 万元，贴息项目由提供首次普惠贷款的商业银行代为申报，商业银行在获得贴息资金后一个月内返还相关中小微企业。

二是贴息贴费规模庞大。北京、上海、深圳三地都对科技企业进行了大规模的贴息贴费，以推动科技信贷和科技保险的发展。深圳市一级和上海市一级的科技型中小微企业贴息贴费政策比较如表 29 所示①。

（五）科创投资规模对比

北京、上海、深圳是中国股权投资最为集聚的城市，截至 2022 年末，北京、上海、深圳共有 6 755 家基金管理人，约占全国的 47.2%；共管理了

---

① 北京的科创企业贴息贴费措施主要放在中关村示范区和北京经济技术开发区，故在此不作讨论。

25 835 只基金，占全国的比例约为 50.7%；共管理了 73 709.0 亿元资金，占全国的比例约为 52.6%（见表 30）。

表 30　　2022 年末北京、上海、深圳私募股权、创业投资基金管理人对比

辖区名称	管理人数量		管理基金数量		管理基金规模		
	数量/家	占全国比重/%	数量/只	占全国比重/%	规模/亿元	占全国比重/%	占地区当年GDP 的比重/%
北京市	2 567	17.9	9 716	19.1	35 283.7	25.2	84.8
上海市	2 117	14.8	8 637	16.9	23 149.8	16.5	51.8
深圳市	2 071	14.5	7 482	14.7	15 275.5	10.9	47.1
合计	6 755	47.2	25 835	50.7	73 709.0	52.6	n. a.

数据来源：中国证券投资基金业协会。

北京是中国股权投资基金集中度最高的城市。2022 年，北京股权投资基金管理人数量最多，管理基金只数最多，管理基金规模最大，各项指标排名第一，上海、深圳分别位列第二和第三。此外，2022 年，北京私募股权、创业投资基金管理规模占北京当年 GDP 的 84.8%，远远超过上海和深圳。

1. 募资特色鲜明。

一是上海募资降速最大。从新备案基金数量来看，各城市募资水平都出现下降，北京和深圳的新备案基金数量都在 2021 年达到峰值，2022 年分别下降 26.7% 和 12.2%，而上海地区自 2021 年即进入下降通道，2022 年新备案基金数量同比下降 50.9%（见表 31）。

表 31　　　　　　　上海、北京、深圳新增备案数量和募集资金额

年份	上海新增备案数量和募集资金额		北京新增备案数量和募集资金额		深圳新增备案数量和募集资金额	
	数量/只	募资金额/亿元	数量/只	募资金额/亿元	数量/只	募资金额/亿元
2018	307	2 565.0	229	3 004.9	584	3 315.9
2019	182	1 275.2	155	2 910.3	470	3 506.3
2020	190	1 787.3	134	6 981.3	551	2 509.6
2021	173	3 036.6	150	1 383.5	665	2 734.1
2022	85	1 011.9	110	2 135.6	584	1 024.3
2023	61	743.3	69	1 033.4	314	487.7

数据来源：根据清科 PEDATAMAX 数据库整理。

二是北京新备案基金规模较高。2018 年至 2023 年 9 月，北京新备案基金中 10 亿元以上的基金占比为三地最高，达到 24.56%（见表 32），且 2022 年北京新基金备案平均规模 19.4 亿元，远高于上海和深圳（见图 11），其背后原因是北京集聚了大量国家级股权投资基金。

表 32　　　　2018 年至 2023 年 9 月上海、北京、深圳新增基金规模分布

类别	上海新增基金规模分布		北京新增基金规模分布		深圳新增基金规模分布	
	数量/只	占比/%	数量/只	占比/%	数量/只	占比/%
1 000 万元以下	66	6.6	53	6.3	409	12.9
1 000 万元至 1 亿元	249	25.0	255	30.1	1816	57.3
1 亿元至 5 亿元	358	35.9	229	27.0	572	18.1
5 亿元至 10 亿元	116	11.6	102	12.0	130	4.1
超过 10 亿元	209	20.9	208	24.6	241	7.6

数据来源：根据清科 PEDATAMAX 数据库整理。

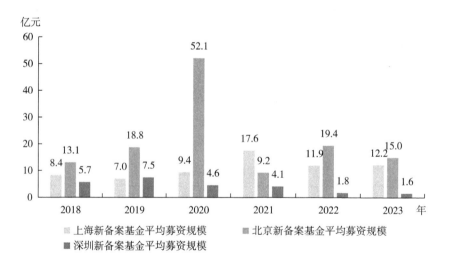

图 11　上海、北京、深圳知识产权质押贷款规模趋势

（数据来源：根据清科 PEDATAMAX 数据库整理）

三是深圳新备案股权投资基金小而多。2018 年至 2023 年 9 月，深圳的新备案基金主要集中在 1 000 万元至 1 亿元之间，占比为 57.3%，而上海、北京的新备案基金主要集中在 1 000 万元至 5 亿元之间，占比分别为 60.9% 和 57.1%。此外，自 2018 年以来，深圳新备案基金平均募资规模均低于 10 亿元，峰值为 2019 年的 7.46 亿元，2023 年平均仅为 1.55 亿元。

从新备案结构来看，深圳投资科创企业早期的创业投资基金数量远超北京和上海。2022 年，上海和北京新备案创业投资和早期投资基金数量接近，深圳新备案数量远超北京、上海两地，其中创业投资基金新备案数量是北京、上海的 10 倍之多，早期投资基金是北上的 4 倍左右（见表 33）。此外，北京和上海两地新备案的早期投资基金数量一直维持个位数，深圳在 2019 年翻倍式增长后，也进入稳定阶段。

表 33　　　　　　　　上海、北京、深圳创投基金新备案数量　　　　　　单位：只

年份	上海创投基金新备案数量		北京创投基金新备案数量		深圳创投基金新备案数量	
	创业投资基金	早期投资基金	创业投资基金	早期投资基金	创业投资基金	早期投资基金
2018	72	5	61	7	201	10
2019	63	4	49	7	222	22
2020	62	6	49	5	248	25
2021	74	7	47	5	364	17
2022	36	6	34	5	388	22
2023	30	1	34	1	230	9

数据来源：根据清科 PEDATAMAX 数据库整理。

2. 投资规模略显差异。2022 年，上海、北京、深圳股权投资规模均出现下降，分别减少 42.4%、51.4% 和 42.1%。北京股权投资在投资事件数和投资金额上都超过上海和深圳（见表 34）。

表 34　　　　　　　　上海、北京、深圳股权投资基金投资规模

年份	上海股权投资基金投资规模		北京股权投资基金投资规模		深圳股权投资基金投资规模	
	事件数量/起	金额/亿元	事件数量/起	金额/亿元	事件数量/起	金额/亿元
2018	2 269	2 754.0	3 325	4 598.5	1 600	808.9
2019	1 648	1 518.1	2 274	2 863.8	1 077	815.7
2020	1 471	2 804.9	1 878	3 511.2	1 178	1 594.4
2021	2 368	3 763.9	2 521	4 676.8	1 777	2 268.6
2022	1 505	2 167.4	1 718	2 274.1	1 405	1 313.2
2023	630	1 446.2	694	1 637.0	612	532.3

数据来源：根据清科 PEDATAMAX 数据库整理。

一是上海战略性新兴产业投资比例低于北京、深圳。自 2018 年起,北京和深圳战略性新兴产业的股权投资占全部股权投资的比例一直高于 60% ,且处于稳步上升趋势。自 2021 年起上海战略性新兴产业投资占比快速提升,在 2023 年达到 73.7% ,已经接近北京的 75.2% (见图 12)。

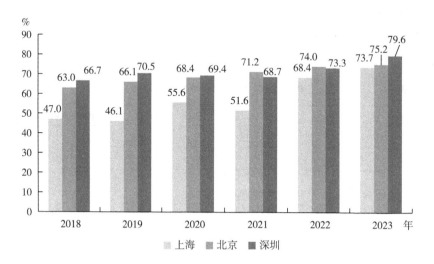

图 12　上海、北京、深圳战略性新兴产业股权投资占全部股权投资笔数的比例
(数据来源:根据清科 PEDATAMAX 数据库整理)

二是深圳平均单笔投资额最小。从平均投资规模来看,北京和上海自 2020 年起,均超过 1 亿元,在 2023 年超过 2 亿元,而深圳地区平均投资规模持续下行,2023 年已经收缩至 8 697 万元(见表 35)。

表 35　　　　　　　上海、北京、深圳股权投资基金平均单笔投资规模　　　单位:亿元

年份	上海股权投资基金平均单笔投资规模	北京股权投资基金平均单笔投资规模	深圳股权投资基金平均单笔投资规模
2018	1.2	1.4	0.5
2019	0.9	1.3	0.8
2020	1.9	1.9	1.4
2021	1.6	1.9	1.3
2022	1.4	1.3	0.9
2023	2.3	2.4	0.9

数据来源:根据清科 PEDATAMAX 数据库整理。

三是北京、深圳投早投小趋势更明显。北京种子轮、天使轮投资事件数量从 2018 年以来持续领先,上海紧随其后(见表 36、表 37)。2022 年上海种子轮平均投资规模 1 530 万元,北京和深圳分别为 1 146 万元和 1 271 万元,上海天使轮投资平均规模为 4 628 万元,北京和深圳分别为 2 389 万元和 1 677 万元。

表 36 　　　　　　　　　　**上海、北京、深圳种子轮投资规模**

年份	上海种子轮投资规模		北京种子轮投资规模		深圳种子轮投资规模	
	事件数量/起	金额/亿元	事件数量/起	金额/亿元	事件数量/起	金额/亿元
2018	46	1.5	87	5.3	31	0.8
2019	9	1.4	49	2.1	21	0.6
2020	19	2.2	35	n.a.	19	0.7
2021	51	n.a.	61	5.1	44	10.8
2022	37	5.7	48	5.5	21	2.7
2023	7	1.3	18	5.9	6	0.4

数据来源:根据清科 PEDATAMAX 数据库整理。

表 37 　　　　　　　　　　**上海、北京、深圳天使轮投资规模**

年份	上海天使轮投资规模		北京天使轮投资规模		深圳天使轮投资规模	
	事件数量/起	金额/亿元	事件数量/起	金额/亿元	事件数量/起	金额/亿元
2018	376	31.6	626	67.6	263	28.8
2019	197	20.5	341	38.7	171	13.7
2020	134	115.9	202	26.3	149	19.3
2021	328	67.0	312	54.6	242	52.0
2022	165	76.4	202	48.3	201	33.7
2023	51	7.9	85	20.6	66	10.0

数据来源:根据清科 PEDATAMAX 数据库整理。

3. 退出规模趋于一致。股权投资退出案例数量稳步增长,深圳增速领先。自 2018 年起,北上深股权投资退出案例总数持续增加,从最初的 719 笔增长至 2022 年的 1 698 笔,年复合增长率达到 24.0%。其中自 2021 年起,北京、上海退出案例数进入平台期,而深圳地区的退出案例数量快速增长,2022 年达到新高 487 笔,同比增长 77.7%(见图 13)。

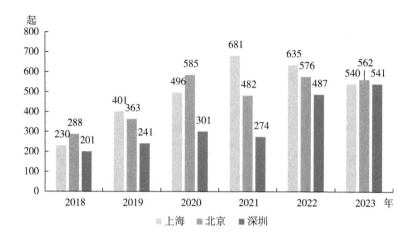

图 13　上海、北京、深圳历年退出案例数

（数据来源：根据清科 PEDATAMAX 数据库整理）

（六）国有资本投资平台对比

上海是国有资本规模最大的城市，深圳是国资效率最高的城市。2022 年上海市管国有资本营业收入为 3.8 万亿元，远超北京和深圳。从盈利能力来看，2022 年深圳国资的利润率约为 9.9%，远超北京和上海（见表 38）。

表 38　　　　　　　　2022 年北京、上海、深圳市管国资规模

城市	营业收入/亿元	利润总额/亿元	利润率/%
北京	19 222.5	800.2	4.2
上海	38 062.7	2 450.9	6.4
深圳	11 366.1	1 130.9	9.9

数据来源：根据各城市国资委网站整理。

在不断推进以管资本为主的国有资产监管体制的决策部署下，上海、北京、深圳都通过资源整合，形成了若干国有资本投资、运营平台，为股权投资提供金融支持（见表 39）。这些国资平台作为当地国资委监管的一级企业，承担了服务国家产业战略、优化国有资本布局、提升国有资本运营效率的战略功能，通常情况下兼具国有资本投资公司和国有资本运营公司的特征，既是产业投资的重要力量，也是创业投资的领头羊。

表 39   上海、北京、深圳主要国有资本投资平台

上海	北京	深圳
1. 上海科技创业投资（集团）有限公司（简称"上海科创集团"）	1. 中关村发展集团股份有限公司（简称"中关村集团"）	1. 深圳市创新投资集团有限公司（简称"深创投"）
2. 上海国有资本投资有限公司（简称"上海国投公司"）	2. 北京金融控股集团有限公司（简称"北京金控集团"）	2. 深圳市投资控股有限公司（简称"深投控"）
3. 上海国盛（集团）有限公司（简称"上海国盛集团"）	3. 北京国有资本运营管理有限公司（简称"北京国管"）	3. 深圳市资本运营集团有限公司（简称"深圳资本"）
4. 上海国际集团有限公司（简称"上海国际集团"）	4. 北京市国有资产经营有限责任公司（简称"北京国资公司"）	4. 深圳市鲲鹏股权投资管理有限公司（简称"鲲鹏资本"）
5. 上海联合投资有限公司（简称"联合投资公司"）	5. 北京亦庄国际投资发展有限公司（简称"亦庄国投"）	5. 深圳市重大产业投资集团有限公司（简称"深重投集团"）

数据来源：根据各城市国资委网站整理。

1. 深圳国有资本投资平台注重市场化发展。深圳在国有资本支持科创投资方面基本形成以深创投为创投先锋、其他平台为支撑的梯队结构，在聚焦产业投资的基础上，大力发展创业投资。

深创投在大湾区具有投资引领作用，是投早投小的核心推动力量。深创投主要有以下特点：一是深创投聚焦创业投资。深创投管理创投基金、母基金、S 基金、并购基金等股权投资类基金，截至 2023 年 10 月底，已投资创投项目 1 734 个，累计投资金额约 996 亿元，其中 262 家投资企业分别在全球 17 个资本市场上市。此外，深圳市引导基金投资有限公司由深创投管理，截至 2023 年 6 月底，深圳市引导基金参股子基金 144 只，总规模约 4 733 亿元，市引导基金承诺出资总额约 1 038.23 亿元，总体放大倍数约 4.6 倍，若仅计算市场化子基金，放大倍数约 6 倍①。

二是深创投市场化程度高、投资范围广。深创投在全国 28 个省份设立了股权投资基金，其投资子基金涉及全国各地。根据清科私募通数据，截至 2023 年 9 月，深创投投资基金 180 只，其中 22 只在广东省外（见表 40），是中国业务布局最广的地方国有资本投资平台之一。

———————

① 数据来源：根据深创投网站公开信息整理。

表 40　　　　　　　　　深圳国有资本投资平台组织结构

平台	下属二级股权投资公司或股权投资业务	管理基金	投资基金
深创投	股权投资业务以创业投资为主	管理基金 181 只，规模合计 1 937.5 亿元	投资基金 180 只，涉及广东省（158）、山东省（5）、江苏省（4）、福建省（4）、上海市（3）、安徽省（1）、浙江省（1）、陕西省（1）、重庆市（1）、天津市（1）、河南省（1）
	深圳市引导基金投资有限公司（简称"深圳市引导基金"）	规模合计 1 038.2 亿元	投资基金 143 只，涉及广东省（141）、江苏省（1）、上海市（1）
深投控	深圳市投控资本有限公司	管理基金 56 只，管理资本量 661 亿元	投资基金 5 只，涉及浙江省（4）、广东省（1）
	深圳市天使投资引导基金管理有限公司（简称"深圳天使母基金"）	管理基金 2 只，管理资本量 103 亿元	投资基金 79 只，涉及广东省（79）
	深圳投控湾区股权投资基金合伙企业（有限合伙）	目标管理规模 60 亿元	n. a.
深圳资本	深圳市远致富海投资管理有限公司	管理基金数 25 只，管理资本量 220 亿元	投资基金 1 只，涉及广东省（1）
	深圳市远致瑞信股权投资管理有限公司	管理基金数 10 只，管理资本量 95.18 亿元	投资基金 2 只，涉及广东省（2）
	深圳市远致创业投资有限公司	管理基金数 3 只	n. a.
	深圳市高新投集团有限公司（简称"深高新投"）	管理基金 36 只，管理资本量 128 亿元	投资基金 16 只，涉及江苏省（13）、广东省（2）、江西省（1）
	深圳市建信远致投贷联动股权投资基金合伙企业（有限合伙）	目标管理规模 10 亿元	n. a.
鲲鹏资本	深圳市鲲鹏股权投资管理有限公司	管理基金 8 只，管理资本量 761.1 亿元	投资基金 40 只，涉及广东省（31）、江苏省（3）、浙江省（3）、北京市（2）、福建省（1）
	深圳国资协同发展私募基金合伙企业（有限合伙）	基金规模 40 亿元	投资基金 1 只，涉及广东省（1）

平台	下属二级股权投资公司或股权投资业务	管理基金	投资基金
深重投集团	深圳市深超科技投资有限公司	n. a.	投资基金4只，涉及广东省（4）
	深圳市重投资本管理有限公司（简称"深重投"）	管理基金9只，管理资本量22.7亿元	n. a.

数据来源：集团下属子公司名称来自各集团网站，对应股权投资数据来自清科私募通数据库。

三是深创投业务绩效突出。近五年，深创投的资产收益率基本维持在6.5%左右，2022年资产收益率高达7.02%，远高于同期全国其他地方国有资本投资平台（见表41）。

表41　　　　深圳主要国有资本投资平台历年财务指标

年份	企业	资产总计/亿元	营业总收入/亿元	利润总额/亿元	资产收益率/%
2022	深创投	535.2	16.8	37.6	7.02
2021		508.7	13.9	37.9	7.44
2020		449.3	18.7	28.3	6.29
2019		387.1	16.7	20.1	5.20
2018		299.7	15.6	20.6	6.87
2022	深投控	10 573.0	2 549.0	175.0	1.66
2021		9 347.7	2 425.3	308.6	3.30
2020		8 453.7	2 148.9	278.6	3.30
2019		7 098.2	2 025.8	254.5	3.59
2018		5 561.2	717.6	209.7	3.77
2022	深圳资本	1 221.9	153.8	33.5	2.74
2021		795.4	76.6	30.8	3.87
2020		657.2	41.8	23.4	3.55
2019		517.5	36.3	18.3	3.53
2018		395.1	14.7	17.7	4.49
2022	鲲鹏资本	1 483.6	0.2	53.5	3.61
2021		1 376.5	0.1	74.7	5.43
2020		415.6	0.1	6.2	1.50
2022	深重投集团	389.0	0.4	0.3	0.07
2021		96.7	0.2	0.1	0.11

数据来源：根据深圳国资委网站和相关企业网站提供的信息进行整理。

2. 北京国有资本投资平台注重科技孵化。北京国有资本投资科创投资方面，以中关村集团为核心带动全社会创业投资，重视早期项目的挖掘，在其他平台的支撑下，搭建起"科技—金融—产业"的深层次循环。中关村发展集团属于综合性科技创新服务机构，业务范围包括中关村社区、中关村资本、中关村金服、中关村科服，为科技创新提供空间孵化、股权投资、信贷担保、业务咨询等全周期、一站式服务。

中关村集团的科创投资主要集中于中关村资本业务（见表 42），尤其集中于北京中关村资本基金管理有限公司和北京中关村协同创新投资基金管理有限公司，两家企业均重点关注具有原创技术的中早期科技企业，瞄准科研机构、研究型大学、创新型企业的原始创新成果，以基金投资为主要方式，围绕创新创业企业不同成长阶段，打造覆盖从天使、创投到并购的多层次产业投资体系。截至 2023 年 11 月，中关村资本业务战略管控配资直投基金 117 只，规模超 800 亿元，累计投资产业项目 2 000 多个，投资金额超 600 亿元。

表 42 北京国有资本投资平台组织结构

平台	下属二级股权投资公司或股权投资业务	管理基金	投资基金
中关村集团	北京集成电路产业发展股权投资基金有限公司	目标规模 60.1 亿元	投资基金 3 只，主要涉及北京（3）
	北京中关村协同创新投资基金管理有限公司	管理基金数 18 只，管理资本量 80 亿元	投资基金 24 只，主要涉及河北省（7）、山东省（2）、天津市（2）、内蒙古（1）、江苏省（1）、上海市（1）、北京市（9）、广西（1）
	北京中关村资本基金管理有限公司	管理资本量 171.98 亿元	投资基金 7 只，主要涉及北京（7）
	北京中关村高精尖创业投资基金（有限合伙）	目标规模 22.08 亿元	投资基金 6 只，主要涉及北京（6）
	北京中发展金种子创业投资中心（有限合伙）	目标规模 4.01 亿元	n. a.
	北京中关村工业互联网产业发展有限公司	n. a.	n. a.
	北京中发高精尖臻选创业投资基金（有限合伙）	目标规模 3.08 亿元	n. a.

平台	下属二级股权投资公司或股权投资业务	管理基金	投资基金
	北京北脑创业投资基金（有限合伙）	目标规模4.01亿元	n. a.
北京金控集团	北京金财基金管理有限公司	管理基金数3只，管理资本量5.01亿元	n. a.
北京国管	北京股权投资发展管理有限公司	管理基金数4只，管理资本量118.13亿元	n. a.
	北京京国瑞股权投资基金管理有限公司	管理基金数5只，管理资本量324.52亿元	投资基金5只，主要涉及北京（5）
	北京市政府投资引导基金管理有限公司	管理基金数2只，管理资本量1 020.11亿元	投资基金5只，主要涉及北京（5）
	北京顺禧股权投资基金管理有限公司	管理基金数6只，管理资本量18.28亿元	n. a.
北京国资公司	北京工业发展投资管理有限公司（简称"北工投资"）	管理资本量75亿元	投资基金5只，主要涉及北京市（4）、天津市（1）
亦庄国投	北京亦庄国际产业投资管理有限公司（简称"亦庄产投"）	管理基金数16只，管理资本量885.77亿元	投资基金36只，主要涉及北京市（33）、广东省（1）、江苏省（1）、上海（1）

数据来源：集团下属子公司名称来自各集团网站，对应股权投资数据来自清科私募通数据库。

3. 国有资本投资平台绩效对比。深创投的资产收益率远超其他国资平台。上海、深圳国有资本投资平台的资产收益率整体偏低，营业收入较少（见表43），这主要是由于股权投资都具有长期性，不能完全以单期财务指标作为考核标准，股权投资更看重DPI等绩效指标。

表43　2022年上海、北京、深圳主要国有资本投资平台财务指标

城市	集团名称	资产总计/亿元	营业总收入/亿元	利润总额/亿元	资产收益率/%
上海	上海国际	2 325.2	3.3	70.9	3.05
	上海国盛	1 734.0	2.3	13.8	0.80
	上海科创业集团	854.9	3.1	9.1	1.07
	上海联合投资	626.7	0.2	24.8	3.95
	上海国投	486.3	0.0	20.3	4.17

续表

城市	集团名称	资产总计/亿元	营业总收入/亿元	利润总额/亿元	资产收益率/%
北京	北京金控集团	10 000.0①	n. a.	n. a.	n. a.
	北京国管	2 331.1	n. a.	n. a.	n. a.
	北京国资公司	1 830.9	n. a.	n. a.	n. a.
	中关村集团	1 302.8	n. a.	n. a.	n. a.
	亦庄国投	1 070.0	n. a.	n. a.	n. a.
深圳	深投控	10 573.0	2 549.0	175.0	1.66
	鲲鹏资本	1 483.6	0.2	53.5	3.61
	深圳资本	1 221.9	153.8	33.5	2.74
	深创投	535.2	16.8	37.6	7.02
	深重投集团	389.0	0.4	0.3	0.07

数据来源：根据各城市国资委网站和相关企业网站提供的信息进行整理。

在各集团层面进行横向比较时，可以发现深创投的资产收益率远远超过其他平台，北京、上海 10 家国有资本投资平台中，排名第二的是上海国投，资产收益率为 4.17%；排名第三的是上海联合投资，资产收益率为 3.95%。

（七）政府引导基金发展情况对比分析

上海、北京、深圳都有规模庞大的政府引导基金体系。2023 年 9 月，北京地区收录 31 只政府引导基金，其中市级 10 只、区级 21 只，深圳地区共有引导基金 14 只（见表 44）。

表 44　　　　　　　　2023 年北京、深圳政府引导基金名录

序号	北京	深圳
1	北京市政府投资引导基金	深圳市政府投资引导基金
2	北京高精尖产业发展基金	深圳市天使母基金
3	北京市科技创新基金	国资改革与战略发展基金（鲲鹏基金）
4	北京创造·战略性新兴产业创业投资引导基金	深汕望鹏引导基金
5	北京市中小企业创业投资引导基金	深圳市福田引导基金
6	北京集成电路产业发展基金	深圳市南山区产业发展投资引导基金

---

① 截至 2022 年 7 月超过 10 000 亿元，资料来源：北青网：科技驱动金融改革 北京金控集团并表资产规模跃升至万亿元以上，2022－07－03。

序号	北京	深圳
7	北京市文化中心建设发展基金	深圳市罗湖区政府投资引导基金
8	北京市果树产业发展基金	深圳市龙岗区政策性投资引导基金
9	北京京国瑞国企改革发展基金	深圳市龙华区引导基金
10	北京市工艺美术发展基金	深圳市龙华区天使投资引导基金
11	中关村协同创新基金	前海深港现代服务业合作区产业投资引导基金
12	西城区产业创投引导基金	光明新区政府投资引导基金
13	海淀区政府投资引导基金	宝安区产业投资引导基金
14	海淀区文化创意产业投资引导基金	坪山区政府投资引导基金
15	中关村并购母基金	n. a.
16	北京市朝阳区科技创新创业引导基金	n. a.
17	北京朝阳文创母基金/朝阳区文化创意产业发展引导基金	n. a.
18	北京经济技术开发区政府投资引导基金	n. a.
19	北京亦庄战略新兴产业基金	n. a.
20	北京经济技术开发区科技创新基金	n. a.
21	昌平中小微企业双创发展基金/昌平中小企业成长投资基金	n. a.
22	石景山区现代创新产业发展基金	n. a.
23	顺义投资基金	n. a.
24	顺义创新产业发展基金	n. a.
25	大兴发展引导基金	n. a.
26	北京兴产基金	n. a.
27	北京大兴临空经济区发展基金	n. a.
28	北京城市副中心产业引导基金	n. a.
29	北京城市副中心投资基金	n. a.
30	北京怀柔硬科技产业发展基金	n. a.
31	北京市门头沟区京西产业引导基金	n. a.

资料来源：北京基金业协会。

一是上海引导基金排名偏低。2023 年 7 月，清科集团发布的"2023 年中国政府引导基金 50 强"名单中，深创投负责管理的深圳市政府投资引导基金排名第一（见表 45），上海的市级引导基金没有进入前二十名，排名最高的为上海市天使投资引导基金，排在第 22 位。

表 45 　　　　　　　　　　　**2023 年中国政府引导基金 30 强**

排名	政府引导基金名称	管理机构名称
1	深圳市政府投资引导基金	深圳市创新投资集团有限公司
2	山东省新旧动能转换引导基金	山东省新动能基金管理有限公司
3	天津市海河产业基金	天津市海河产业基金管理有限公司
4	杭州科创基金	杭州市科创集团有限公司
5	苏州天使母基金	苏州天使创业投资引导基金管理有限公司
6	西安市创新基金	西安财金投资私募基金管理有限公司
7	深圳天使母基金	深圳市天使投资引导基金管理有限公司
8	国发创投引导基金	苏州国发创业投资控股有限公司
9	浙江省产业基金	浙江金控投资管理有限公司
10	江西省现代产业引导基金（有限合伙）	江西国控私募基金管理有限公司
11	南京市政府投资基金	南京市创新投资集团有限责任公司
12	陕西省政府投资引导基金	陕西省政府投资引导基金管理有限责任公司
13	厦门市产业投资基金	厦门市创业投资有限公司
14	南通创新发展基金（有限合伙）	南通科创投资集团有限公司
15	常州市政府投资基金	常州市政府投资基金管理有限公司
16	青岛市政府引导基金	青岛市创新投资有限公司
17	苏州相城母基金	苏州市相城基金管理有限公司
18	安徽省高新投母基金	安徽省高新技术产业投资有限公司
19	无锡惠山经济技术开发区政府引导基金	无锡惠开正合私募基金管理有限公司
20	南山区产业发展投资引导基金	深圳市汇通金控基金投资有限公司
21	河南农开产业基金投资有限责任公司	河南农开产业基金投资有限责任公司
22	上海市天使投资引导基金	上海创业接力科技金融集团有限公司
23	深圳市福田引导基金	深圳市福田引导基金投资有限公司
24	常州市武进区产业投资基金	江苏国经私募基金管理有限公司
25	武汉产业发展基金	武汉产业发展基金有限公司
26	广州市新兴产业发展引导基金	广州市新兴产业发展基金管理有限公司
27	余杭区政府产业引导基金	杭州余杭国有资本投资运营集团有限公司
28	苏州市吴江区产业投资母基金	苏州市吴江东方国有资本投资经营有限公司
29	闵行区政府引导基金	上海闵行金融投资发展有限公司
30	珠海发展投资基金	珠海发展投资基金管理有限公司

资料来源：清科私募通数据库。

　　二是上海政府引导基金规模偏小。北京市政府投资引导基金管理有限公司管理资本量 1 020.11 亿元，深圳市引导基金规模合计 1 038.23 亿元，而上海市创业投资引导基金规模不足 100 亿元。另外，深圳市天使投资引导基金管理有限公司出资规模 103 亿元，而上海市天使投资引导基金出资规模仅 35 亿元。

三是深圳引导基金创立和管理模式创新更快。2023 年 11 月 10 日，深圳天使母基金在其官网上发布了《深圳市科技创新种子基金申报指南及遴选办法》，这标志着深圳种子基金正式落地。深圳市科技创新种子基金（以下简称种子基金）认缴总规模 20 亿元，由市财政局通过深圳市引导基金投资有限公司，视种子基金实际运行情况，依法依规统筹安排相关资金。投资方向上，种子基金将通过各类子基金，支持具有自主知识产权、科技含量高、创新能力强的种子期科技项目，链接全球科技创新资源，促进技术创新和科技成果转化。

（八）科创企业上市情况对比分析

北京、上海、深圳是中国内地上市企业数量最多的三个城市，截至 2022 年末，北京有 456 家上市公司，上海有 415 家上市公司，深圳有 403 家上市公司（见表 46），在硬科技企业上市方面上海稳居第一。截至 2022 年末，上海企业已在科创板上市 78 家，融资额 2 033.4 亿元，总市值 1.4 万亿元，居全国第一。同期，北京有 68 家科创板上市企业，深圳有 40 家科创板上市企业。

表 46　　　　　　　　　　**2022 年 IPO 企业数量**　　　　　　　单位：家

分类	北京	上海	深圳
北交所	5	4	6
科创板	17	19	11
创业板	15	8	13
上交所主板	4	4	0
深交所主板	2	1	6
合计	43	36	36
累计上市企业	456	415	403

资料来源：Wind。

（九）上海、北京、深圳科创金融指标汇总

将本报告中 2022 年各城市的数量指标进行汇总，可以得到以下汇总表格（见表 47）。28 个指标中，上海仅在天使轮投资规模和市管国资营业收入两个指标中位居第一，大多数指标北京或深圳更领先。

表 47   **2022 年上海、北京、深圳科创金融指标汇总**

序号	种类	指标	上海	北京	深圳
1	科创资源	战略性新兴产业规模/亿元①	8 794.5	9 961.6	12 146.4
2		战略性新兴产业规模占 GDP 的比重②/%	20.1	24.3	39.4
3		研发支出/亿元	1 875.4	2 843.3	1 778.8
4		研发投入强度/%	4.2	6.8	5.5
5		国家技术创新示范企业/家	32	43	19
6		国家级专精特新"小巨人"企业③/家	245	334	276
7	科技信贷	科技信贷余额/亿元	8 501.6	8 064.2	9 659
8		占当地信贷余额比重/%	4.1	6.0	10.8
9		知识产权质押贷款规模/亿元	121.5	173	194.8
10	股权投资存量规模	管理人数量/家	2 117	2 567	2 071
11		管理基金数量/只	8 637	9 716	7 482
12		管理基金规模/亿元	23 149.8	35 283.7	15 275.5
13	2022 年募资	新增备案基金数量/只	85	110	584
14		新增备案基金规模/亿元	1 011.9	2 135.6	1 024.3
15		创投基金新备案数量/只	30	34	230
16	2022 年投资	股权投资基金投资笔数/起	1 505	1 718	1 405
17		股权投资基金投资规模/亿元	2 167.4	2 274.1	1 313.2
18		战略性新兴产业投资笔数/笔	1 109	1 292	1 118
19		天使轮投资事件数/起	165	202	201
20		天使轮投资规模/亿元	76.4	48.3	33.7
21	2022 年退出	退出案例数/笔	540	562	541
22		战略性新兴产业基金退出笔数/笔	512	375	361
23	2022 年上市	IPO 企业数量/家	36	43	36
24		科创板上市企业数量/家	19	17	11
25	国资创投实力	市管国资营业收入/亿元	38 062.7	19 222.5	11 366.1
26		市管国资营业利润率/%	6.4	4.2	9.9
27		四大国资运营平台规模/亿元	3 701.9	6 534.8	3 629.7
28		市级政府引导基金规模/亿元	80	1 020.11	1 038.23

资料来源：课题组整理。

---

① 为了保持可比性，本数据为 2021 年数据。

② 为了保持可比性，本数据为 2021 年数据。

③ 本数据为 2021 年数据。

每个指标中排名最低的城市标记为1，最高的标记为3，中间的标记为2，对上海、北京、深圳的每一项得分进行加总，可以得到一个简要科创金融排名（见表48），得分越高表示排名越高，得分越低表示排名越低，该得分只用于排序，分值之间的距离不具有意义。可以看出，2022年，北京科创金融发展排名第一，深圳排名第二，上海排名第三。从细分领域看，在科创资源方面，北京排名第一，深圳排名第二，上海排名第三。在科技信贷方面，深圳排名第一，北京排名第二，上海排名第三。在股权投资基金存量规模方面，北京排名第一，上海排名第二，深圳排名第三。在股权投资机构2022年募投管退方面，北京排名第一，上海、深圳并列第二。在国资创投的实力方面，深圳排名第一，北京排名第二，上海排名第三。

表48　　　　　2022年上海、北京、深圳科创金融得分加总　　　单位：分

指标	上海	北京	深圳
科创资源	8	16	12
科技信贷	4	5	9
股权投资基金存量规模	6	9	3
2022年募投管退	20	30	20
国资创投实力	7	8	9
合计	45	68	53

四、上海科创金融发展政策措施建议

（一）加快完善科技信贷体系

1. 加快完善科创企业间接融资体系。鼓励金融机构加大对科创企业融资支持力度。扩大科技信贷覆盖面，提高首贷、无还本续贷比率，完善科技信贷产品服务体系，尤其需要提高对轻资产科技企业的风险定价能力，实现科技信贷全流程动态管理，组建线下首贷中心，引导银行业金融机构创新科技信贷产品和服务。

2. 争取科技信贷融资体制的重大突破。充分利用国家科创金融改革试验区这一历史机遇，整合上海及周边地区科技、金融资源，探索金融支持实体的融资体制创新，积极创造条件，推动国家在上海设立政策性科技银行，实现科

技融资在体制上的重大突破，确立上海在试验区建设的独特优势，引领和带动国家试验区建设。可以从以下几方面着手：一是试行科技信贷融资的体制创新。试点商业银行经营证券业务，兼具商业银行与投资银行职能，综合运用股权投资、债权融资、夹层融资、并购融资、结构化融资、股权质押贷款以及上市挂牌等工具，为高科技产业和高成长性中小科创企业提供长期融资支持。二是实行特别监管体制。建立符合科创企业发展需求特征的业务流程、审核标准，形成不同于传统商业银行的信贷审核机制和风控体系，探索金融支持创新的新途径。三是拓宽银行资本金渠道。通过国家注资和吸引国内大企业、基金机构和保险公司投资等多种方式，解决科技银行资本金来源问题。四是引进贷款保险机制。加强银行业务与保险业务的联动，运用保险和再保险手段，为科技企业信贷资金和投资资金提供安全保障，实现科技银行的持续健康发展。

3. 大力发展股权质押等信贷产品。进一步丰富信用贷款产品种类，加大信用贷款投放力度。一是扩大信贷产品覆盖面。有效发挥保险公司、担保机构等风险分担和增信作用，积极开发符合技术贸易特点的金融产品，创新技术类无形资产交易融资的担保方式和风险管理技术，支持技术收储机制建设。支持有内部评估能力的商业银行将知识产权评估结果作为知识产权质押授信的决策依据。支持金融机构创新软件、大数据等无形资产价值评估体系。二是持续优化供应链金融服务。支持金融机构与供应链核心企业合作，开展应收账款质押贷款、标准化票据、供应链票据、保理等业务。

（二）提高财政资金使用效率

1. 继续扩大财政资金规模。市、区财政应当在本级财政预算中小企业科目中安排中小科技企业发展专项资金，专项资金通过补助、贷款贴息、风险补偿、购买服务、奖励等方式，重点支持中小科技企业公共服务体系建设、融资服务体系建设、政府性担保体系建设、"专精特新"发展、创业创新、人才培训等事项。

2. 改进财政资金的资助方式。推进政府资金使用的产业化方向、资本化方式和金融化运作，积极探索将政府用于支持科创发展的预算安排更多以设立基金的方式进入市场，实现资本化运作，更多以支持金融机构或金融产品的方式，实现金融化操作，切实放大政府对科创的支持功能，提高财政资金使用效率。

3. 加强财政与金融的主动协同。建立和完善"财政＋金融"的政策模式体系，减少财政资金对科技项目的直接资助，秉持"政府引导、市场主导、公开透明、风险共担"的总体思路，通过将科创企业按照生命周期分类，对应设计基金类、信贷类、担保类的产品体系，引入金融机构，更多通过产品联动方案，以银行、保险等市场化途径去撬动杠杆，吸引更多社会资金支持科技创新。

（三）调动国有资本投资积极性

1. 提升国资机构战略定位。

一是构建国有投资功能体系。第一，当前中国科技创新正迎来新的机遇，上海必须抓住关键的窗口期，把国有资本投资放在支持科创的核心战略地位，尽快明确未来上海产业投资重点，并持之以恒地稳步推进。同时，充分调动国有资本投早投小的积极性，不仅注重投资的"质"，也要注重投资的"量"。第二，对现有国有资本投资主体进行有效分类，按"创投引导"和"产业投资"分别进行部署，突出发挥国有投资平台"引"和"导"的功能。

二是整合优化国有投资平台。第一，通过财政增资或国企重组打造国资平台，加快国资平台推进以管资本为主的改革。第二，整合现存零散平台、扶持现存优质平台，推进国有资本投资平台健康发展。第三，支持基金管理机构加大市场化运营管理，优化内部治理，政府按市场规则选派董事参与管理，减少对基金运营的直接行政干预。

2. 革新国资激励考核机制。

一是构建符合创投规律的考核机制。依据国有创投"募""投""管""退"的周期性特征，明确不同阶段的考核重点，制定适合国有创投运行特征的考核体系。

二是实行"算大账"容错机制。在符合法律法规和内控制度的前提下，按照多项目综合核算的原则，对单个投资项目未能实现预期目标，但决策和实施符合国家有关规定和相关流程，且人员勤勉尽职、未牟取不当利益的，不作负面评价，按照收益亏损相抵综合计算薪酬激励水平。

三是完善市场化薪酬制度。在国有资本投资集团层面，完善、用好中长期激励政策，探索建立包括董事长在内的公司高级管理人员及骨干人员的工资总额与管理费联动、超额收益分享、项目跟投机制等多种激励措施，强化按业绩贡献决定薪酬。在国资背景的市场化运作基金内，构建与市场一致的员工跟投、投资收益分成等激励机制，使团队的收益与风险相匹配。

（四）大力推动政府引导投资

1. 加快政府引导基金市场化改革。一是创新基金运营管理方式。学习借鉴深圳、合肥等地适用的经验做法，通过财政增资或国企重组打造国资平台，再推动国资基金平台推进以管资本为主的改革，对重要产业领域的优质项目进行直投、领投，或组建和参与各类基金，带动社会资本投入本地鼓励发展的优势产业。二是打造具有专业化水准的管理团队。依靠现有国资管理平台，采取充分激励的政策手段，通过市场选聘、内部培养等途径，加快建立一批能够熟练进行基金市场运作的政府自主团队。三是建设适当容错的宽松环境。对容错机制的适用范围作出清晰界定，包括对基金管理团队履职尽责边界作出明确划分，进行综合考量，并采取务实步骤。

2. 加大对早期投资的支持力度。

一是设立科技型中小企业创新基金。在现有财政扶持资金多注重"后补贴"的情况下，鼓励科技中小企业依托创新基金与高校院所和大企业开展产学研合作，突破解决科技中小企业的原创动力问题，助力上海高质量发展。

二是发挥国有企业在早期资本市场的作用。鼓励市属国有大企业设立企业创业投资（Corporate Venture Capital，CVC）。加快国有创投机构混合所有制改革，切实形成对创业投资市场的引导。

三是扩大引导基金规模。上海可以设立专门用于推进创新策源和科技成果转化的科创母基金，引导市场化资金投资初创企业，加快科研成果由"0 到1"的转化；同时积极争取国家级创投母基金落户上海共同投资硬科技。

四是注重基金市场化管理。在基金设立过程中，应当注重基金的规范管理和专业运作，加快建立一批能够熟练进行基金市场运作的政府自主团队。

（五）完善上海科创金融政策体系

1. 构建高层级的法律法规体系。充分利用全国人大给予的立法权限，建立上海科创金融服务体系的法规框架，完善科创金融发展的法治环境。一是加快科创金融立法建设。依托"浦江之光"行动计划，将已经成熟的政策法律化、体系化，推进科技信贷、创业投资、产业投资等方面的政策立法，重点推进创业投资立法，提升创投法律地位，明确创投行业的战略定位，为创业投资健康发展营造良好积极的外部环境。二是部分制度设计变通国家法律规定。充分利用国家先行先试政策，在与国家有关部委颁布的上位法充分衔接情况下，针对性解决上海科创金融发展的共性问题，集聚行业资源，政策支持措施力求做到全国领先。三是进一步明确各政府部门的工作职责。以立法的形式明确工作部署，确定政府各部门的服务内容和监管职责，调动政府各部门积极性，督促相关政府部门投入更多资源。

2. 提升政策文件修订和更新的频率。保持政策持续性和稳定性对营造科创金融服务体系至关重要，但相关政策需要保持一定的更新频率，使政策始终具有时代性和现实性，以避免滞后。此外，政策更新也对国家战略发展方向有明显的宣传作用。

以法规和规章的形式明确政策更新条件。通过立法或者制定相关法规的形式，确定各相关部门政策、文件修正和更新频率，或者设置政策文件修正或更新触发条件。当条件实现，立刻开展组织和修订工作，提高政策的适应性。

3. 在政策文件中明确具体措施。上海在构建政策体系过程中，通常在市级文件中用定性的方式来表达政策诉求，而将定量、量化的细则放在下属区政府文件中提出，如闵行区在创投奖励补贴政策中就明确了补贴金额和奖励标准，形成对应上海市科创政策相应的量化细则。但是，仅在区级层面明确这些规定，并不利于上海科创金融政策的宣传。同时，市层面政策不明确，容易降低各区政策的协调度。

4. 强化政策落地和对接。丰富政府、金融机构、企业的三方对接渠道。一是积极借鉴学习其他地区做法。深入研究北京中关村关于科创金融服务中心的做法，细致分析深圳市金服平台、金融驿站的运营模式。组织研究力量深入考察这些模式的实际效果以及社会效应，与上海当前的线上模式和网络化政策宣传模式进行对比，最终确定是否值得学习和借鉴。

二是构建有效的对接机制。做好各类信息的系统集成工作，收集科创企业融资需求，充分利用线上、线下等各种渠道，组织形式多样的常态化政银保企对接活动。持续优化"政府、银行、保险、行业、园区、企业"长期合作关系，指导银行做好走访对接工作，并积极向企业宣传首贷补贴、担保补助、创业担保贷款等惠企政策。

5. 重视政府在科创领域"从0到1"中的作用。科创金融的难点在于科创企业发展过程的高风险特征与金融机构风险厌恶之间的矛盾，这一矛盾导致科创企业融资过程中出现市场失灵现象，政府必须用行政手段予以干预。相较于从"0 到 1"的过程，科创企业从"1 到 10"的发展过程可以通过科技贷款、天使投资等市场化途径缓解融资难题。在"0 到 1"的过程中，市场失灵尤为严重，这一过程金融机构很难参与，即使受到政策性要求，也往往容易出现走过场的情况，甚至出现逆向选择，造成目标和结果严重偏离，必须加大政府对"0 到 1"的投资引导。

在"0 到 1"的创新培育过程中，每个城市有各自的特点，例如深圳依托大量创业活动，借助市场化创投机构培育本地企业，北京依托高校的研发创新实力，采取政府基金引导的方式培育本地企业，上海应努力形成适合上海实际的政策体系。

一是提升科技企业培育力度。充分利用孵化器、知识产权运营平台的功能，完善投孵联动机制，培养专业团队，发掘高校、科研院所创新成果，使其成为对接知识创新和金融机构的桥梁。

二是加大天使投资基金投入力度。目前，创投机构与政府、学界对投早投小的理解有一定差异。创投机构对投早投小的理解通常是被投企业未盈利，企业可以处于 pre – IPO 阶段，或其他较为成熟的阶段，但是政府和学界对投早投小的理解是投资种子期企业或者初创期企业。创投机构大都是市场化主体，因此，单纯依靠创投机构主导投早投小并不现实，还需要政府引导基金，尤其是天使投资基金进行投资。另外，天使引导基金的规模越大，其投资子基金数量越多，可以撬动和控制的资本越多，影响范围越广。目前，上海天使基金的规模还存在进一步扩大的空间。

三是发挥上海市科委的技术引领功能。上海市科委已经构建了服务全市、对接长三角的科创体系，整合了大量的科创资源。由于并不掌握金融资源，科委在科创金融领域更多的处于呼吁、号召的角色，尽管在其带动下上海构建了"3 + x"科技信贷体系，但是科委主要承担信贷引导和中介渠道的功能，而不是直接提供金融服务的主体。未来，应赋予科委在科创金融体系中更多的话语权，如支持科委设立政府引导基金，制定专门服务"0 到 1"的基金管理体系，提升科委在金融体系中的影响力。

6. 加大财政资金投入力度。科技创新是人才和资金不断叠加的成果，科技创新不仅需要政府重视，更需要政府大量、持续的资金投入。

一是提升科技信贷的财政支持力度。第一，支持政策性融资担保机构业务拓展，降低担保门槛，提升担保业务覆盖面，尤其是针对科技中小企业的担保业务。第二，提升贴息、贴费、风险补偿、奖励力度规模，正向激励银行科技信贷业务扩展，支持监管机构变革银行考核机制。第三，从事后补贴转向事前奖励。确保科创企业在需要钱的时候就能获得资金支持，而不是企业在业务完成后给予补贴。北京、深圳、合肥都提出"更多事前补助，大幅压缩事后奖补政策占比"的措施。①

二是提高对创投行业的支持力度。第一，加大创投财政补贴，构建全面补贴体系，在创投机构入驻、创业业务拓展、创投绩效奖励、创投会务对接活动等方面给予补贴，提升创投行业活跃度。第二，努力构建财政税收洼地。创投机构与一般的企业不同，其收入主要来源是投资收益，即业绩分红，这部分需缴纳高额的分红税，对创投机构实行对应的减税政策，吸引创投机构集聚。第三，加快政府引导基金等母基金设立步伐。充分调动国资积极性，持续扩大引导基金总量规模。细分科技产业、行业，并据此细化基金功能，从不同维度构建全方位国资基金体系。推动国有基金管理体系改革，吸引、培育更多基金管理人才，扩展股权投资基金团队规模，构建竞争、有效的政府引导基金市场体系。

7. 降低政策性金融门槛。首贷或者首轮融资具有明显的市场信号功能，对科创企业发展具有至关重要的意义，获得首贷或首轮融资是科创企业被市场认可的起点，也是获得后续持续资金支持的前提。

地方政府希望获得科创企业成长壮大的社会效益，在政策性贷款、增信和政府引导基金投资等方面也应适当降低要求，承担一部分市场风险，降低科创企业获得首次资金的门槛，为更多科创企业走上创新创业正轨提供机会。

8. 加速推进科创企业的数字化建设。利用大数据、云计算、物联网等技术实现科技贷款，关键点在于获得科创企业运营数据。目前，大数据等技术对人活动信息的搜集能力较强，可以对企业股东的信用进行有效评价，但是科创企业由于业务量少，存在现金流、物流、信息流等数据不足的问题。因此，即使使用大数据技术也仅能获得股东的信用。在现代公司管理机制下，股东信用与公司信用是两个独立概念，如果以股东资产作为抵押，本质上不属于科技信

---

① 北京市科学技术委员会、中关村科技园区管理委员会.中关村国家自主创新示范区优化创新创业生态环境支持资金管理办法（试行）［R］.2022.

贷，同时，个人资产抵押贷款数额有额度限制，往往难以满足企业资金需求。要推动金融科技产业发展，支持科技企业的技术应用于科创企业，比如基于数字云实现更多中小科创企业订单、采购、物流、财务的管理，通过税务系统、社保系统等公共系统获得更多信息，加速实现科创企业的数字化转型，才能有更多数据来支持。

通过研究发现，更高层级的法律法规体系、政策文件更高的适配性、更具体且操作性更强的支持措施、真正的落地与对接、从"0到1"的大力支持、更有力的财政资金投入、更低的金融门槛、更快的科创企业数字化建设，都可以成为上海科创金融发展的发力点，合力推动上海科创金融的发展，保证上海国际金融中心的建设。

五、参考文献

［1］人民银行等八部门．上海市、南京市、杭州市、合肥市、嘉兴市建设科创金融改革试验区总体方案［R］．2022.

［2］上海市科学技术委员会．2022年上海科技进步报告［R］．2023.

［3］上海银保监局等八部门．上海银行业保险业支持上海科创中心建设行动方案（2022—2025年）［R］．2022.

［4］上海市地方金融监督管理局．上海市融资担保行业2022年度发展与监管情况［R］．2023.

［5］上海市财政局、上海市地方金融监督管理局、中国银行保险监督管理委员会、上海监管局．上海市科技型中小企业和小型微型企业信贷风险补偿办法（2023年版）［R］．2022.

［6］上海市人民政府．上海市助行业强主体稳增长的若干政策措施［R］．2022.

［7］上海市地方金融监督管理局．关于沪府规〔2022〕12号文中有关政策的说明［R］．2022.

［8］上海国盛集团有限公司．2022年社会责任（ESG）报告［R］．2022（68）.

［9］上海国际集团有限公司．2022年社会责任（ESG）报告［R］．2023.

［10］上海市金融工作党委，上海市地方金融监管局．上海科创金融生态

体系持续完善 国际金融中心和科创中心联动再上新台阶［R］．2023．

［11］深圳市第七届人民代表大会第四次会议．政府工作报告［R］．2023（8）．

［12］上海市科学技术委员会．上海市科技创新创业载体管理办法［R］．2022．

［13］上海市科学技术委员会．上海市科技成果转化创新改革试点实施方案［R］．2023．

［14］北京市科学技术委员会，中关村科技园区管理委员会．中关村国家自主创新示范区优化创新创业生态环境支持资金管理办法（试行）［R］．2022．

［15］界面新闻．上海科创基金已投资子基金 80 支，签约总规模 2 273 亿元｜上海科创［EB/OL］．（2023 – 10 – 14）．https：//www.jiemian.com/article/10228091.html．

上海金融科技中心建设研究

子课题[①]负责人：李　峰

内容摘要：2022 年以来，金融科技作为链接实体经济和数字经济的纽带，从之前的"立柱架梁"时期步入了"积厚成势"阶段。基于该背景，本报告首先从全国角度评估上海金融科技发展所处的位置，然后从总体和行业两个层面重点分析上海的金融科技发展状况。全国层面，构建 GUIDE 金融科技城市发展指数，聚焦政府监管与支持力度、金融科技企业数量和投融资、金融机构数字化水平、数字化基础设施、金融科技生态与环境等方面，按年度横向和纵向评估上海金融科技中心建设的历年进展以及与其他兄弟城市的差异。行业层面，简要总结上海各金融行业的数字化发展水平，以及金融科技创新场景重大试点（包括人民银行金融科技创新监管工具应用项目、资本市场金融科技创新试点和数字人民币试点）的最新进展。

本报告随后根据上海金融科技发展的主要支柱和发力点，提出推进上海金融科技中心建设的政策建议：推进数字科技创新突破，提升关键核心技术水平；激活金融科技投融资，丰富金融科技资金供给；深化应用场景创新，提升监管科技应用力度；促进数据要素有序流动，引领金融数据资产化；培育全生命周期金融科技人才，增强人才黏性。

一、上海金融科技中心建设背景

（一）金融科技引领全球生产方式变革

2022 年以来，随着人工智能、大数据、云计算、区块链、物联网和隐私计算等金融科技应用的普及，尤其是生成式人工智能大模型的突飞猛进，全球

---

① 本课题组由高金智库组织相关专家组成，课题组长：李峰，上海交通大学上海高级金融学院会计学教授、副院长；课题组成员：董昕皓、赵玲玲、潘薇。

生产方式正在发生深刻变革，以智能化为特征的数字经济规模日益庞大。金融科技极大地促进了各国各行业的数字化转型，不断推动数字经济向农业、制造业和服务业快速渗透，产业数字化日益繁荣。2022年，美国、中国、德国、日本、韩国5个世界主要国家的数字经济总量为31万亿美元，数字经济占GDP比重为58%；① 数字经济规模同比增长7.6%，高于GDP增速5.4个百分点。②

因此，美国和欧盟等金融强国均已将发展金融科技提升至国家战略高度。美国是全球金融科技最为发达的国家之一，在人工智能、区块链等基础设施领域厚积薄发，且制定了高效的金融科技监管措施。欧盟为金融科技发展营造了良好的发展环境，并致力于积极打造统一的金融科技监管框架。各国以金融科技为抓手，正在加快推动技术创新和产业升级，不断提高国际竞争力。

（二）金融科技驱动国家数字经济引擎

2022年以来，金融科技作为链接实体经济和数字经济的纽带，从之前的"立柱架梁"时期步入了"积厚成势"阶段。随着中国金融科技监管进一步完善，互联网金融平台整改基本完成，金融市场进入规范发展期，服务科创、普惠和绿色等产业的发展动能进一步凝聚，数字经济表现亮眼。《数字中国发展报告（2022年）》③ 显示，2022年中国数字经济规模达到50.2万亿元，占国内生产总值比重提升至41.5%，总量居世界第二。

目前，我国金融监管体系形成了中央金融委员会领导下的"一行一总局一会一局"（中国人民银行、国家金融监督管理总局、中国证监会、国家外汇管理局）的金融监管架构，监管措施持续细化，数据治理加速推进，金融科技产业多元化赋能金融市场和金融机构，更好地服务国家经济高质量发展（见表1）。2023年10月，中央金融工作会议召开，在金融服务经济和社会发展方面，会议要求把更多金融资源用于促进科技创新、先进制造、绿色发展和中小微企业，做好科技金融、绿色金融、普惠金融、养老金融、数字金融

① 资料来源：《全球数字经济白皮书》。
② 2023年7月，全球数字经济大会主论坛上，中国信息通信研究院院长余晓晖对全球数字经济发展最新态势进行了精彩解读。
③ 2023年5月，第六届数字中国建设峰会在福建省福州市开幕，开幕式上国家互联网信息办公室对外发布了《数字中国发展报告（2022年）》。

"五篇大文章"。金融"五篇大文章"作为经济社会发展的重点领域,进一步要求金融科技发挥好在夯实金融基础设施、提升数字化经营能力等方面的重要推动能力。

表1 2022 年以来国内主要金融科技政策

部门/机构	发布时间	政策文件
人民银行	2022 年 1 月	《金融科技发展规划(2022—2025 年)》
银保监会	2022 年 1 月	《银行业保险业数字化转型的指导意见》
人民银行等四部门	2022 年 2 月	《金融标准化"十四五"发展规划》
科技部等六部门	2022 年 8 月	《关于加快场景创新以人工智能高水平应用促进经济高质量发展的指导意见》的通知
人民银行	2022 年 10 月	《金融领域科技伦理指引》
国务院	2023 年 3 月	《数字中国建设整体规划布局》
国家网信办等七部门	2023 年 7 月	《生成式人工智能服务管理暂行办法》
财政部	2023 年 8 月	《企业数据资源相关会计处理暂行规定》
工信部等五部门	2023 年 9 月	《元宇宙产业创新发展三年行动计划(2023—2025 年)》

资料来源:根据公开资料整理。

(三) 金融科技提升上海国际金融中心地位

建设具有全球竞争力的金融科技中心是建设上海国际金融中心升级版的重要内容。2020 年 1 月,上海印发《加快推进上海金融科技中心建设实施方案》,提出建设"具有全球竞争力的金融科技中心"。从 2021 年《上海国际金融中心建设"十四五"规划》明确"加快金融数字化转型,提升金融科技全球竞争力",到 2022 年多项金融科技创新深入推进、产业生态持续完善、重大试点有序开展,上海已成为国内最主要的金融科技企业集聚地,以金融科技创新和产业应用领衔长三角城市群发展。世界知识产权组织《2023 年全球创新指数报告》评出的全球十大科技集群①中,上海—苏州集群排名第五,比 2021 年提升 3 位。上海金融科技中心建设已经取得一定成效。

在上海精准配套政策的有力推动下,定位于"全球竞争力"的上海金融

---

① 全球创新指数中的科技集群对应全球科技活动最活跃、最集中的城市或地区,通过分析 PCT 国际专利发明人以及科技论文作者所在的地理位置来识别集群,并按照这些集群过去五年间的 PCT 申请数量和科技论文发表数量进行排名。

科技发展战略得以快速释放效能，并以上海为核心，持续辐射到长三角和内陆腹地。与国内其他城市相比，上海金融科技中心建设更具时间的前瞻性和空间的引领力，不仅促进了长三角 G60 科创走廊建设和长三角区域高质量一体化发展，而且更好地反哺了上海国际金融中心建设（见表 2）。

表 2　　　　　　　　　　　国内重点城市金融科技发展对比

城市	战略目标	政策动态	主要特点
上海	具有全球竞争力的金融科技中心	2020 年 1 月，上海印发《加快推进上海金融科技中心建设实施方案》，提出建设"具有全球竞争力的金融科技中心"。 2020 年 4 月，上海获批开展人民银行金融科技创新监管工具应用工作，截至 2023 年 10 月底，上海总共已开展 5 批共 22 个项目，已完成 4 个项目的测试。 2020 年 10 月，上海成为数字人民币试点城市。 2021 年 8 月，《上海国际金融中心建设"十四五"规划》发布，明确"加快金融数字化转型，提升金融科技全球竞争力"。 2021 年 10 月，上海获批开展资本市场金融科技创新试点工作。截至 2023 年 10 月底，上海总共已开展 1 批共 26 个项目。 2023 年 6 月，上海发布《上海市"元宇宙"关键技术攻关行动方案（2023—2025 年）》，着力提升元宇宙领域科技自立自强能力。 2023 年 7 月，上海发布《上海市推进城市区块链数字基础设施体系工程实施方案（2023—2025 年）》，努力打造全国区块链创新发展高地、场景应用示范高地、技术标准策源高地。 2023 年 9 月，上海发布《上海区块链关键技术攻关专项行动方案（2023—2025 年）》，推动数字信任基础设施的构建	金融要素市场和基础设施最完备；科创企业和人才集聚；位居长三角城市群龙头和"一带一路"枢纽，临港新片区引领最高程度的对外开放；营商环境优越
北京	与国际通行技术标准相符合的金融科技创新高地	2019 年 12 月，北京启动人民银行金融科技创新监管工具应用工作，截至 2023 年 10 月底，北京总共已开展 5 批共 26 个项目，已完成 10 个项目的测试。 2021 年 3 月，北京启动资本市场金融科技创新试点工作。截至 2023 年 10 月底，北京总共已开展 1 批共 16 个项目。 2022 年 2 月，北京成为数字人民币试点城市。 2022 年 8 月，北京发布《北京市"十四五"时期金融业发展规划》，提出建立"与国际通行技术标准相符合的金融科技创新高地"。 2023 年 6 月，北京发布《关于支持国家级金融科技示范区建设若干措施》（简称"金科十条"2.0 版），紧扣金融科技企业和专业服务机构发展需求，突出打造生态、培育动能、支持上市、创新引领、拓展场景、目标导向、市区协同和高度集成	金融机构总部集中地，也是金融监管部门所在地；知识资本和人力资本密集；金融科技创新创业踊跃

续表

城市	战略目标	政策动态	主要特点
深圳	具有国际影响力的金融科技中心城市	2020 年 4 月，深圳获批开展人民银行金融科技创新监管工具应用工作。截至 2023 年 10 月底，深圳总共已开展 3 批共 9 个项目，已成功完成 4 个项目的测试。 2020 年 8 月，深圳成为数字人民币试点城市。 2021 年 10 月，深圳获批开展资本市场金融科技创新试点工作。截至 2023 年 10 月底，深圳总共已开展 1 批共 10 个项目。 2021 年 10 月，人民银行和香港金管局签署《关于在粤港澳大湾区开展金融科技创新监管合作的谅解备忘录》。截至 2023 年 10 月，深圳总共已开展 3 个跨境创新测试应用项目。 2022 年 4 月，深圳发布《深圳市扶持金融科技发展若干措施》，加快金融科技产业升级。 2023 年 2 月，深圳发布《深圳市金融科技专项发展规划（2023—2025 年)》，提出围绕 8 项主要任务推动金融科技发展，将深圳建设成为"具有国际影响力的金融科技中心城市"。 2023 年 6 月，深圳印发《关于贯彻落实金融支持前海深港现代服务业合作区全面深化改革开放意见的实施方案》，提升深港跨境金融服务创新水平	科技型创新企业密集；金融科技产业扶持政策力度大；金融生态良好，金融和风险投资活跃；位处"一带一路"和粤港澳大湾区双枢纽，坐拥跨境金融优势

资料来源：根据公开资料整理。

二、中国金融科技城市发展指数评估

本报告通过编制中国金融科技城市发展指数评估包括上海在内的全国十大城市金融科技总体发展状况，指标涵盖政府监管与支持力度、金融科技企业数量和投融资、金融机构数字化水平、数字化基础设施、金融科技生态与环境等方面，为综合评估上海的金融科技发展水平以及最近三年（2020—2022 年）的变化提供了定量标准，同时与国内其他城市展开横向对比。下面详细介绍指数的编制原则、指标体系构成和指标具体内涵。

（一）指数编制原则

为更好地衡量各大城市金融科技发展水平，课题组在指数编制过程中遵循以下四个原则：

1. 全面性。本指数为衡量城市金融科技发展水平而设计，在指标选择及权重分配方面，聚焦政府监管与支持力度、金融科技企业数量和投融资、金融机构数字化水平、数字化基础设施、金融科技生态与环境等方面，客观数据与调研数据相结合，以保障指数设计的全面性。

2. 客观性。为保障指数研究的延续性及成长性，在指标选择过程中，尽可能选取多方面、可连续获得、可信度高的数据作为指标设置的基础。此外，为减少数据缺失，通过开展大样本的问卷调研搜集数据作为客观数据的补充，从而保证指数的中立、客观和严谨。

3. 适配性。为保障指标设置的合理性，在按重要性分配指标权重的同时，对各指标数值进行标准化处理，以方便比较不同类型指标对各城市金融科技发展的影响水平。

4. 可对比性。为保障指标的可对比性，本指数评估了全国十个城市（包括北京、上海、深圳、重庆、广州、苏州、成都、武汉、杭州、南京[①]）的金融科技发展情况，以 2020 年为指数元年，通过对比国内多个重点城市的三年发展，横向和纵向评价上海金融科技中心建设取得的进展。

课题组将遵循以上原则，定期更新该指数，长期评估和跟踪中国城市金融科技发展水平。

（二）指标体系

中国金融科技城市发展指数（以下简称 GUIDE 指数）[②] 包括 G（政府监管与支持力度）、U（金融科技企业发展）、I（金融机构数字化水平）、D（数字化基础设施）、E（金融科技生态与环境）5 个一级指标。

一级指标包含若干个二级指标，G 的二级指标涵盖金融科技监管政策和支持力度等，U 的二级指标涵盖金融科技企业规模和投融资相关指标，I 的二级指标涵盖金融机构（银行业、保险业、证券业）的数字化投入和发展水平，D 的二级指标包括城市的科技基础设施等；E 的二级指标涉及经济金融基础和金融科技中心相对位置等。二级指标下面细分为 26 个三级指标，最终囊括 50 个定量指标[③]。具体计算每一级指标和最终的金融科技城市发展指数时，将 2020 年发展水平最高的城市数值设置为 100 分，在此基础上对 2021 年和 2022 年的数据作标准化处理，并换算成最终分数。

---

① 此处按照各城市 2022 年 GDP 排序。
② GUIDE：Governance，Unicorn，Institution，Digitalization，Environment.
③ 定性指标通过一定公式转换为定量指标。

指标权重方面，课题组根据指标的重要性排名赋予权重，重要性排名越高则指标对应的权重越高。一级指标里，G 占比为 15%，U 占比为 15%，I 占比为 35%，D 占比为 15%，E 占比为 20%。每一级指标的分数等于下一级指标分数和对应权重的加权之和①。指标体系具体结构如下（见表3）。

表3　　　　　　　　GUIDE 中国金融科技城市发展指标体系

一级指标	二级指标	三级指标
G，15%	金融科技政策支持力度	金融科技监管创新试点项目（累计）
		金融科技政策支持力度得分
		金融科技监管得分
		金融科技政策数量
	科创支持力度	科创支持力度得分
U，15%	金融科技企业发展规模	金融科技企业投融资
		金融科技企业数量
	金融科技企业科研水平	金融科技企业专利
I，35%	银行数字化水平	银行科技投入
		银行科技人员投入
	保险数字化水平	保险科技投入
		保险科技人员投入
	证券数字化水平	证券科技投入
		证券科技人员投入
	数字化服务	行业数字化服务便利度
	金融机构规模	上市持牌金融机构数量
D，15%	政府数字化基础设施	数据产品
		金融科技产业园区数量
	科技基础	R&D 支出
		国内发明专利申请授权量
	公共服务数字化水平	国家政务服务平台服务办理（种类）
E，20%	金融科技排名	国际金融科技指数
		国内金融科技指数
	经济金融基础	GDP
		金融增加值
	人才培养基础	高校金融科技相关学位与非学位人才培育

① 以 2020 年最高城市的分数为 100 分，其他城市对应指标按照比例同步调整。

（三）指标解释

本部分解释主要二级、三级指标以及定量指标的具体内容。

1. Governance（政府监管与支持力度）。金融科技监管政策和支持力度由五个定量指标构成，分别是人民银行金融科技创新监管工具在该城市的应用项目数量[①]，该城市的金融科技政策与规划数量[②]，受访者对其工作常驻地的金融科技政策支持力度（如税收优惠、人才扶持、信贷支持等）的评分[③]，受访者对其工作常驻地的金融科技监管水平（如监管政策指导、监管数据报送、金融科技创新监管试点等）的评分[④]，受访者对其工作常驻地的科创政策（对于科技企业的扶持力度）的评分[⑤]。

2. Unicorn（金融科技企业发展）。金融科技企业发展水平包括金融科技企业发展规模及金融科技企业科创水平两个部分。其中，金融科技企业发展规模包括各城市的上市和未上市金融科技企业，前者用上市金融科技企业的数量、市值以及营业收入[⑥]衡量，后者用金融科技独角兽企业[⑦]的数量和最近融资轮次衡量。金融科技企业科创水平则用该区域金融科技关键技术企业总部数量和金融科技相关专利授权总数[⑧]衡量。

3. Institution（金融机构数字化水平）。金融机构数字化水平由各城市银行、保险、证券相关行业机构的金融科技投入额，金融科技投入金额占营业收入比例，金融科技人员数量，金融科技人员占比，人均金融科技投入[⑨]，银行、保险、证券行业数字化服务便利度[⑩]，机构金融科技人员充足度及相关机构人员参与金融科技相关培训次数[⑪]，上市持牌金融机构数量[⑫]等指标共同衡量。

---

① 数据来源：人民银行各地分支机构官网；各省市证监局网站。
② 中央与上海市层面政策。
③ 数据来源：课题组调研问卷。
④ 数据来源：课题组调研问卷。
⑤ 数据来源：课题组调研问卷。
⑥ 数据来源：万得。
⑦ 毕马威年度中国金融科技企业"双50"名单中的未上市金融科技企业。
⑧ 数据来源：课题组调研问卷。
⑨ 数据来源：万得，各公司年报。其中证券金融科技投入还包含了股票、交易所的数据。
⑩ 数据来源：课题组调研问卷。
⑪ 数据来源：课题组调研问卷。
⑫ 数据来源：万得。

4. Digitalization（数字化基础设施）。数字化基础设施由政府数字化基础设施、城市科技基础、城市公共服务数字化水平三个方面指标共同衡量。其中，政府数字化基础设施包括数据产品、金融科技基础设施、金融科技产业园数量。城市科技基础用 R&D 支出、R&D 支出占 GDP 比例[①]、国内发明专利申请授权量衡量。公共服务数字化水平由国家政务服务平台服务办理种类数（含个人和法人）衡量。

5. Environment（金融科技生态与环境）。金融科技生态与环境包括金融科技排名、经济金融基础、人才培养基础。其中，金融科技排名用国内外金融科技指数中的城市排名衡量，主要指数涵盖 GFCI[②]、GFHI[③]、燃指数[④]、北大数字普惠金融指数[⑤]、天府·中国金融科技指数排名（西南财大）[⑥]。经济基础用 GDP 衡量，金融基础用金融增加值衡量。人才培养基础主要涉及各地高校开设的与金融科技相关的本硕博学位数量。

（四）GUIDE 指数及一级指标横向分析

统计结果显示，从 2020 年到 2022 年，GUIDE 指数呈较快增长趋势。总体看，北京、上海、深圳始终保持前三，其中北京连续三年保持第一；广州、南京、杭州处于第二梯队；成都、重庆、武汉和苏州紧随其后（见图 1）。从综合排名看（见表 4），北京、上海、深圳从 2020 年到 2022 年一直稳定在前三名，其他城市排名变化基本保持不变。而通过评估十城市各个细分领域的水平（见图 2），北京、上海、深圳在 G、U、I、D、E 五大领域都拥有显著的领先优势。

---

① 数据来源：国家统计年鉴、各省市统计局年鉴、各城市科技厅统计材料。
② 伦敦金融城发布的全球金融中心指数（GFCI）。
③ 浙江大学互联网金融研究院发布的全球金融科技中心指数。
④ 中国社会科学院金融研究所金融科技研究室编制的《中国金融科技燃指数报告》。
⑤ 北京大学数字金融研究中心编制的《北京大学数字普惠金融指数（2011—2021 年）》。
⑥ 四川省金融科技学会联合西南财经大学中国微金融与互联网金融创新研究中心及四川天府新区管委会共同编制的《金融科技行业发展报告——天府·中国金融科技指数》。

表 4   2020—2022 年 GUIDE 中国金融科技城市发展指数排名

城市	2022 年排名	2021 年排名	2020 年排名
北京	1	1	1
上海	2	2	2
深圳	3	3	3
广州	4	4	4
南京	5	5	6
杭州	6	6	5
成都	7	7	7
重庆	8	8	8
武汉	9	9	9
苏州	10	10	10

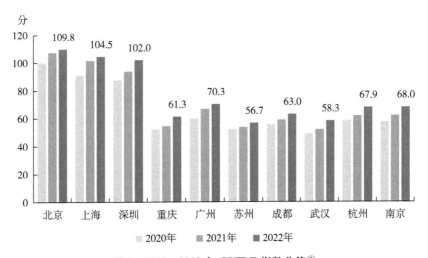

图 1   2020—2022 年 GUIDE 指数分值①

———————————

① 将 2020 年最高城市北京的水平标准化为 100 分，其他指标同步按照对应的比例和趋势调整。后面图中的分数若无特别说明，均按照此方法计算得出。

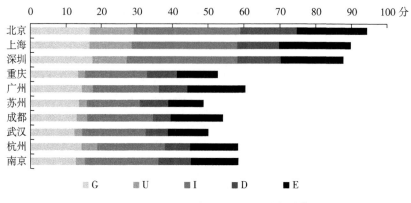

图 2　2020—2022 年 GUIDE 细分领域①

同时，通过进一步对比一级指标，可以发现十个城市的 G、U、I、D、E 指标在最近三年里都得到了大幅度的提升，特别是 2021 年增速较快，2022 年增速则有所趋缓（见图 3 至图 7）。

1. Governance 指标——深圳、北京和上海领先。政府监管与支持力度方面，深圳、北京和上海的政策支持力度排名前三，广州、杭州为第二梯队，其他五个城市差距不大（见表 5、图 3）。

表 5　　　2020—2022 年 G（政府监管与支持力度）一级指标排名

城市	2022 年排名	2021 年排名	2020 年排名
深圳	1	3	3
北京	2	2	1
上海	3	1	2
广州	4	4	8
杭州	5	5	5
苏州	6	6	4
重庆	7	8	7
成都	8	7	6
南京	9	9	9
武汉	10	10	10

---

① 此处用 2022 年各城市的原始分数评估，以观察 GUIDE 各领域指标的分布。

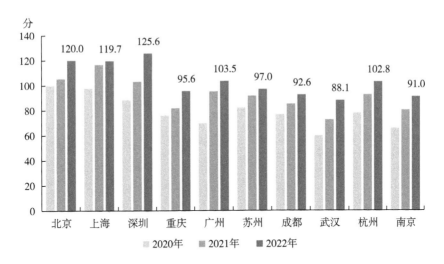

图3 2020—2022年 G（政府监管与支持力度）一级指标分数

2. Unicorn 指标——北京、上海和深圳居首。金融科技企业发展方面，北京、上海、深圳的金融科技企业数量和投融资额度稳定在前三名，且遥遥领先于其他几个城市（见表6、图4）。杭州、广州、成都的金融科技产业虽然在其他七个城市中相对发达，但优势并不明显。

表6 2020—2022年 U（金融科技企业数量和投融资）一级指标排名

城市	2022 年排名	2021 年排名	2020 年排名
北京	1	1	1
上海	2	2	2
深圳	3	3	3
杭州	4	4	4
广州	5	5	5
成都	6	6	7
南京	7	7	6
武汉	8	8	8
苏州	9	9	9
重庆	10	10	10

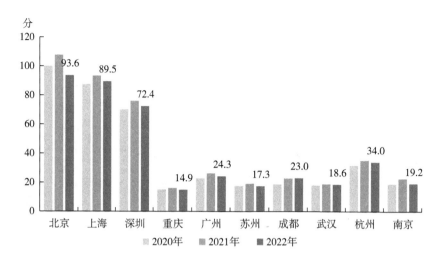

图4　2020—2022 年 U（金融科技企业数量和投融资）一级指标分数

3. Institution 指标——深圳、北京和上海靠前。金融机构数字化水平方面，深圳、北京和上海的金融机构（包括股票和期货交易所等金融市场）处于第一梯队（见表7、图5）。这得益于三个一线城市金融机构（银行、证券、保险）的大规模投入和交易所的数字化水平。除了北上深三城拥有头部的银行、证券、保险机构外，南京因拥有华泰证券等大型金融机构，金融机构的数字化发展水平相对领先于其他六个城市。

表7　　　　　2020—2022 年 I（金融机构数字化水平）一级指标排名

城市	2022 年排名	2021 年排名	2020 年排名
深圳	1	3	1
北京	2	1	2
上海	3	2	3
南京	4	4	4
杭州	5	7	5
成都	6	5	6
广州	7	6	8
武汉	8	8	7
重庆	9	9	9
苏州	10	10	10

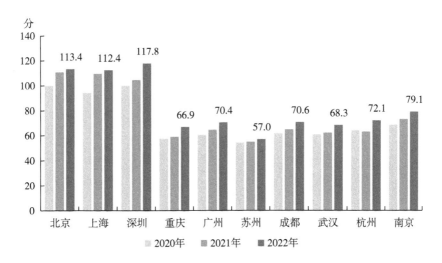

图 5 2020—2022 年 I（金融机构数字化水平）一级指标分数

4. Digitalization 指标——北京、深圳和上海最高。数字化基础设施方面，北京、深圳、上海为第一梯队，2020 年到 2022 年稳居前三名，且领先优势明显（见表 8、图 6）。南京、重庆、广州、苏州、杭州处于第二梯队。其中，重庆在数据产品数量方面占优势，加分不少。

表 8　　　　　　　**2020—2022 年 D（数字化基础设施）一级指标排名**

城市	2022 年排名	2021 年排名	2020 年排名
北京	1	1	1
深圳	2	2	2
上海	3	3	3
南京	4	4	6
重庆	5	8	8
苏州	6	6	5
广州	7	5	4
杭州	8	7	7
武汉	9	9	9
成都	10	10	10

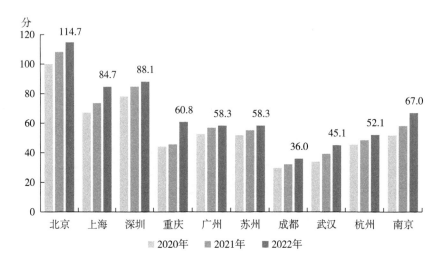

图6 2020—2022年D（数字化基础设施）一级指标分数

5. Environment指标——上海、北京和深圳胜出。从金融科技生态与环境来看，上海、北京、深圳的生态环境拥有明显优势，无论是金融科技城市排名、城市经济金融基础，还是人才培养基础，均取得了良好发展（见表9、图7）。广州紧随其后，此外受较多高校坐落于成都并设立了金融科技相关课程的影响，成都的金融科技生态与环境评分也不错。

表9 2020—2022年E（金融科技生态与环境）一级指标排名

城市	2022年排名	2021年排名	2020年排名
上海	1	1	1
北京	2	2	2
深圳	3	3	3
广州	4	4	4
成都	5	5	5
杭州	6	6	7
南京	7	7	6
重庆	8	8	8
武汉	9	9	9
苏州	10	10	10

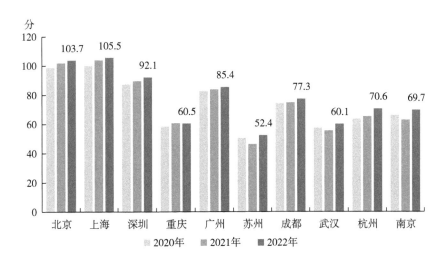

图 7　2020—2022 年 E（金融科技生态与环境）一级指标分数

（五）主要特色指标分析

1. 各大城市金融科技政策扶持力度差距显著。金融科技政策支持力度方面，北京、上海位居金融科技创新监管工具应用项目（累计）指数的第一梯队。深圳和广州同属广东省，因此虽然全省总项目数靠前，但由于两城市分流，单个城市的项目数量并未领先，苏州和南京也是以上情况（见图 8）。

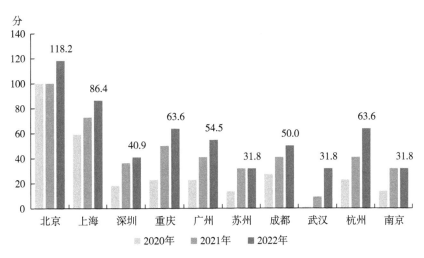

图 8　2020—2022 年金融科技创新监管工具应用项目（累计）

而从问卷调研反馈的金融科技政策支持力度①来看，苏州和深圳在该方面的得分较高（见图9）。

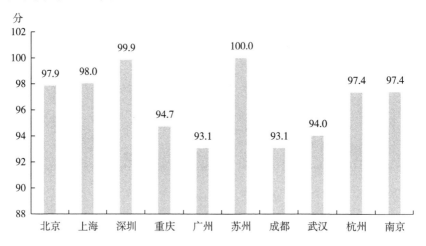

图9 2022 年金融科技政策支持力度（问卷调研结果）

2. 各大城市金融科技企业集群发展分化严重。从上市金融科技公司来看，上海、北京、深圳为第一梯队，且呈现断崖式领先趋势（见图10）。具体来看，上海拥有东方财富、陆金所、众安保险、大智慧等高营收、高市值的上市企业。北京拥有广联达、360 数科等 15 家金融科技上市企业，虽单家企业市值或营收不如上海金融科技企业，但企业赛道覆盖面广且上市企业数量为全国各城市之首。深圳也拥有神州信息、金融壹账通等金融科技上市企业，在企业数量和市值等方面具有较高的评分。此外，恒生电子与同花顺等企业帮助杭州在此榜单占据一席之地。

从金融科技未上市企业发展来看，北京、上海、深圳位于第一梯队，杭州位于第二梯队（见图11）。2022 年毕马威金融科技企业"双50"榜单中，北京、上海、深圳未上市金融科技企业分别为 29 家、24 家和 19 家，名列全国前三，杭州为 8 家，位列第四。从融资轮次来看，北京的捷通华声，上海的空中云汇，深圳的华锐技术、亚信安全，杭州的灵犀科技，均已达到 D 轮、E 轮甚至 IPO 的阶段。无论从金融科技企业数量、赛道分布还是融资阶段来看，北京、上海、深圳均遥遥领先，杭州也拥有巨大的发展潜力。

---

① 问卷调研中，考察被访者的工作常驻地金融科技政策支持力度（例如税收优惠、人才扶持、信贷支持等）打分（1～5 分，支持力度从低到高）。

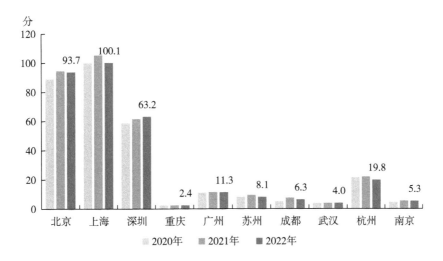

图 10 2020—2022 年上市金融科技公司得分情况

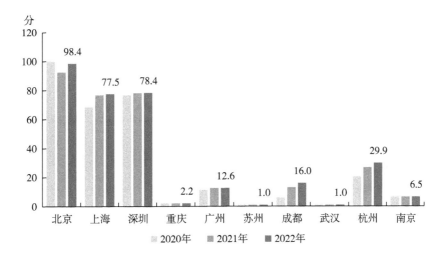

图 11 2020—2022 年未上市金融科技公司得分情况

3. 金融机构科技投入影响金融科技发展空间。从金融机构产业发展的具体指标看，各城市头部金融机构①的信息科技投入大幅增加，其中银行业与证券业尤为突出（见图 12、图 13）。银证两业无论是金融科技人员数量、总投入，还是人均投入，都实现了快速增长。

———————————

① 其中金融机构包括银行、保险、证券机构。

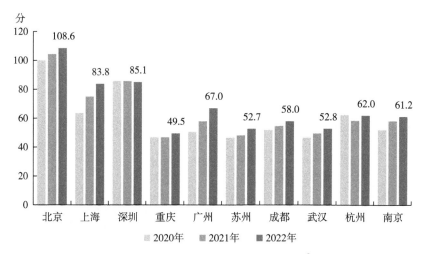

图 12 2020—2022 年银行数字化水平①

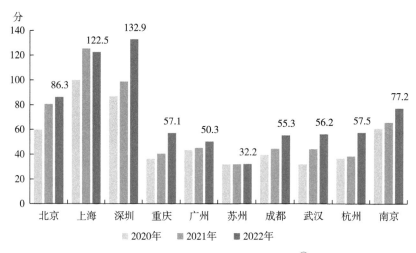

图 13 2020—2022 年证券数字化水平②

银行业方面，北京、深圳、上海为第一梯队。因为这三个一线城市均拥有头部国有大型商业银行和全国性股份制商业银行。

证券业方面，深圳、上海、北京为第一梯队；而华泰证券科技投入为证券行业第一，为南京赢得了金融科技发展的相对优势。上海和深圳的交易所交易

---

① 包括银行业数字化服务便利度。
② 包括证券业数字化服务便利度，以及交易所的数字化水平。

规模和数字化发展水平较高。而深圳的平安证券、招商证券数字化水平较高，在科技投入营收占比、科技人员比例等方面的指标表现突出。

4. 城市研发支出关系金融科技企业创新活力。从各城市的科技研发基础看，北京的 R&D 支出和专利授权数量遥遥领先其他城市，深圳、上海紧随其后（见图 14、图 15）。

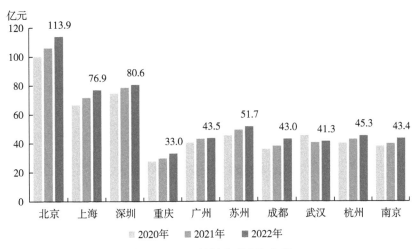

图 14　2020—2022 年 R&D 支出

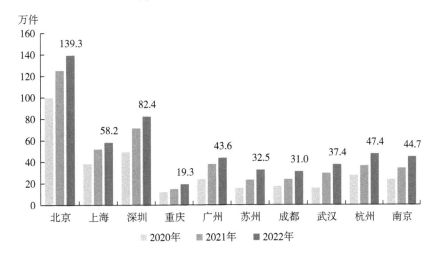

图 15　2020—2022 年发明专利授权数量

5. 城市人才培养提供金融科技发展长久动能。从各城市人才培养基础看，北京、上海、南京、成都、武汉等高校林立，金融科技相关专业密集设置，人才队伍阵容强大，为金融科技发展提供了优质的人力智本（见图 16）。其中成都的高校众多，金融学、金融科技相关专业的学位设置较多。

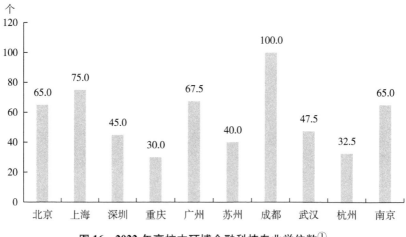

图 16　2022 年高校本硕博金融科技专业学位数①

6. 全球金融科技中心整体排名上海略有下降。综合国内外多个金融科技中心排名发现，北京、深圳、上海为第一梯队，广州、杭州、南京、成都、苏州为第二梯队（见图 17）。但从上海视角来看，上海全球金融科技中心整体排

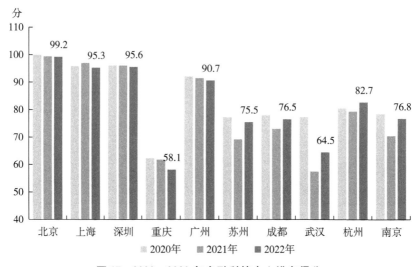

图 17　2020—2022 年金融科技中心排名得分

① 这里统计的是广义层面的，只要是和金融科技相关的（如金融科技方向的金融学硕士）都计入。

名有所下降（具体排名变化见下文）。

三、上海金融科技行业发展状况

加快推动金融机构数字化转型是我国金融业服务实体经济高质量发展的重要举措。上海金融科技行业三年来稳步夯实发展基础，矢志深化科技应用，为服务科创金融、普惠金融和绿色金融积极贡献"上海方案"。

（一）总体金融科技发展不断深化

纵向看，上海的 GUIDE 指数从 2020 年到 2022 年呈连续增长态势。但上海 2021 年金融科技发展水平的增速（11.6%）显著超过了 2022 年的 2.8%（见图 18）。

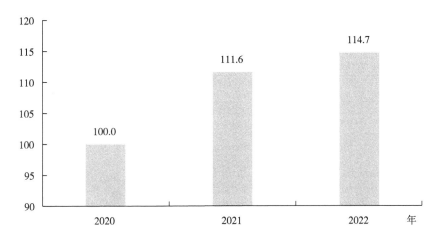

图 18　2020—2022 年上海的 GUIDE 指数

从上海的各项一级指标①（见图 19、图 20）看，数字化基础设施（D）建设增幅最大，而金融科技生态与环境（E）改善缓慢，金融科技公司的规模和投融资甚至出现下降。从 2021 年到 2022 年，除了金融科技投融资大幅下降，上市公司的市值也在缩水。此外，金融机构（主要是证券）信息科技投入增速下降，金融交易所交易额增长不明显。这段时期，政府的金融科技政策支持力度也没有明显提高。

---

① 以 2020 年为基准，置 100 分。

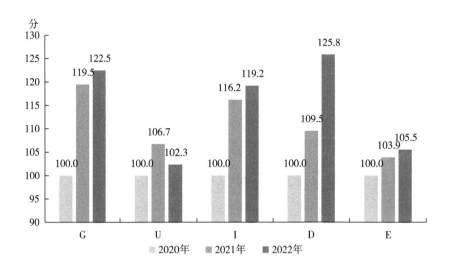

图 19　2020—2022 年上海金融科技发展指数 GUIDE

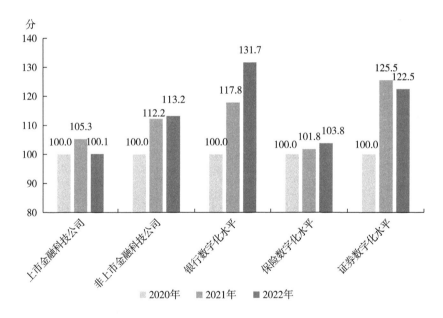

图 20　2020—2022 年上海金融科技公司和金融机构数字化发展水平

此外，虽然上海的研发支出、发明专利授权数量（见图 21）均稳步上升，但受新冠疫情影响，金融机构和金融市场的正常展业受到一定限制，营商环境也受到波及，从 2021 年到 2022 年，这个时期上海的金融科技中心排名有所下降（见图 22）。

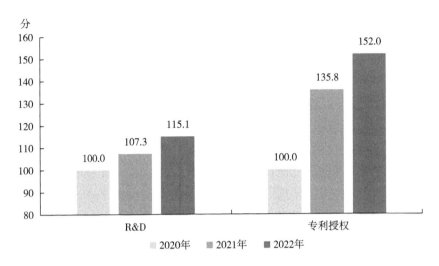

图 21　2020—2022 年上海 R&D 投入和专利授权数评分

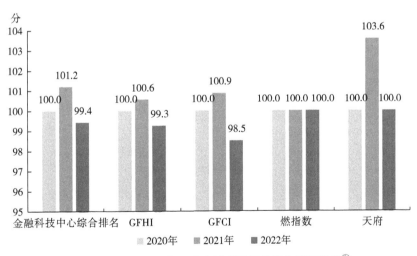

图 22　2020—2022 年上海金融科技平均排名情况得分①

---

①　图中金融科技中心综合排名代表上海在各个机构的平均排名，后面四个指标分别代表上海在 GFHI、GFCI、燃指数、天府指数中的排名变化情况。

（二）银行业领衔数字化转型

上海已经形成了业务覆盖面广、产品服务齐全的多层次银行体系，金融科技投入不断增长，持续发挥金融机构引导功能，促进实体经济高质量发展。上海五家典型银行交通银行、浦发银行、上海银行、上海农商银行和华瑞银行分别作为上海本地国有商业银行、股份制银行、城商行、农商行和民营银行的代表①，其金融科技发展各具特色。

从金融科技资金投入看，最近三年各家银行的金融科技投入增长较快（见图 23）。其中，交通银行领衔上海银行业金融科技投入规模，2022 年金融科技投入达到 116.3 亿元，而在金融科技营收占比②方面（见图 24），华瑞银行较高，超过了 19%（但局限于营业收入规模，其金融科技投入额有限）。

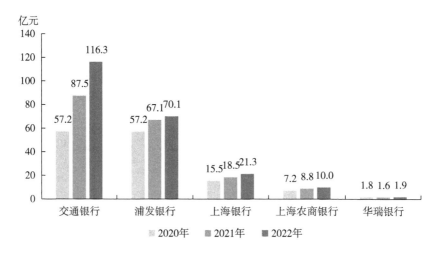

图 23　2020—2022 年上海代表性银行金融科技投入

（数据来源：各银行历年年报）

从科技人员投入看，上海银行业科技员工人数也增长迅速（见图 25）。上海农商行增速最高，2022 年科技员工增长近 48%，浦发银行 2022 年科技员工变化不大，但科技员工总人数仍接近 6 500 名。科技员工占总员工比例方面，华瑞银行相对突出，占比约为 31%（见图 26）。

---

　①　除了这五家外，上海地区的其他银行主要包括国内其他银行和外资银行在上海的分行以及上海各区的村镇银行。

　②　金融科技投入营收占比 = 金融科技投入/营业收入。

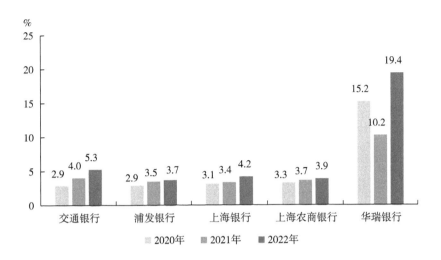

图 24 2020—2022 年上海代表性银行金融科技投入营收占比

（数据来源：各银行历年年报）

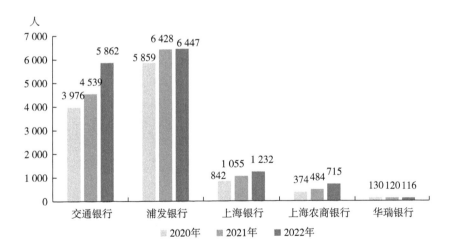

图 25 2020—2022 年上海代表性银行信息科技员工数

（数据来源：各银行历年年报）

从人均金融科技投入看，2022 年交通银行的科技员工人均金融科技投入最高（见图 27），而在全行员工人均金融科技投入方面，华瑞银行相对领先（见图 28）。

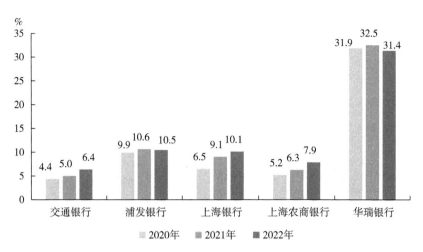

图 26　2020—2022 年上海代表性银行信息科技员工占比①

（数据来源：各银行历年年报）

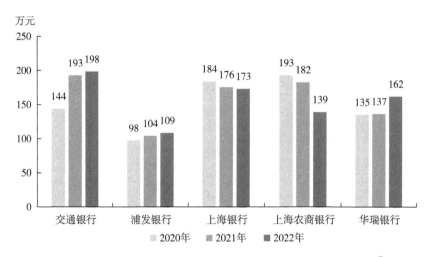

图 27　2020—2022 年上海代表性银行科技员工人均金融科技投入②

（数据来源：各银行历年年报）

① 信息科技员工占比＝信息科技员工数/总员工数。
② 科技员工人均金融科技投入＝金融科技投入/信息科技员工人数。

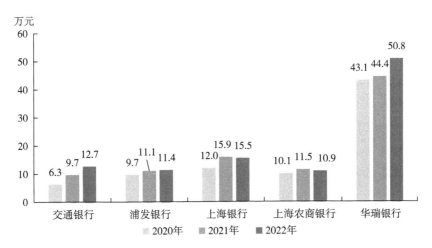

图28 2020—2022年上海代表性银行总员工人均金融科技投入①

（数据来源：各银行历年年报）

从五家银行金融科技总体资金投入和总体人员投入（见图29）看，2022年科技员工数量增幅较大，而2021年金融科技总投入金额增长较多。

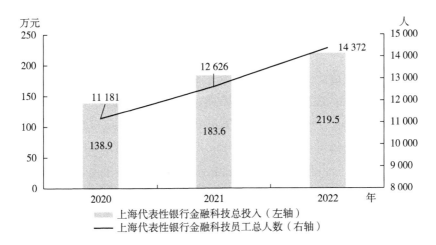

图29 2020—2022年上海代表性银行金融科技总投入和信息科技员工总人数

（数据来源：各银行历年年报）

---

① 总员工人均金融科技投入＝金融科技投入/员工总人数。

（三）保险科技应用加速普及

从全国保险业总投入看，2021 年 12 月中国保险行业协会《保险科技"十四五"发展规划》披露，自 2018 年到 2021 年底，保险业信息科技累计投入达 941.85 亿元，千亿元级投入助力行业发展。2022 年中国保险业 IT 解决方案市场规模达到 107.6 亿元人民币，与 2021 年相比增长 6.3%[①]。市场规模进一步增长，但整体增速进一步放缓。预计未来 1~3 年，如果没有重大疫情或者外部宏观因素的负面影响，市场整体增速将逐步回到上升区间。

聚焦上海互联网保险企业，作为首家互联网保险公司，众安保险一路引领行业的创新和进化。险种创新方面，众安不仅在健康险领域（如"尊享 e 生"）取得显著成就，同时在宠物险、家财险、碎屏险、退货运费险等数字生活领域也实现了迅速增长。科技投入方面，截至 2022 年，众安的研发投入已达 13.45 亿元，同比增长 19.4%，占总保费的比例达到 5.6%，其工程师及技术人员数量接近 2 000 名。此外，众安的技术专利申请量已累计达 599 件（包括海外专利申请 174 件），累计获得授权专利 196 件，授权量同比增长 69%。技术研发方面，众安持续布局人工智能、区块链、云计算、大数据和生命科技等前沿技术。2022 年，众安保险在承接 91.32 亿张保单的同时，实现了承保自动化率 99%，健康险的理赔线上化率达到 96%。目前，众安已经初步形成了产品定制化、定价动态化、销售场景化、理赔自动化的"四化"模式。科技输出方面，众安通过数字新基建方式输出其领先的保险科技经验和技术能力。2022 年，众安的科技输出收入达到人民币 5.92 亿元，同比增长 13.8%。众安的科技产品线分为业务增长系列、业务生产系列及业务基建系列，全面覆盖了保险行业的全业务流程，推出了基于云端的保险核心系统"无界山 2.0"等多个科技产品。

上海传统险企也在积极推进数字化转型进程。太保科技推出了"数智工场""业务经营""研发办公"3 大系列共 11 个保险科技产品矩阵，在大数据运营平台、智能 Pad 工作台、IFRS17、可信计算平台、元宇宙党建、电子票据电子化管理、数字员工、数字营销员、智能语音机器人、数字孪生养老家园、

---

① IDC：《中国保险业 IT 解决方案市场份额，2022：穿越谷底，蓄力新增长》。

数字孪生风险勘测等方面均有相关产品的深度研究与落地。太平金科完成寿险、财险、养老、海外等新一代核心系统三年改造计划，大力推动车险理赔一线通、车险分等产品的落地与推广。人保科技面向多云多芯的保险核心业务系统云原生技术平台，打造集中共享、自主可控、安全高效的技术中台，为建设强大的业务中台和管理高地提供有力支撑。

（四）券商提升科技投入效率

作为全国最为密集的券商聚集地和最为齐全的金融市场所在地，上海券商在保持金融科技方面投入的同时，在机制创新、新技术应用方面持续突破，运用智能投顾、智能交易、智能运营等全面提升业务效率、拓展业务边界、降低业务成本、提升风险管理水平。

从上海地区券商的信息技术投入看，上海券商科技发展呈现明显的阶梯，目前已上市的 7 家券商（国泰君安、海通证券、东方证券、申万宏源、东方财富、光大证券、华宝证券[①]）中，前 5 家券商的信息技术投入已超过 5 亿元（见图 30）。2022 年，上海地区上市券商总信息技术投入约 64.7 亿元，但 2022 年的增幅仅为 10.4%，显著低于 2021 年的 24%（见图 31）。

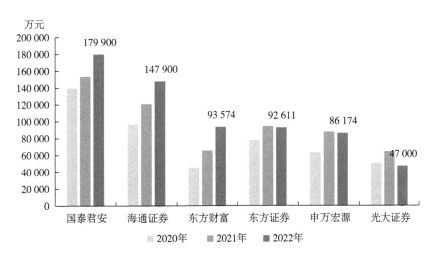

图 30　2020—2022 年上海地区上市证券公司信息技术投入

（数据来源：中国证券业协会）

---

① 华宝证券数据缺失，暂不统计。

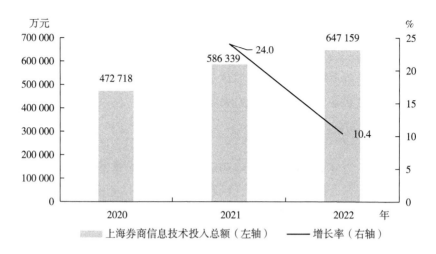

图 31　2020—2022 年上海地区上市证券公司信息技术投入总额与增长率

（数据来源：中国证券业协会）

从上海地区上市券商 2022 年的信息技术投入、信息技术投入占营业收入
比例看，大部分券商当年信息技术投入都大于 5 亿元，除了东方证券的信息技
术投入占营业收入比例特别高（接近 13%）外，其他券商的比例大部分在
4% ~7%（见图 32）。

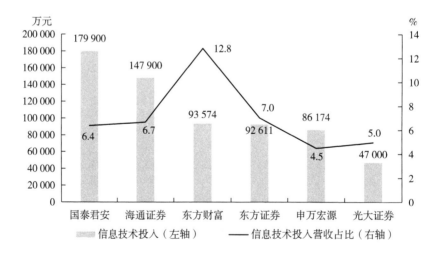

图 32　2022 年上海地区上市证券公司信息技术投入与投入营收比例

（数据来源：中国证券业协会）

（五）科技公司多元赋能行业

上海金融科技企业遍布金融科技重点赛道，百舸争流。包括兆芯、陆金所、万得、金仕达在内的数十家金融科技企业极为活跃，涉及综合金融、保险科技、消费信贷、金融IT等多个领域。一是基础设施支撑类。目前，国内核心技术产品和关键服务对国外产品的依赖程度正在减弱，服务器、数据库和存储等领域的国产替代工作不断取得进展，持续夯实基础设施支撑能力。代表企业有掌握自主通用处理器核心技术的兆芯、专注于操作系统研发与服务的统信软件等。二是平台服务提供类。对于金融机构而言，大数据和AI相当于智慧大脑。但这些服务自建成本高、开发部署周期长，除了人力、技术和资源雄厚的少数头部金融机构能够自研自建外，一般金融机构需要采购外部金融科技企业的产品和服务。代表企业有提供互联网金融信息服务的万得、线上财富管理平台陆金所等。三是业务系统建设类。金融科技企业以研发积累和行业经验为基础，提供数据中台、业务中台和技术中台等企业级支撑能力的系统解决方案，强化金融机构的获客、营销、运营和管理等多种能力。代表企业有提供金融市场交易管理、风险与合规管理技术解决方案的金仕达，提供极速交易系统的闪策科技等。

（六）重大创新试点有序推进

1. 金融科技创新监管工具应用有序进行。从2021年7月开始，截至2023年10月底，在人民银行上海总部指导下，上海总共开展了5个批次共22个金融科技创新监管工具应用项目。上海项目总数居全国第二位，仅次于北京（见图33），且"金融服务"类项目在各批次中所占的比例不断提高（见图34）。

上海创新应用项目参与主体多元，既包括国有商业银行、股份制银行、城商行，也包括民营银行和第三方支付机构，不少主体参与了多个应用；业务覆盖面广，涵盖了客户营销、订单管理、商户服务、函证和票据业务、普惠金融和供应链金融、（跨境）支付业务，以及风控、数据融合和隐私保护等多种课题（见图35）；技术复合性高，各项目大都运用了两种或两种以上金融科技，除了传统的金融科技，还纳入了物联网、机器学习、隐私计算、图计算等前沿技术（见图36）；测试陆续完成，2023年4月，"基于人工智能的智慧供应链

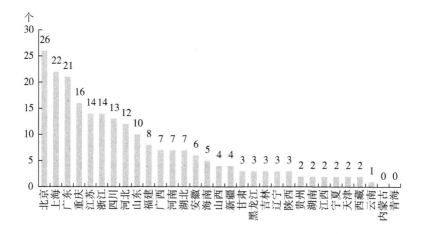

图33　全国金融科技创新监管工具应用已公示项目数量分布

（数据来源：根据人民银行各地分支机构网站公告信息整理，截至 2023 年 10 月底）

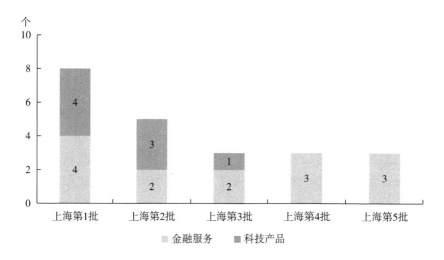

图34　上海金融科技创新监管工具应用已公示项目数量按批次分布

（数据来源：根据人民银行上海总部网站公告信息整理，截至 2023 年 10 月底）

融资服务""基于区块链的小微企业在线融资服务""基于大数据的商户服务
平台"三个项目率先成功完成测试，2023 年 8 月，"'上行普惠'非接触金融
服务"的项目测试也成功收官。截至 2023 年 10 月底，上海共有四个项目圆满
完成测试。

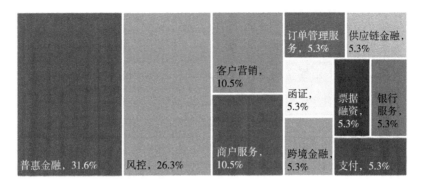

图35　上海项目业务分布占比

（资料来源：根据人民银行上海总部网站公告信息整理①）

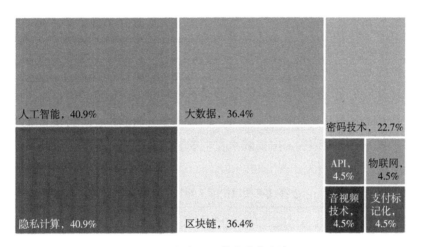

图36　上海项目技术分布占比

（资料来源：根据人民银行上海总部网站公告信息整理②）

　　未来，随着金融科技创新监管机制持续完善，"促进金融科技创新"与"服务实体经济"加速有机结合，在人民银行金融科技创新监管工具创新应用项目和资本市场金融科技创新试点项目"出盒"后，需要考虑好如何在真实的市场

---

　　①　有部分项目涉及多个业务方向，课题组按项目申请书上填写的首个业务方向统计，时间截至2023年10月底。

　　②　大部分项目用到了两种或两种以上技术，课题组按项目申请书上填写的前两项技术统计，时间截至2023年10月底。

环境和社会生活中更好地可持续运转，并形成良好的商业模式。这需要相关监管部门、金融机构充分调动各参与主体的积极性，真正展现创新监管的实质成效。

2. 资本市场金融科技创新试点稳步推进。由于在沪资本市场相关机构的踊跃参与，上海资本市场金融科技创新试点项目数量居于全国五个试点城市首位（见表10）。

表 10　　　　　五城市资本市场金融科技创新试点项目分布①

城市	项目批次	申报项目数量/个	入选项目数量/个	通过率/%	项目公示日期	项目启动日期
北京	第一批	51	16	31.4	2021 – 11 – 19	2021 – 12 – 30
广州	第一批	未披露	13	—	2022 – 12 – 7	2022 – 12 – 15
深圳	第一批	67	10	14.9	2022 – 12 – 7	2022 – 12 – 16
上海	第一批	114	26	22.8	2022 – 12 – 8	2022 – 12 – 28
南京	第一批	16	12	75.0	2022 – 12 – 15	2022 – 12 – 30
合计			77			

资料来源：根据各省市证监局网站公告信息整理，时间截至 2023 年 10 月底。

上海 26 个试点项目中有 21 个是由多家单位联合申报的，申报主体囊括了金融要素市场、证券公司、期货公司、公募基金、商业银行、科技企业等多个类别。从牵头申请机构看，由金融要素市场和券商牵头申请的项目数量合计占比接近 70%（见表11）。

表 11　　　　　　　上海试点项目按牵头申请机构分布

牵头申请机构类型	项目数量/个	占比/%
金融要素市场	11	42.31
证券公司	7	26.92
基金管理公司	4	15.38
科技企业	2	7.69
期货公司	1	3.85
基金销售公司	1	3.85
合计	26	100

资料来源：根据上海证监局网站公告信息整理，时间截至 2023 年 10 月底。

———————

① 2022 年 10 月，北京发布关于开展资本市场金融科技创新试点（北京）第二批项目征集遴选工作的通知；2023 年 9 月、10 月，广州、南京分别启动关于开展资本市场金融科技创新试点第二批项目征集遴选工作的通知；截至 2023 年 10 月底，五城市尚未公示第二批入选的试点项目情况。

上海试点项目的业务类型广泛，包括运用区块链平台提升业务规范性和可监管性，运用金融科技提升业务系统的服务质量和效率，推进新一代核心系统建设，丰富数字人民币应用场景和加强网络安全管理（见表12）。

表12 上海试点项目按业务类型分布

项目业务类型	说明	数量/个	占比/%
运用区块链平台提升业务规范性和可监管性	确权，过程可追溯，提高业务的规范性和监管的可穿透性	5	19.23
提升业务系统的服务质量和效率	利用5G、人工智能，低代码和大数据等技术提升业务系统的服务效能	5	19.23
推进新一代核心系统建设	包括作为行业基础设施的核心系统和证券公司个体的核心系统，以及行业云管理平台	5	19.23
丰富数字人民币应用场景	部分项目面向数字人民币购买付费金融服务，第三方保证金存管和企业投资场外业务的应用；部分项目面向数字人民币购买或赎回基金的应用	4	15.38
服务于金融市场的专门风控（合规）系统	促进风控（合规）系统的智能化	4	15.38
强化网络安全管理	各个项目分别侧重检测行业内应用软件的安全性，保障云安全，防范网络攻击	3	11.54
合计		26	99.99

资料来源：根据上海证监局网站公告信息整理，时间截至2023年10月底。

注：因四舍五入，占比和不等于100%。

与国内其他城市相比，上海推出的数字人民币项目和基础设施建设项目在数量和质量方面拥有明显优势。数字人民币项目方面，上海首批项目有四个是关于数字人民币应用场景的，领先国内其他城市。四个项目以不同类型主体多点试验、各有侧重、逐步贯通的方式，积极拓宽数字人民币试点场景，并且多家同行参与类似项目，便于各方交流学习，也可形成一定的竞争氛围，有利于提高项目成效。基础设施项目方面，上海首批项目包括作为行业基础设施的核心系统和证券公司个体的核心系统，以及行业云管理平台，覆盖了证券业、基金业、期货业、交易所等各维度，以分布式、微服务为技术路线，同时积极探索采用国产化软硬件，为后续信创工作的顺利开展做好铺垫。

3. 数字人民币上海试点持续扩容和出新。上海在金融交易方面开展了多项数字人民币试点创新。众安保险成功将数字人民币的落地应用延展到了保险领域，并通过线上化保险的场景优势，助力数字人民币试点钱包生态建设。

2022 年 7 月交通银行成为首家支持使用数字人民币投保"沪惠保 2022 版"银行。2023 年 6 月大宗商品现货清算业务（上海清算所）成功推出数字人民币清结算服务。此外，上海已落地全国首单多边央行数字货币桥跨境场景、全国首单跨区域支付场景。

上海数字人民币在其他领域的试点也处于全国领先水平。医疗领域应用方面，2022 年 9 月，数字人民币已经在上海部分医疗机构得到应用。患者在收费窗口及线下自助设备进行预约挂号、门诊缴费等就医服务时，可以选择使用数字人民币支付全部医疗款项。长三角一体化区域应用方面，长三角一体化示范区执委会联合中国银行上海市分行及快递企业，打造了全国首例快递费用数字人民币跨区域自动分账场景。

四、上海金融科技发展的主要支柱和新发力点

2022 年以来，上海经济加速回升，产业发展持续升级，城市数字化转型纵深推进，金融科技已成为城市高质量发展的强大动力。

（一）上海金融科技发展的主要支柱

2020 年起，随着上海国际金融中心初步建成，上海作为金融中心的核心功能不断增强。庞大的金融市场体量、丰富的科技创新要素，以及优越的地理区位条件和良好的产业发展环境，是上海金融科技发展的主要支柱。

1. 庞大的金融市场体量。日益增长的金融市场体量是上海金融科技发展的不竭动力，驱动着多层次金融市场体系、金融机构体系、金融基础设施和金融要素市场的持续完备和加速完善。

市场种类不断扩容。上海集聚了股票、债券、货币、外汇、票据、期货、黄金、保险等各类全国性金融要素市场。此外，金融产品登记、托管、支付、清算等新型金融要素市场和金融基础设施也在此汇集。

交易规模持续扩大。2022 年上海金融市场成交总额 2 932.98 万亿元，是当年全国 GDP 的 24 倍多；上海证券市场总成交额为 496.09 万亿元，同比增长 7.6%；全年通过上海证券市场股票筹资 8 477.18 亿元，发行公司债和资产支持证券共 43 217.07 亿元。[①]

---

① 数据来源：《2022 年上海市国民经济和社会发展统计公报》。

定价能力日益提升。"上海金""上海油""上海银""上海铜"等以人民币计价的基准价格相继推出，"上海金"成交量由 2016 年的 569 吨发展到 2022 年的 1 454 吨①。同时，上海银行间同业拆放利率（Shibor）、贷款市场报价利率（LPR）等基准利率市场化形成机制也在不断完善。

2. 丰富的科技创新要素。2022 年，上海全社会研发经费支出占全市生产总值的比例提高到 4.2%②，科技创新重要性愈加凸显。除了持续深耕大型客机、高端芯片、生物医药等国家重大专项领域，上海在基础研究、科创成果转化和高科技产业孵化方面也积累了深厚的实践经验。

基础研究方面，上海已经成为多个前沿领域的大科学计划、大科学装置发起地，在全国率先推出"基础研究特区计划"，以 6 家试点高校和科研机构为依托，重点围绕"双碳"、人工智能、量子科技、海洋等领域攻关，耕基础追前沿。③ 2022 年上海科学家在《科学》《自然》《细胞》上发表论文 120 篇，同比增长 12.1%，占全国总数的 28.8%。④

科创体系方面，上海形成了张江科学城、"大零号湾"、G60 科创走廊、杨浦科创带四大科创集群，2022 年全市纳入创新创业载体培育体系的载体达 418 家⑤，企业技术创新如火如荼。科创板上海上市公司达到 78 家，累计首发募资额和总市值均列全国首位。⑥

高科技产业方面，2022 年，高新技术企业突破 2.2 万家，研发总支出同比增长 22.2%，新增 155 家科技小巨人（含培育）企业，累计超过 2 600 家。⑦ 2022 年全市三大先导产业集成电路、生物医药和人工智能产值比上年增长 11.1%，全市信息传输、软件和信息技术服务业增加值同比增长 6.2%。⑧

---

① 数据来源：《自贸区十周年 | "黄金国际板"如何助力人民币黄金定价权稳步提升》，澎湃新闻，2023 年 9 月 28 日。

② 数据来源：《上海科技创新中心建设报告 2022》。

③ 上海于 2021 年出台《关于加快推动基础研究高质量发展的若干意见》，提出"基础研究特区"制度创新试点实施"基础研究特区计划"，以支持高校、科研院所更好发挥基础研究主力军作用，首批试点为上海交通大学、复旦大学和中国科学院上海分院。2022 年新增 3 家试点，包括同济大学、华东师范大学和华东理工大学。

④ 数据来源：《上海科技创新中心建设报告 2022》。

⑤ 数据来源：《上海科技创新中心建设报告 2022》。

⑥ 数据来源：万得。

⑦ 数据来源：《上海科技创新中心建设报告 2022》。

⑧ 上海公布 2022 年国民经济运行情况：经济运行凸显韧性，功能动能持续增强［N］. 文汇报，2023 – 01 – 20.

3. 优越的地理区位条件。上海优越的地理区位，使之成为我国国内大循环的中心节点和国内国际双循环的战略链接点。上海致力于促进全国统一大市场高效运行，推动国际国内产业链、供应链的整合，不断扩大其国家开放高地的覆盖范围和带动效应。

国内层面，背靠内陆腹地，牵头长三角乃至全国统一大市场建设。上海通过长三角一体化、中国国际进口博览会、"五个中心"① 建设等平台联动，以及长三角创新共同体、G60 科创走廊等载体建设，放大城市群集聚效应，对沿线九城的资源配置和产业提升形成了显著的拉动作用。同时，上海持续向全国输出改革经验和创新实践，不断加强与内陆的横向联系，加速内陆市场潜力的释放。

国际层面，位于国家开放创新的最前沿，是国家"一带一路"倡议的重要枢纽和首家自由贸易试验区所在地。十年来，上海在对接国际高标准经贸规则、内外贸一体化、发展总部经济等方面取得了可喜成绩。截至 2023 年上半年，上海的跨国公司地区总部、外资研发中心累计分别达到 922 家和 544 家②。新加坡全球创新联盟（上海站）、"一带一路"科技创新联盟、亚洲企业孵化协会、上海中俄创新中心等载体先后启动建设，为深化与相关国家和城市的务实合作树立了典范。

4. 良好的产业发展环境。上海围绕市场化、法治化、国际化等原则，大力推动多项改革措施，提升产业发展环境。

政策优化方面，累计已推出近千项优化营商环境改革举措。从 2018 年到 2023 年，营商环境优化方案从 1.0 版升级到了 6.0 版③，为吸引更多资源聚集提供了更完善的政策支持。5 年来上海累计新设各类市场主体 225.1 万户，比上个 5 年增长 52.7%。④

服务升级方面，"一网通办""一业一证""一表申请""一口受理"等政务服务品牌已深入人心。截至 2022 年底，"一网通办"总门户已接入 3 600 个服务事项，其中 2 934 项可实现全程网办，全年日均办事 29 万件，实际网办

---

① 指国际经济中心、国际金融中心、国际贸易中心、国际航运中心、国际科技创新中心。

② 龚正为新一批跨国公司地区总部和研发中心颁证 并见证 77 个外资项目签约 总投资逾 102 亿美元 [N]. 解放日报，2023－07－19.

③ 从 2018 年起，上海连续 6 年每年发布优化营商环境实施方案。2023 年 1 月 28 日，上海发布《上海市加强集成创新持续优化营商环境行动方案》，"营商环境 6.0 版"出炉。

④ 记者手记：服务融进去 民企活起来 [N]. 中国银行保险报，2023－03－24.

率达 84.01%。①

法治保障方面，通过创新专业机制树立行业标杆。上海金融法院是全国首家金融法院，成立五年来，先后审结了全国首例证券群体性纠纷示范案、首例落实证券侵权民事赔偿责任优先原则案、首例因退市新规引发的行政诉讼案等一批新型的重大疑难案件。

（二）上海金融科技发展的新发力点

1. 科技创新和策源能力。

一是上海主体创新能力需要加强。从国内发明专利申请授权量②来看，2022 年上海获得了约 36 800 项发明专利，虽位居全国前三，但近四年来上海与北京（88 127 项）、深圳（52 172 项）等城市的差距有进一步扩大的趋势，需要在前瞻布局和创新转化方面加大投入（见图 37）。

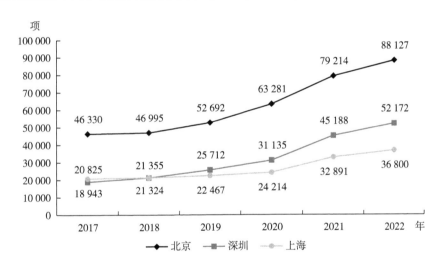

图 37　2017—2022 年沪京深获得国内发明专利申请授权量情况

（数据来源：国家统计局）

二是上海金融科技的对外辐射能力有待增强。上海金融科技产业主要包括金融市场和金融机构的科技子公司以及众多信息技术服务商，例如，要素市场

---

① 数据来源：《2022 年上海国民经济和社会发展统计公报》。
② "国内发明专利申请授权量"统计的发明（专利），指对产品、方法或者其改进所提出的新的技术方案，是国际通行的反映拥有自主知识产权技术的核心指标。

系的上期所技术、中金所技术、沪联金科等，银行系的建信金科、交银金科、兴业数金等，保险系的太平金科、太保科技、人保科技等，证券系的万得、东方财富和大智慧等，缺乏大型龙头类平台型科技公司、应用场景或技术水平特别突出的金融科技公司。因此，这些企业的辐射范围多数局限于本集团或机构内部，本质上依赖于金融机构"输血"，自身"造血"能力偏弱。

2. 金融科技投融资潜力。上海金融科技中心建设，需要扶持和聚集一大批具备硬核科技含量的金融科技企业。目前，国内金融科技投融资活动基本处于静默期，与金融科技相关的私募股权融资和并购活动进展缓慢。《上海科技金融生态年度观察 2022》披露，2022 年上海股权投资 1 513 起，投资金额 2 164.04 亿元，其中 2/3 的投资项目属于战略性新兴产业，硬科技特色凸显，但也存在投向早期项目规模占比较低的问题。要扭转金融科技投资方的观望态度，需要政府和监管机构适时调整政策。

3. 创新场景和应用试点。从实际金融需求出发，做好技术选型和应用探索，促进更多金融科技应用场景的落地和推广，是培育和壮大上海金融科技产业的良好机会。

金融信创领域，上海已经涌现出一批拥有核心技术的相关金融科技公司。随着服务器、操作系统、数据库、OA、ERP 等领域的国产替代产品逐渐走向信创行业的 C 位，金融科技公司作为推动中小金融机构实现系统国产化和自主可控的重要生力军，有望在加速国内技术创新和产业发展的同时，实现行业繁荣和利益共享。

通用人工智能领域，国内金融行业在生成式人工智能的探索热潮已拉开序幕。从智能客服、投资分析，到风险控制、程序开发，人工智能大模型活跃在金融领域的各大典型业务。考虑到算力、算法、数据等因素，以及安全、伦理、适配等问题，上海建设"金融领域通用大模型"具备更高的商业落地可行性。

监管科技领域，上海已常态化推行人民银行金融科技创新监管应用工具，并作为第二批城市推出首批资本市场金融科技创新试点项目。但这只是测试阶段，后续要在总结成功经验、扩大监管工具应用和创新试点的基础上，对接市场需求，将创新潜力转化为发展动力，切实体现金融科技创新应用的社会价值和经济价值。

数字人民币试点领域，截至 2023 年 6 月底，上海落地应用场景超 136 万个。2023 年 8 月，国家发展改革委公布《关于推动虹桥国际开放枢纽进一步提升能级的若干政策措施》，支持上海、苏州联动开展数字人民币试点。在此背景下，为尽快形成数字人民币从零售端到企业端支付链条的闭环，需要加速数字人民币在 B 端的应用创新，例如，数字人民币智能合约供应链金融服务、数字人民币在企业端信贷的应用等，为数字经济发展注入新的动力。

4. 数据要素制度的探索。2023 年 8 月，财政部发布《企业数据资源相关会计处理暂行规定》，2023 年 10 月中国资产评估协会制定的《数据资产评估指导意见》正式实施，数据要素作用日益凸显，数据资产化加速推进。结合此前国家数据局组建、地方及产业探索数据确权落地等政策，数据要素顶层设计正在进一步完善。上海可通过上海数据交易所，加强数据要素市场基础配置来赋能数据资产创新应用，激活数据市场供需双方的积极性，从建立健全数据产权制度、数据流通和交易制度、数据收益分配制度等角度，推动数据要素市场的有序发展。

5. 青年复合型人才引留。上海金融科技类人才紧缺。2016 年，上海启动"三类金才"计划，叠加上海市金融市场的强大聚集效应，上海金融人才总体供给得到改善，但金融科技类人才缺口仍然很大。2021 年 8 月，上海市地方金融监督管理局印发《上海市重点领域（金融类）"十四五"紧缺人才开发目录》将金融科技类纳入紧缺人才目录，其中特许全球金融科技师 CGFT 被列入了金融科技类紧缺人才中的"移动支付人才"和"大数据挖掘、应用金融人才"两个子类。

金融科技专业人才属于复合型人才，而绝大部分是青年人才。尤其是活跃在新兴数字经济赛道的，包括人工智能、大数据和物联网等行业，年轻人占了大多数。已经步入中等老龄化社会且老龄化程度日益加深[①]的上海，需要实施更加成体系化的复合型金融科技人才引育举措，鼓励、吸引和支持更多青年人才留沪。

五、上海金融科技发展的政策建议

在建设具有全球竞争力的金融科技中心的征途上，上海已取得显著成效，

---

① 上海市统计局发布的 2022 年人口变动情况抽样调查数据显示，2022 年上海常住人口为 2 475.89 万人，其中 60 岁及以上人口占比为 25.0%，65 岁及以上人口占比为 18.7%，上海已经步入中等老龄化社会，且老龄化程度还在持续加深。

金融科技发展的主要支柱日益稳固,金融科技创新实践层出不穷。本部分在前文分析的上海金融科技发展新发力点的基础上,从科技支撑、投融资支持、场景应用、数据价值、人才引留等方面提出未来推进上海金融科技中心建设的政策建议。

(一) 推进数字科技创新突破,提升关键核心技术水平

前沿技术方面,聚焦大数据和计算产业、新一代人工智能产业等战略前沿,进一步壮大数字产业集群。抓住大模型在垂直领域形成爆发式应用的重要机遇期,聚焦金融领域通用人工智能大模型,统筹算力、数据等资源部署,支持上海人工智能实验室等机构牵头打造各类通用大模型、垂直类大模型,鼓励大小模型结合的多层次发展,组成更具竞争力的世界级人工智能产业集群。

基础技术方面,完善金融信创生态圈。加快网络、算力、应用基础设施建设,持续提升平台经济国际竞争力,增强数字经济发展基础支撑能力。在金融行业应用国产化软硬件产品的过程中,鼓励科技厂商开展对产品的全面评估和测试,进一步保障系统的稳定性和性能,参与行业生态共建,协同产业上下游,提升产品兼容性和互认证水平,提升产品适配性。从业务效果可预期性、已有业务连续性、持续运维可靠性、全面更换融合性及应用迁移适配有效性等角度,促进金融信创产业的壮大和成熟。

(二) 激活金融科技投融资,丰富金融科技资金供给

第一,支持具有"硬科技"属性的金融科技企业在沪上市。在临港新片区的国际金融资产交易平台上,探索开辟金融科技企业上市国际板块。完善对金融科技企业的认定制度,把真正具有核心技术的金融科技企业与一般的助贷企业区分开。

第二,鼓励金融科技领域股权投资企业在上海的发展,搭建多样化的平台促进金融科技企业与股权投资企业对接;鼓励和支持发起设立多类型的金融科技发展专项基金;进一步支持金融科技企业发展,对符合条件的相关企业提供更多的税收优惠和发展便利。

(三) 深化应用场景创新,提升监管科技应用力度

第一,在国家金融管理部门的支持指导下,深化金融科技应用场景创新。

鼓励金融科技企业抓住金融信创机遇深入推动技术成熟度、生态支持和适配集成，促进行业繁荣。聚焦金融领域垂直大模型，打造若干行业级应用发挥人工智能生产力，因时因地制宜，推动各类场景大小模型结合解决实际问题。扩大数字人民币在 B 端、C 端和 G 端的应用，促进数字人民币的跨城市跨行业流动和应用闭环的形成。加速金融领域数字化转型升级，积极服务实体经济高质量发展，打造金融科技应用示范城市。

第二，继续扩大上海金融科技创新监管工具应用和资本市场金融科技创新试点。鼓励更多的金融科技公司等非持牌机构以合作方式参与。对于后续人民银行金融科技创新监管工具和资本市场金融科技创新试点实施工作，加强对参与企业和机构的持续化管理，加强后续的跟踪、评估与反馈，完善退出机制。

（四）促进数据要素有序流动，引领金融数据资产化

深化金融数据要素应用以支撑金融供给侧结构性改革是新阶段金融科技发展的主线①，在进一步健全数据管理机制、切实保障数据安全的基础上，积极促进金融数据的流通和共享。

一是建设健全数据安全共享金融基础设施。隐私计算技术已成为数据流通安全的"最优技术解"。上海已经成功完成了若干与隐私计算相关的人民银行金融科技创新监管工具创新应用项目的测试，为应用隐私计算技术建设数据安全共享金融基础设施提供了实践经验。可在满足现有法律和监管要求的基础上，从小范围小规模试点开始，推动金融机构之间、金融机构与其他机构之间的数据资源共享和交易。

二是大力促进数据要素产品创新发展，完善上海数据交易所功能建设，推动其率先与重点国有企业开展合作，从"点"到"线"逐渐扩大，加速数据流动和数据资产化，从而培育和繁荣金融领域数据要素市场。

（五）培育全生命周期金融科技人才，增强人才黏性

人才培养方面，积极响应解冬副市长在 2023 年两会上提出的人才提案，以人才认证为核心，逐步构建涵盖认证、培训、继续教育、职业发展等全周期的金融科技人才培养体系。以建设金融科技人才实训基地为契机，加强产学研

---

① 中国人民银行《金融科技发展规划（2022—2025 年）》。

合作，促进政校企人才规划合作，引入企业参与政府和学校主导的活动，协助科技普及和业界实践指导，开展形式多样的金融科技创新创业大赛等活动。鼓励创新实践基地的在站博士后开展课题研究和技术成果转化。

人才引留方面，支持金融科技相关协会或联盟定期举办金融科技人才交流活动、专场招聘会等活动，吸引优秀金融科技人才留沪。加大金融科技高端创新人才的引进力度，逐步造就一批具有世界影响力的金融科技大师、金融科技领军人才和优秀创新团队，涌现一批掌握核心金融科技技术、具有自主知识产权或拥有高成长性项目的高层次人才。构筑人才国际交流和竞争舞台，在与国际一流人才的合作中不断提升本土人才国际化金融科技水平。配套出台更加优惠的政策，如更加优惠的住房政策、个税减免政策等，建设青年友好型城市，降低人才流失率，努力把上海打造成为金融科技人才向往之城和交流交汇的首选之地。

六、参考文献

［1］中华人民共和国国务院．"十四五"数字经济发展规划［R］．2021.

［2］中国人民银行．金融科技发展规划（2022—2025 年）［R］．2022.

［3］中国人民银行．金融领域科技伦理指引（JR/T0258—2022）［S］．2022.

［4］中国银行保险监督管理委员会．银行业保险业数字化转型的指导意见［R］．2022.

［5］国家互联网信息办公室．数字中国发展报告（2022 年）［R］．2023.

［6］上海市人民政府．上海国际金融中心建设"十四五"规划［R］．2021.

［7］上海市人民政府．关于加快推动基础研究高质量发展的若干意见［R］．2021.

［8］上海市人民政府办公厅．加快推进上海金融科技中心建设实施方案［R］．2020.

［9］上海市人民政府办公厅．上海市加强集成创新持续优化营商环境行动方案［R］．2023.

［10］上海市地方金融监督管理局．上海市重点领域（金融类）"十四五"紧缺人才开发目录［R］．2021.

［11］上海市统计局，国家统计局上海调查总队．2022 年上海市国民经济和社会发展统计公报［R］．2023.

［12］上海推进科技创新中心建设办公室．上海科技创新中心建设报告 2022［R］．2023.

［13］北京市金融服务工作领导小组．北京市"十四五"时期金融业发展规划［R］．2022.

［14］深圳市地方金融监督管理局．深圳市金融业高质量发展"十四五"规划［R］．2022.

［15］中国证券业协会．证券公司 2021 年经营业绩指标排名情况［R］．2022.

［16］中国社会科学院．2023 年互联网保险理赔创新服务研究报告［R］．2023.

［17］中国社会科学院金融研究所金融科技研究室．中国金融科技燃指数报告［R］．2020.

［18］中国社会科学院金融研究所金融科技研究室．中国金融科技燃指数报告［R］．2021.

［19］中国社会科学院金融研究所金融科技研究室．中国金融科技燃指数报告［R］．2022.

［20］伦敦金融城．全球金融中心指数（GFCI）［R］．2020.

［21］伦敦金融城．全球金融中心指数（GFCI）［R］．2021.

［22］伦敦金融城．全球金融中心指数（GFCI）［R］．2022.

［23］浙江大学互联网金融研究院．全球金融科技中心指数（GFHI）［R］．2020.

［24］浙江大学互联网金融研究院．全球金融科技中心指数（GFHI）［R］．2021.

［25］浙江大学互联网金融研究院．全球金融科技中心指数（GFHI）［R］．2022.

［26］四川省金融科技学会．金融科技行业发展报告——天府·中国金融科技指数［R］．2020.

［27］四川省金融科技学会．金融科技行业发展报告——天府·中国金融科技指数［R］．2021.

［28］四川省金融科技学会.金融科技行业发展报告——天府·中国金融科技指数［R］.2022.

［29］上海金融科技产业联盟.上海金融科技发展白皮书（2022）［R］.2022.

［30］毕马威.毕马威中国金融科技企业双 50 报告［R］.2020.

［31］毕马威.毕马威中国金融科技企业双 50 报告［R］.2021.

［32］毕马威.毕马威中国金融科技企业双 50 报告［R］.2022.

［33］KPMG. The Pulse of Fintech H2 2022［R］.2023.

［34］CBInsights. State of Fintech Global ｜ 2022 Recap［R］.2023.

［35］郭峰,王靖一,王芳,等.测度中国数字普惠金融发展:指数编制与空间特征.经济学季刊［J］.2020,19（4）:1401 – 1418.

［36］华经产业研究院.2022 年中国保险 IT 行业分析,国内市场将进一步打开［R］.2023.

［37］IDC.中国保险业 IT 解决方案市场份额,2022:穿越谷底,蓄力新增长［R］.2023.

［38］保观科技.中国保险科技十年回顾与展望［R］.2023.

［39］中国太保.健康保险大数据产业应用研究［R］.2021.

［40］众安科技.AIGC/ChatGPT 保险行业应用白皮书［R］.2023.

［41］孙铭蔚.自贸区十周年｜“黄金国际板”如何助力人民币黄金定价权稳步提升［N/OL］.澎湃新闻,2023 – 09 – 28. https://www. thepaper. cn/newsDetail _ forward _ 24769066.

［42］周渊.上海公布 2022 年国民经济运行情况:经济运行凸显韧性,功能动能持续增强［N/OL］.文汇报,2023 – 01 – 20. http://wenhui. whb. cn/third/zaker/202301/20/504870. html.

［43］孟群舒.龚正为新一批跨国公司地区总部和研发中心颁证 并见证77 个外资项目签约 总投资逾 102 亿美元［N/OL］.解放日报,2023 – 07 – 19. https://www. shanghai. gov. cn/nw4411/20230719/da6d10a84f5846f5bfd8abc1016e4b15. html.

［44］张瑾.记者手记:服务融进去 民企活起来［N/OL］.中国银行保险报,2023 – 03 – 24. http://www. cbimc. cn/content/2023 – 03/24/content _ 479955. html.

上海全球资产管理中心建设研究

子课题①负责人：马　颖

内容摘要：上海全球资产管理中心建设首次正式提出是在《上海国际金融中心建设行动计划（2018—2020年)》，而后2021年《关于加快推进上海全球资产管理中心建设的若干意见》和《上海国际金融中心建设"十四五"规划》的出台，更加明确了上海建设全球资产管理中心的目标与制度安排，推动了该目标实现的路径。资产管理业务发展是撬动诸多金融市场的支点，为金融业发展提升供需动能。上海全球资产管理中心建设嵌入上海国际金融中心建设的内涵，不仅能丰富上海国际金融中心建设的路径依赖，而且成为其升级建设的必由之路。

纵观全球领先资产管理中心的形成与发展历程，既可以看到公认全球资产管理中心发展的共性，又可以看到其个性特色的轨迹。多家智库②采用不同的视角和方法论对目前全球领先资产管理中心进行评价与研究，多维度地展现全球领先资产管理中心的生态特征、经验发展和核心竞争力等。聚焦欧美、亚洲等具有竞争力的全球资产管理中心，在不同的金融体系下③，"大而全"和"小而美"并存，各具特色，优势各异，但都在金融配置功能和效率上充分体现实力。这些均为上海全球资产管理中心建设与特色探索提供思考与借鉴。

本报告主要聚焦上海建设全球资产管理中心的动态发展和特色探索，以数据和案例为主验证其建设的路径依赖，以及从市场要素流动型开放逐步转向制度型开放的节奏与成效。数据采用官方公开数据，考虑到我国对资产管理行业合规经营具有重大意义的《关于规范金融机构资产管理业务的指导意见》出

---

① 本课题组由高金智库组织相关专家组成，课题组长：马颖，上海交通大学上海高级金融学院兼聘教授；课题组成员：张一愫。
② 上海交通大学上海高级金融学院、BCG咨询公司、毕马威国际、中欧陆家嘴国际金融研究院、麦肯锡、德勤等。
③ 根据世界银行的分类，中国、日本等亚洲国家以及德国、法国等西欧国家拥有以间接融资为主导的金融体系，美国、英国等以直接融资为主导。

台于 2018 年，上海全球资产管理中心建设首次正式在《上海国际金融中心建设行动计划（2018—2020 年)》提出，数据应反映重大制度安排带来的动态发展趋势以及现状的时效性，故本报告采用可获取的 2018 年以来官方公开数据。

报告分为两个部分：第一部分为上海全球资产管理中心建设发展动态，第二部分为全球资产管理行业趋势及领先资管中心特征分析。

上海全球资管中心建设发展动态聚焦过去一年上海全球资产管理中心生态系统建设、探索发展的成效以及金融功能深化概况。成熟完善的生态系统是全球领先资产管理中心的显著特征，报告多维度展示上海全球资产管理中心生态系统内涵建设情况，如多元化机构体系中的资管机构集聚与合规经营、专业机构服务动态；资管规模与产品、业务模式创新动态；金融要素市场与金融基础设施丰富升级；人才引进培育储备集聚；法治诚信环境与监管、自律等。报告从推动高水平开放、前沿人工智能技术应用以及绿色投资领域等探讨包括上海在内的全球资产管理中心的创新探索发展。报告展示的制度安排和数据动态等，充分说明在金融法治的完善加强、行业的自律交流、政府的强力推动引导与服务下，资产管理中心生态系统构建趋势良好，激发资管领域的活力和集聚、高水平制度型开放等为中心建设注入全球吸引力。

全球资产管理行业趋势及领先资管中心特征分析则通过对全球头部资产管理中心进行深入的 SWOT 分析，横向比较公认的全球领先资产管理中心的特点和区别，由此带来启示。人工智能在资管领域的应用和 ESG 投资趋势部分主要描述和分析了这两个全球资产管理领域正在快速发展的趋势，其中针对在这两个领域具有领先地位的资管中心进行了重点介绍分析。

一、上海全球资产管理中心建设发展动态

（一）上海全球资产管理中心生态系统建设概况

1. 多元化机构体系构建。

（1）资产管理机构呈现集聚态势。近年来，上海资本市场机构的集聚态势持续增强，资管业务稳步发展。截至 2022 年底，上海地区共有各类资管机构约 4 561 家，占全国的比例为 18.8%。其中，私募基金机构高达 4 410 家，占全国比例为 18.6%；其余各类资管机构共计 151 家，占比为 6.2%（见

表1）。2022年，上海市集聚银行、证券公司、期货公司数量居全国首位，其中，中资银行法人6家、外资银行21家、证券公司32家、期货公司36家，合计95家，较2021年增长4.4%。

截至2023年4月，上海拥有各类持牌金融机构1 736家，外资金融机构539家，占比近三分之一。① 外资法人银行、保险机构、基金管理公司均占全国总数的五成。目前，外资资管机构高度集聚，全国七家外商独资公募基金、五家合资银行理财公司均落户上海。② 截至2022年底，浦东持牌类金融机构达1 173家，一批重大金融招商项目相继落地。全国第一批外商独资公募基金共三家——贝莱德、富达和路博迈全部落户浦东。全国首家外资独资证券公司——摩根大通证券获准完成股权变更。首批外资独资人寿保险公司——中德安联人寿、汇丰人寿获准变更股权。广发银行的全资子公司广银理财有限责任公司举行揭牌仪式，成为首家落户浦东、母行在外地的银行理财子公司。③

"2023全球资管500强"④ 榜单显示，中国共41家金融机构上榜，较上年增加11家，包括15家基金公司、11家保险资管公司、13家银行理财公司和2家证券公司。这41家中资资管机构有38家位于前200强之列，其中又有10家处于全球100强之列，比上年增加2家，包括3家保险资管公司、4家银行理财公司和3家基金公司。

表1   上海资产管理机构情况   单位：家

机构类型	2019年		2020年		2021年		2022年		2023年6月
	全国机构数量	其中：上海	全国机构数量	其中：上海	全国机构数量	其中：上海	全国机构数量	其中：上海	上海机构数量
银行⑤	377	39	331	39	301	39	260	40	40
银行理财子公司	11	1	20	3	22	5	29	9	10
信托公司	68	7	68	7	68	7	68	7	7

---

① 上海市人民政府 https：//www. shanghai. gov. cn/nw9820/20230428/c81afc0071884c20900ac2d2d331bc22. html.

② http：//www. news. cn/2023 - 08/25/c _ 1212260247. htm.

③ 信息来源：浦东发布。

④ 信息来源：欧洲养老金与投资（IPE）《全球资管500强年度报告》。

⑤ 银行仅统计有理财产品发售的银行数量。

续表

机构类型	2019 年		2020 年		2021 年		2022 年		2023 年 6 月
	全国机构数量	其中：上海	全国机构数量	其中：上海	全国机构数量	其中：上海	全国机构数量	其中：上海	上海机构数量
保险资管	28	9	29	9	33	10	33	10	10
券商资管	66	18	68	20	84	20	97	21	21
公募基金	129	57	138	59	144	62	148	64	65
私募/创投基金	24 471	4 709	24 561	4 648	24 610	4 531	23 667	4 410	4 008
外商参股基金公司①	44	24	45	25	49	28	52	29	27②
合计	25 150	4 840	25 215	4 785	25 262	4 674	24 302	4 561	4 121

数据来源：中国证券投资基金业协会、中国证券监督管理委员会、国家金融管理监督总局、中国证券业协会、Wind。

（2）专业服务机构持续增长。上海资管专业服务体系逐步完善，法律、财务等第三方服务机构，以及基金托管、代销方数量不断增加，为资产管理行业发展提供了专业服务支持。截至 2023 年 7 月，据不完全统计，从事证券服务业务的专业机构已达 281 家，较 2022 年末增长 12.9%，其中，会计师事务所、资产评估机构 33 家，律师事务所 112 家，信息系统技术机构 136 家（见表 2）。同时，为资产管理机构（证券、基金）提供基金销售、托管、估值、评价、证券投资咨询、资信评级、货币经纪服务的公司数量位居全国前列，且机构数量持续增加（见表 3）。其中，上述 7 类专业服务机构中，证券投资咨询机构、估值基准机构、货币经纪机构数量居全国首位。

表 2   **上海资管服务机构分布趋势情况**   单位：家

机构类型	2021 年 7 月	2021 年 12 月	2022 年 6 月	2022 年 12 月	2023 年 7 月
从事证券服务业务的会计师事务所、资产评估机构	23	25	29	31	33

---

① 外商参股基金公司数量已包含在相关公募、私募和券商资管数量统计内，不再重复加总至合计，此处仅作列示，包括外商独资企业和中外合资企业。

② 数据统计截止日期为 2023 年 10 月。

续表

机构类型	2021 年 7 月	2021 年 12 月	2022 年 6 月	2022 年 12 月	2023 年 7 月
从事证券法律业务的律师事务所	58	65	78	85	112
从事证券基金服务业务的信息系统技术机构	112	123	131	133	136
合计	193	213	238	249	281

数据来源：中国证券投资基金业协会、中国证券监督管理委员会、国家金融监督管理总局、中国证券业协会。

表 3　　　　　**全国重点城市资管专业服务机构对比**　　　　单位：家，%

机构类型	上海	北京	深圳	全国	上海占比
基金托管机构	10	16	8	62	16.13
公募基金销售机构	64	70	44	409	15.65
估值基准服务机构	1	1	0	2	50.00
基金评价机构	3	4	3	10	30.00
货币经纪公司	2	2	1	6	33.33
证券投资咨询机构	17	14	10	79	21.52
证券资信评级机构	3	7	1	14	21.43

数据来源：中国证券投资基金业协会、中国证券监督管理委员会、国家金融监督管理总局、中国证券业协会。

注：数据截至 2023 年 7 月 31 日。

（3）资产管理机构合规程度进一步提高。2023 年 5 月，国家金融监督管理总局（以下简称金融监管总局）正式成立，同年 11 月，金融监管总局成立资管机构监管司，主要承担信托公司、理财公司、保险资产管理公司的非现场监测、风险分析和监管评价等工作，根据风险监管需要开展现场调查，采取监管措施，开展个案风险处置。这一系列配套措施标志着我国新一轮金融监管机构改革取得了重要进展。2023 年是资管新规发布的第五年，过渡期结束后的第二年，银行业、保险业已顺利完成资管业务过渡期整改任务：截至 2023 年上半年，保本理财产品规模已由资管新规发布时的 4 万亿元压降至零；净值型产品存续余额 24.3 万亿元[①]，占比为 95.95%，较 2022 年末提升 0.48 个百分

---

① 《中国银行业理财市场年度报告（2023 年上）》。

点；同业理财较峰值大幅压缩 99.9%①。保险资管产品基本实现净值化转型，产品投资运作进一步规范。券商集合资管业务积极开展公募化改造。2022 年，人民银行上海总部持续加大对违反金融法律法规行为的打击力度，依法严肃惩处负有责任的机构和人员，切实维护金融市场秩序的公平公正。累计作出 28 项行政处罚决定，涉及 5 家银行业金融机构、2 家非银行业金融机构、3 家非银行支付机构和 18 名直接责任人，罚款金额总计人民币 5 117.9 万元。其中，对机构的罚款总金额为 5 000.1 万元，对机构直接责任人罚款总金额为 117.8 万元。截至 2023 年上半年，累计作出 12 项行政处罚决定，罚款金额总计人民币 1 662.5 万元。②

2. 资产管理业务和创新服务。

（1）资产管理规模保持稳定。截至 2022 年底，全国资产管理规模达 138.2 万亿元，同比增加 0.8%（见表 4、图 1）。在全球资管规模下降的宏观背景下，保持了稳定态势。其中，上海资产管理规模超 30 万亿元，占全国的四分之一左右，特别是权益类基金规模占全国近二分之一（见表 5、图 2）。③证券基金期货经营机构管理各类资产规模超 15 万亿元，持续保持全国首位，机构产品业务创新也居于全国的前列。银行理财产品数量和规模增长明显。

表 4　　　　　　　　　中国资产管理规模发展情况　　　　　　单位：万亿元

类别	2018 年	2019 年	2020 年	2021 年	2022 年
银行理财	22.0	23.4	25.9	29.0	27.7
公募基金	13.0	14.8	19.9	25.6	26.0
私募资管	11.3	10.9	11.4	11.3	11.4
私募基金	12.7	14.1	17.0	20.3	20.3
券商资管	13.4	10.8	8.6	8.2	6.9
保险资管	15.6	18.1	21.0	21.8	24.5
信托资管	22.7	21.6	20.5	20.5	21.1
期货资管	0.1	0.1	0.2	0.4	0.3
合计	110.8	113.8	124.5	137.1	138.2

数据来源：中国证券投资基金业协会、中国证券监督管理委员会、中国保险资产管理协会、中国证券业协会。

① 数据来源：《经济日报》。
② 人民银行上海总部。
③ https：//www.163.com/dy/article/HHR50UKS0530QRMB.html.

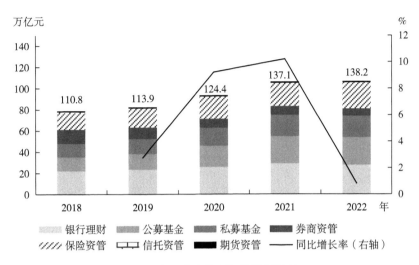

图1 中国资产管理规模发展情况

（数据来源：中国证券投资基金业协会、中国证券监督管理委员会、
国家金融监督管理总局、中国证券业协会）

表5 上海部分资产管理规模发展及全国规模占比情况

单位：万亿元，%

类别	2020年		2021年		2022年	
	规模	全国占比	规模	全国占比	规模	全国占比
公募基金	7.52	37.8	9.56	37.4	9.49	36.5
私募/创投基金	3.70	21.8	5.07	25.0	5.11	25.2
券商资管	4.08	47.7	4.31	52.3	4.30	62.6
信托资管	1.78	8.7	1.66	8.1	1.36	6.4

数据来源：中国证券投资基金业协会、中国证券监督管理委员会、国家金融监督管理总局、中国证券业协会、各公司官网。

（2）资管产品创新频出，类型覆盖越发全面。目前，上海资管产品涵盖国债期货、股指期货、外汇期权等一系列重要金融产品，为金融资产定价、发行、交易和风险管理等提供了坚实保障。银行间市场方面，上海银行间同业拆放利率（Shibor）、贷款市场报价利率（LPR）等基准利率市场化形成机制深入推进。CFETS人民币汇率指数成为人民币汇率水平的主要参照指标。国债上海关键收益率（SKY）成为债券市场重要定价基准。"上海金""上海油""上海铜"等价格影响力日益扩大。基金类创新方面，ETF和公募REITs试点推进顺

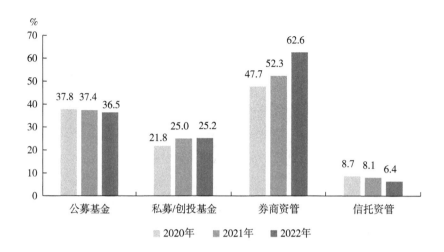

图 2　上海部分资产管理全国规模占比发展情况

（数据来源：中国证券投资基金业协会、中国证券监督管理委员会、
国家金融监督管理总局、中国证券业协会、各公司官网）

利（见表6）。2023 年 8 月，包括易方达上证科创板成长 ETF、广发上证科创成长 ETF 在内的 2 只跟踪上证科创板成长指数的产品正式上市交易。这是自 2022 年 11 月上海证券交易所和中证指数有限公司发布科创成长指数之后，首批上市的上证科创板成长 ETF。截至 2023 年 8 月 28 日，科创 50ETF 规模已达到 1 317 亿元，境内外产品总规模达到 1 340 亿元，成为仅次于沪深 300 的境内第二大宽基指数产品。2023 年 1 月至 8 月底，科创 50ETF 吸引资金净流入约 600 亿元。

表 6　　　　　上海证券交易所 ETF 和 REITs 挂牌及成交情况趋势

时间	挂牌数/只		成交金额/亿元		成交量/亿份	
	ETF	基础设施公募 REITs	ETF	基础设施公募 REITs	ETF	基础设施公募 REITs
2022 年 8 月	457	10	17 062	39	17 062	39
2022 年 9 月	458	10	15 628	44	15 628	44
2022 年 10 月	465	12	13 563	39	13 563	39
2022 年 11 月	468	14	21 663	56	21 663	56
2022 年 12 月	469	15	19 742	55	19 742	55
2023 年 1 月	475	15	14 289	39	14 289	39
2023 年 2 月	476	16	16 398	63	16 398	63
2023 年 3 月	479	18	19 117	72	19 117	72

续表

时间	挂牌数/只		成交金额/亿元		成交量/亿份	
	ETF	基础设施公募 REITs	ETF	基础设施公募 REITs	ETF	基础设施公募 REITs
2023 年 4 月	484	18	17 700	58	17 700	58
2023 年 5 月	487	18	15 976	37	15 976	37
2023 年 6 月	493	19	17 437	50	17 437	50
2023 年 7 月	498	19	17 700	59	17 700	59
2023 年 8 月	501	19	23 345	61	23 345	61
2023 年 9 月	515	19	17 425	44	17 425	44

数据来源：上海证券交易所官网。

信托服务方面，继 2021 年上海律协信托业务研究委员会发布《（试行）律师代理家族信托法律业务操作指引（2021）》，助力完善家族信托产品服务标准后，2023 年 3 月，中国银保监会发布《关于规范信托公司信托业务分类的通知》，家庭服务信托业务被明确列入"财富管理信托"，家庭信托服务显著降低了设立门槛，将惠及更广泛的客户群体。

养老金融方面，上海已纳入养老理财产品试点城市，养老理财产品存续余额超百亿元[①]。2022 年 11 月，证监会发布首批个人养老金投资基金产品和销售机构名录，包含 40 家基金管理人的 129 只养老目标基金以及 37 家基金销售机构。其中，上海浦发银行、上海银行、国泰君安、海通证券、申能集团下属东方证券获个人养老金代销展业资格。业务正式开放后，客户可至相关机构开立个人养老金资金账户。浦发银行同步推出了个人养老金产品及养老财富规划服务，满足客户多方位、全生命周期的投资理财需求。申能集团下属东方证券汇添富基金的 8 只养老 FOF 产品入选 129 只养老目标基金。

（3）资管模式探索进一步取得突破。近年来，上海正在积极开放其金融市场，允许更多的海外投资者和资管机构进入。通过放宽市场准入限制、提供更多的跨境投资渠道，进行多角度的资管模式创新，致力于打造一个国际化、市场化、多元化的资管生态系统。

2023 年 9 月，上海市人民政府办公厅正式发布的《上海市落实〈关于在有条件的自由贸易试验区和自由贸易港试点对接国际高标准推进制度型开放的若干措施〉实施方案》提出，允许外资金融机构开展国家金融管理部门明确

[①] https：//www.yicai.com/brief/101873861.html.

的新金融业务，允许试点地区企业和个人依法购买一定种类的境外金融服务，允许真实合规的、与外国投资者投资相关的所有转移自由汇入、汇出。这是在 2021 年 11 月临港新片区管委会发布的《加快建设跨境资产管理示范区的若干措施》的基础上进一步的探索，在自贸区和临港新片区持续推进的高水平制度型开放。2023 年 6 月，上海银保监局与上海市地方金融监管局联合印发《关于加快推进上海国际再保险中心建设的实施细则》，在上海开设面向全球的再保险分入业务交易市场，细则主要围绕完善再保险市场基础设施体系和机构体系、深化再保险产品供给和创新能力、推动再保险高水平制度型对外开放、增强再保险人才吸引和培养机制建设等具体内容共制定 22 条政策举措。2023 年 8 月 14 日，国家金融监督管理总局批复 7 家险企设立上海再保险运营中心，均位于上海临港新片区内，助力我国再保险市场由"单向开放"向"双向开放"转型升级，上海再保险"国际板"迈出实质性步伐。

（4）资产管理行业深化数字化转型。上海积极推动资产管理行业的数字化转型，深化资产管理行业数字化应用。2023 年 10 月，在上海全球资产管理论坛中，人工智能爆发式的发展为财富管理领域带来的机遇与挑战获得广泛关注，AI 大模型在营销、客户服务、投研能力环节都已经为资管行业带来了深刻的影响与改变。用科技手段为资管行业赋能将成为未来很长一段时期内，资管行业发展的重点。上海地区的上市券商资管数字化信息技术 TOP10 投入合计变动趋势（见表 7、图 3）显示行业数字化转型的探索越来越深入。

表 7　　　　　　上海上市券商资管数字化信息技术投入 TOP10 总和　　　单位：亿元

上海上市券商资管数字化信息技术投入	2019 年	2020 年	2021 年	2022 年
TOP10 总和	46.7	53.3	67.0	83.9

数据来源：各上市证券公司官网，课题组整理。

3. 金融要素市场与金融基础设施体系。

（1）金融要素市场与影响力。上海集聚了包括股票、债券、货币、外汇、黄金、商品期货、金融期货、保险、票据、信托在内的各类金融要素市场，金融基础设施机构达 15 家，是国际上金融市场种类最齐全的金融中心之一，多项指标跃居世界前列。2022 年上海金融市场交易额达 2 932.98 万亿元，同比增长 16.8%，增速同比提高 6.4 个百分点，金融业增加值为 8 627 亿元，占上海地区生产总值比重达到 19.3%。其中，上海证券交易所有价证券总成交额约同比上升 7.6%；上海期货交易所累计成交量 19 亿手，同比下降 20.5%，

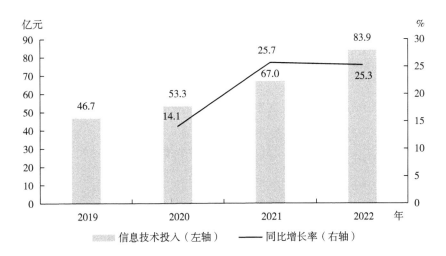

图3 上海上市券商资管数字化信息技术投入TOP10合计趋势

（数据来源：各上市证券公司官网，课题组整理）

累计成交金额同比下降15.5%；中国金融期货交易所成交额同比增长12.6%。上海金融市场成交金额与发展情况见表8、图4。

表8 　　　　　　　**上海金融市场成交金额情况** 　　　　　　单位：亿元

市场类型	2019年	2020年	2021年	2022年	2023年Q1—Q3
股票市场	543 844	839 861	1 140 006	962 556	689 393
交易所债券市场	2 209 804	2 705 518	3 305 837	3 802 712	3 269 743
上海清算所债券清算	4 396 348	3 047 193	2 848 895	4 027 607	3 545 194
交易所基金市场	68 590	107 527	153 406	187 763	160 002
商品期货期权市场	2 250 466	1 655 868	2 360 481	2 212 848	1 628 019
金融期货期权市场	696 210	1 154 351	1 179 165	1 330 400	977 868
上海黄金市场（黄金交易所）	143 775	216 609	205 300	170 353	146 018
货币市场	n. a.	4 885 644	5 671 699	6 902 927	6 005 032
外汇及衍生品市场（上海清算所）	880 200	922 767	1 249 577	1 260 600	1 083 500
大宗商品清算额（上海清算所）	80	84	262	144	124
场外利率衍生品（上海清算所）	183 107	195 030	208 834	210 300	234 500

数据来源：中国金融期货交易所官网、上海清算所官网、上海黄金交易所官网、上海期货交易所官网、中国货币网、上海国际能源交易中心官网等。

注：货币市场=银行间质押式回购+银行间买断式回购+同业拆借+交易所质押式回购（均以融入口径加总计算）。

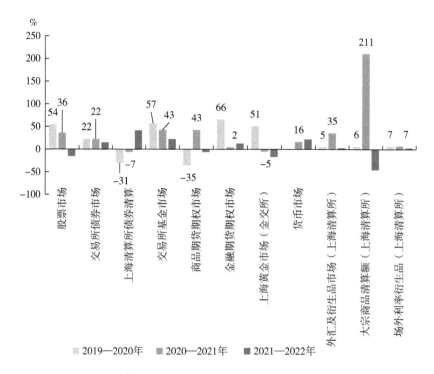

图 4 上海各金融市场成交额同比变动趋势

（数据来源：中国金融期货交易所官网、上海清算所官网、

上海黄金交易所官网、上海期货交易所官网、中国货币网、上海国际能源交易中心官网等）

［注：货币市场＝银行间质押式回购＋银行间买断式回购＋同业拆借＋

交易所质押式回购（均以融入口径加总计算）］

（2）金融基础设施体系。近年来，在国家金融管理部门大力支持下，上海新设上海票据交易所、上海保险交易所、跨境清算公司、中国信托登记公司、中央结算公司上海总部、城银清算公司等多家金融市场和金融基础设施，金融基础设施体系更加完备，金融功能不断升级。

CIPS 服务渐渐覆盖了全球各个角落。截至 2023 年 8 月末，CIPS 共有参与者 1 467 家，其中，直接参与者 97 家、间接参与者 1 370 家。间接参与者中，亚洲 1 016 家（境内 564 家），欧洲 235 家，非洲 49 家，北美洲 30 家，大洋洲 23 家，南美洲 17 家，覆盖全球 111 个国家和地区，满足人民币跨境支付结算需求。①

---

① http：//www.cips.com.cn/cips/ywfw/cyzgg/60008/index.html.

目前，金融产品交易平台创新和国际合作也稳步推进。2022年9月启动私募股权和创业投资份额转让试点①，建设上海私募股权和创业投资份额转让平台；并将以设立国际金融资产交易平台为契机，创新机制安排，便利境内外投资者参与我国金融市场；上海黄金交易所和境外交易所积极开展合作，开通"国际板"业务，加快与迪拜、芝加哥等商业交易所合作；"一带一路"金融合作不断深化，上海交易所国际交流合作中心成立以通过推动国际范围内交易所及相关机构开展沟通交流，促进交易所之间的务实合作，提升上海配置全球的能力；2022年6月，由上海联合产权交易所发起设立的上海市国有控股地方征信平台正式开业。2022年，上海市地方征信平台已采集本地企业信息条数16.2亿条，覆盖全市约433万户企业，累计服务企业5 948家，促成942家企业获得融资14.8亿元。②

在全球数字经济发展浪潮下，数据作为新型生产要素凸显其重要性，2023年以来，上海数据交易所数据交易额不断攀升，仅8月数据交易额已超亿元。2023年8月，上海市人民政府办公厅印发《立足数字经济新赛道推动数据要素产业创新发展行动方案（2023—2025年）》（以下简称《行动方案》）。其中提出，建设临港新片区国际数据港先导区，布局面向国际数据合作的高等级数据中心，推动区块链跨境国际合作，探索新型数据服务试验区，探索数据跨境制度创新，研究编制场景清单和操作指引，推进数据安全可信流动。优化临港数据跨境服务产业布局，大力发展数据跨境服务业。《行动方案》指出，到2025年，汇聚100家数据要素型龙头企业，相关产业规模突破1 000亿元。③2023年11月，中国银行上海市分行、中国银行新加坡分行与上海临港新片区跨境数据科技有限公司共同签署了"国际金融数据生态建设合作协议"。合作协议的签署将进一步加强三方在拓展国际数据服务、推动共建"一带一路"国家信息共享和互联互通、支持贸易便利化措施实施等方面的创新合作，共同服务"丝路电商"合作先行区创建。

4. 高端人才引进培育，国际金融人才建设取得积极进展。深入实施"金

① 上海市地方金融监管局、上海证监局、市国资委、市市场监督管理局、市财政局、市税务局六委局联合出台《关于支持上海股权托管交易中心开展私募股权和创业投资份额转让试点工作的若干意见》，明确支持各类国有基金份额通过上海股交中心开展转让试点，支持上海股交中心依法依规开展有限合伙企业财产份额托管、质押登记等业务。
② 中国人民银行上海总部《上海市金融运行报告（2023）》。
③ 上海市人民政府。

121

才工程"，吸引和培育海外金才、领军金才、青年金才三类重点人才，特别关注金融科技、资产管理等新兴领域和具有高潜能的年轻优秀金融人才，近年来累计选拔上海金才约 700 名，促进金融人才培养开发工作体系进一步健全，服务政策不断完善。截至 2023 年 4 月末，在沪金融从业人员超 47 万人①。金融中心品牌知名度日益扩大。上海金融界年度盛典"沪上金融家"评选已经连续举办 12 年。

开展外籍人才薪酬购付汇便利化试点，外籍人才可填一张表，就分次、跨行、零审单实现薪酬购汇，极大地提升了上海的人才吸引力。

5. 法治诚信环境、法规制度与监管自律体系。

（1）资管规则的发展变化。2023 年是资管新规全面实施的第二年，资产管理行业的结构经历了全面调整，形成了理财全面实行净值化、券商资产管理更加规范，以及养老金融产品发展加速新格局。以银行理财子公司为核心的监管架构日益完善，准入、净资本管理、产品销售等环节更加规范。信托行业的产品定位更加清晰，监管得到加强，基金公司防风险和促发展并重。私募基金加强了全方位监管，有效促进私募基金行业健康发展。保险资管也有系统性的监管文件出台，并且在投资范围、投资者、注册流程、业务管理模式四个方面实现重要突破。证券公司资管业务则在转型道路上的前进方向越发清晰。

《关于加快推进公募基金行业高质量发展的意见》《公开募集证券投资基金管理人监督管理办法》《基金管理公司绩效考核与薪酬管理指引》《保险资产管理公司管理规定》《保险资产管理公司开展资产证券化业务指引》等一系列政策出台落地，为行业高质量发展提供政策支持。2022 年 11 月《个人养老金实施办法》出台，进一步为资管行业发展带来长期稳定的增量资金支持。

（2）资产管理行业法治信用建设。近年来，上海在全国率先设立上海金融法院、金融仲裁院等机构，建立金融侦查、检察、审判专业化机制，构建与国际金融规则相衔接的制度体系，已经连续三年发布基金行业外商投资指南——《海外资管机构赴上海投资指南（中英文版）》，上海金融法院发布《私募基金纠纷法律风险防范报告》，这是上海金融法院建立"金融纠纷法律风险防范报告年度发布机制"后的首次落地②。

作为全国首家金融专门法院，上海金融法院积极发挥裁判规则引领作用，

---

① http：//www.scio.gov.cn/xwfb/dfxwfb/gssfbh/sh_13834/202305/t20230517_715281.html.
② 上海金融法院官网。

努力树立解决金融纠纷的"中国标准"和"上海规则"。从其成立至2023年8月，五年来共受理金融案件41 077件，审结39 594件，总标的额达11 112.27亿元，五年收案总数约为建院前上海中级法院十年金融案件总和的2.6倍。申请执行标的金额达3 558.12亿元，约占全市法院申请执行标的总额的25%。①积极行使涉外金融案件管辖权，拟定并推广中英文"涉外金融交易争议解决及法律适用示范条款"。与世界银行、上海合作组织等50多个国家、地区和国际组织对话交流，来访代表团给予高度评价并表达合作意愿。在国际知名法律平台等发布中英文版典型案例及金融审判前沿研究成果，阅读量达505.6万余次。

2023年2月，上海市金融消费纠纷调解中心（以下简称调解中心）完成首例仲调对接案件，通过调解与仲裁对接的方式便捷、高效、专业地化解纠纷，为金融消费纠纷多元化解机制的实施拓宽了道路、提升了效力。2022年，调解中心累计收到当事人申请纠纷调解、评估11 253件，收到法院委托委派调解纠纷788件，受理金融消费纠纷8 311件，采用现场调解、视频调解、上门调解、电话调解、夜间调解等多种形式完成纠纷调解和评估7 723件，是上年完成量的1.4倍。②

（3）资产管理行业自律组织建设。2022年9月，上海资产管理协会成立，会员主要由上海行政区域内银行理财、信托公司、保险资管、券商资管、公募基金、私募创投基金以及外资资管、相关专业服务机构和金融要素市场机构等组成，首批会员共计123家。协会成立后，多次举办上海全球资管中心建设相关活动，2023年7月，资产管理与人工智能联合创新实验室（AIAM Lab）正式揭牌，主要探索数据资产管理的未来发展；10月，举办上海全球资产管理论坛，与国内外知名资管机构、金融基础设施等共同探讨资管行业发展。

（二）上海全球资产管理中心的探索发展与金融功能深化

1. 上海全球资产管理中心的探索发展。

（1）探索市场要素流动型开放转向制度型开放。制度政策开放探索。近年来，围绕落实金融支持自贸区建设、国际金融中心建设、长三角高质量一体化发展等政策措施，配套制定一系列实施细则。2021年发布《关于加快推进

---

① 上海金融法院审判工作情况通报（2018—2023年）。
② 上海市地方金融监督管理局官网。

上海全球资产管理中心建设的若干意见》，支持资产管理机构开展离岸证券投资、离岸基金管理等业务创新，在自贸试验区临港新片区探索资产管理机构跨境资金管理有效途径。临港新片区《加快建设跨境资产管理示范区的若干措施》提出，创新面向国际的人民币金融产品，扩大境外人民币境内投资金融产品范围。鼓励资管机构依托自由贸易账户开展业务创新，开发境外投境内、境内投境外、境外投境外等相关跨境资管产品。在数据跨境流动方面，2022年 12 月 19 日《中共中央 国务院关于构建数据基础制度更好发挥数据要素作用的意见》（以下简称"数据二十条"）对外发布，从数据产权、流通交易、收益分配、安全治理等方面构建数据基础制度，提出 20 条政策举措。"数据二十条"中针对跨境数据流动，特别提出坚持开放发展，推动数据跨境双向有序流动，鼓励国内外企业及组织依法依规开展数据跨境流动业务合作，支持外资依法依规进入开放领域，推动形成公平竞争的国际化市场。面对跨境数据流动与安全的新挑战，临港新片区已研究制定《临港新片区国际数据港数据流动操作指引》，以及一整套相关的措施机制。

开放创新率先试点。金融开放枢纽门户地位更加凸显，国际交流合作持续扩大。先后启动了沪港通、黄金国际板、债券通、原油期货等业务，人民币海外投贷基金、跨境交易所交易基金（ETF）等试点顺利推出。2023 年 6 月，再保险国际版宣布启动，根据国际再保险平台建设目标，平台将努力全球重要的再保险清算中心、我国再保险跨境分入和分出的双向通道、具有国际竞争力的再保险机构设立首选地、全球重要离岸人民币再保险中心、我国新型风险转移产品发行和交易中心、国际再保险人才发展和培养的就业地。2023 年 10 月 26 日，2023 上海国际再保险会议在临港新片区举办，上海国际再保险会议是中国内地唯一也是规模最大的再保险磋商交流活动，自 2019 年起已成功举办四届。会上 15 家保险机构签约，入驻国际再保险功能区。金砖国家新开发银行、全球中央对手方协会（CCP12）和跨境银行间支付清算公司等一大批总部型、功能性金融机构或组织相继落沪。随着我国新一轮金融对外开放进程加快，全球著名金融机构陆续在沪设立独资或合资金融机构，上海外国证券期货类机构已达 35 家。

深化 QFLP 和 QDLP 试点，进一步取消 QFII/RQFII 限制。2023 年 11 月，中国人民银行、国家外汇管理局发布《境外机构投资者境内证券期货投资资金管理规定（征求意见稿）》规定，取消 QFII/RQFII（境外机构投资者）在国家外汇管理局办理资金登记的行政许可要求；不再区分用于证券交易或衍生品交易的人民币专用存款账户；QFII/RQFII 还可通过具有结售汇业务资格的境内其他金融机构等更多途径办理即期结售汇和外汇衍生品交易。这将进一步扩大我国资管市场的双向开放程度。上海率先开展合格境外有限合伙人（QFLP）、合格境内有限合伙人（QDLP）试点，开启了外资加码中国股权投资的一级市场的开放。上海自 2011 年起开展 QFLP 试点工作以来，截至 2022 年 11 月底先后共 86 家企业获得 QFLP 试点资格①。2023 年 3 月末，QFLP 试点由中国（上海）自由贸易试验区临港新片区扩大至上海市全辖，进一步提升全球投资者投资便利。通过引入国际投资者和其先进的专业管理经验，有助于提高中国股权市场的国际化水平。同时，随着外国投资者在中国市场的参与深度不断提高，中国的金融市场监管框架也进一步完善，以更好地对接国际通行标准，提高透明度和运营效率。

截至 2023 年 9 月底，上海 QDLP 试点机构共计 61 家（见表9），其中，6 家新设外资独资公募基金、5 家合资银行理财子公司均落户上海。2023 年 3 月 14 日，安中投资管理（上海）有限公司完成首只合格境内有限合伙人（QDLP）试点产品备案，标志以外商独资证券投资基金管理人（WFOE PFM）为主体发行 QDLP 产品首次落地。此模式将有效提升外资资产管理机构在沪业务运行效率。②

表9　　　　　　　　上海 QDLP/QFLP 试点机构数量　　　　单位：个

分类	2020 年	2021 年	2022 年	2023 年 9 月
QFLP	75	75	86	—
QDLP	50	—	59	61

数据来源：上海市地方金融监督管理局。

促进跨境金融，协同在岸离岸人民币资产配置。近年来，人民币国际化水平和金融资产配置能力逐步提升，上海跨境人民币业务结算量占全国比重约为 50%，并且规模持续增长。2019—2022 年上海市跨境人民币收付规模从 9.9 万亿元增长到 19.5 万亿元，始终在国内城市中保持领先（见表10）。目前，在沪世界 500 强企业跨境人民币结算量已超过外汇结算量，人民币成为在沪跨国

① https://jrj.sh.gov.cn/QFLP185/20221124/ee3812b4e1194467bf566940238e247a.html.

② 上海金融官微。

企业的首选跨境结算币种。2023 年上半年，上海跨境人民币结算量 10.79 万亿元，同比增长 10%，占全国跨境人民币结算总量的 44.1%，继续保持全国第一。人民币跨境收支占全部本外币收支的比重已达到 60.5%。

表 10 　　　　　　　　　　　　　**上海跨境人民币结算量** 　　　　　　　　　单位：亿元

年份	上海市银行跨境人民币业务结算量
2015	27 457.20
2016	22 606.90
2017	28 225.40
2018	72 653.60
2019	98 576.70
2020	146 307.70
2021	179 759.90
2022	195 342.30
2023 年 1—9 月	169 769.00

数据来源：中国人民银行上海总部。

离岸人民币业务积极推进中。目前，人民币已成为在沪外资企业首选结算币种。据中国人民银行上海总部统计，截至 2023 年 8 月末，自由贸易账户启动服务已经 9 年，累计发生本外币跨境收支折合人民币年均增长率为 35%；境外非居民企业通过自由贸易账户办理跨境收支折合人民币年均增速为 104.1%；企业通过自由贸易账户完成各类货币资金兑换量年均增长率为 27.6%，金融机构通过上海自由贸易账户直接境外融资折合人民币年均增速为 78%。经人民银行总行批准，自由贸易账户系统先后向海南、广东、深圳、天津等地复制推广。

上海金融市场成交总额从 2012 年的 528 万亿元提高至 2022 年的 2 933 万亿元。[①] 截至 2023 年 9 月末，上海开立自由贸易账户 14.4 万个，办理跨境结算 142 万亿元，年均增长 61%，企业通过自由贸易账户获得本外币融资总额折合人民币 2.8 万亿元；境外机构参与境内人民币融资活动日趋活跃，截至 2023 年 7 月末，境外机构持有银行间市场债券 3.24 万亿元，约占银行间债券市场总托管量的 2.5%。7 月新增 5 家境外机构主体进入银行间债券市场，共

---

　　①　数据来源：《人民日报》，2023 年 6 月 13 日 10 版。

有 1 102 家境外机构主体入市；境外主体累计发行"熊猫债"则由 2012 年末的 40 亿元增加到 7 192 亿元。[①] 临港集团于 2022 年 10 月 26 日成功发行绿色双币种自贸区离岸债券，本次债券人民币发行规模 10 亿元，期限 3 年，最终发行利率 2.98%，超额认购 2.06 倍；欧元发行规模 5 000 万欧元，期限 366 天，最终发行利率 3%，超额认购 2.94 倍，吸引了十余个国家及地区投资者认购，募集资金将用于临港新片区绿色特色项目的开发建设。[②]

金融基础设施互联互通渠道进一步增加。作为国际金融中心，上海通过沪港通、沪伦通等机制，成功地将本地市场与国际市场连接起来，促进了资本流动和金融服务的全球化。这不仅提升了上海金融市场的开放性和吸引力，也为国内外投资者提供了更多元化的投资渠道和机会。除权益市场互联互通外，上海期货交易所先后推出原油、20 号胶、低硫燃料油、国际铜期货和原油期权 5 个国际化期货和期权品种，吸引了来自 20 多个国家和地区的境外交易者。上海原油期货是我国第一个对外开放的期货品种，上市至今，上海原油期货交割量近两亿桶，接近全球两天的消费量。从中东或南美原产地直达的交割原油主要去向为国有石油公司主营炼厂以及多家民营炼厂，也有部分转运出境至韩国、缅甸等国家和地区。"上海价格"正在逐渐成为国际大宗商品市场不可或缺的价格参考。

银行间债券、外汇、货币等金融市场双向开放步伐加快，2022 年 7 月，中国人民银行、香港金管局、香港证监会实施"互换通"和常备货币互换安排。2023 年 5 月，"互换通"正式落地，中国债券市场对外开放"再进一步"。从"债券通"到"互换通"，从场外交易的债券延伸至场外衍生工具，内地与香港两地金融市场的互联互通不断深化。"债券通"（见图 5、图 6）"沪港通"（见图 7 ~ 图 10）平稳运行，交易金额稳步扩大。[③] 2022 年 7 月 4 日，首批 ETF 纳入沪港通并交易。这是互联互通机制升级的标志性成果，也是继续深化资本市场改革、推动高水平对外开放的又一重要突破。"沪伦通"进一步扩展为互联互通存托凭证制度，目前已涵盖英国、瑞士、德国 3 个境外市场，8 家沪市上市公司完成 GDR 发行，融资 70 多亿美元。目前我国主要跨境投资渠道资金流量趋势见表 11 和图 5、图 6。

---

① 数据来源：《上海证券报》。
② 上海金融官微。
③ 课题组整理，数据来源：Wind 数据库、上海证券交易所、香港证券交易所。

表 11 　　　　　　　　　　　**QDII 和 QFII 资金流量趋势** 　　　　　　单位：亿美元

年份	QDII 和 RQDII 投资非居民发行的股票和债券合计	QFII 及 RQFII 渠道净流入
2018	35	n. a.
2019	62	780
2020	n. a.	111
2021	128	265
2022	215	84

数据来源：国家外汇管理局。

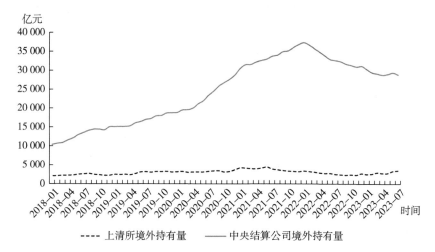

图 5　债券通业务规模

（数据来源：债券通官网）

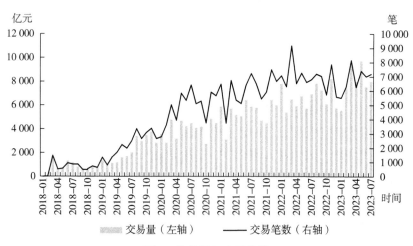

图 6　债券通月交易趋势

（数据来源：债券通官网）

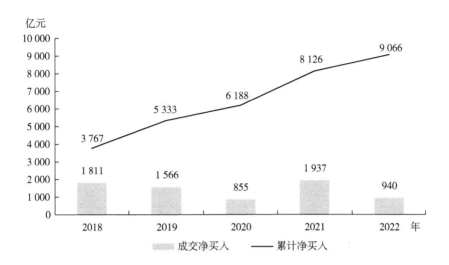

图7 沪港通北向资金情况

（数据来源：上海证券交易所官网）

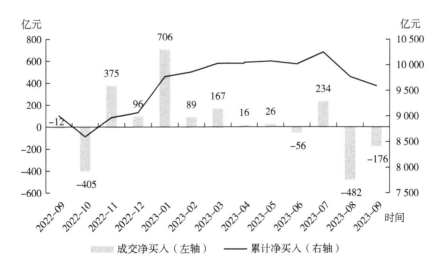

图8 沪港通北向资金月度情况

（数据来源：上海证券交易所官网）

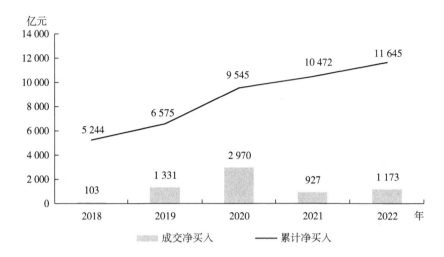

图 9　沪港通南向资金情况

（数据来源：上海证券交易所官网）

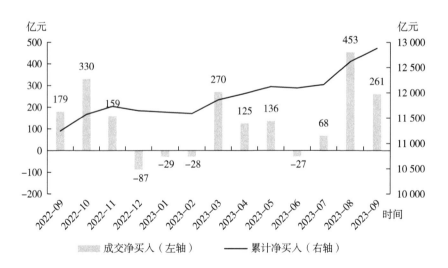

图 10　沪港通南向资金月度情况

（数据来源：上海证券交易所官网）

2023 年 9 月，上海证券交易所与沙特交易所集团在沙特首都利雅得签署合作备忘录，根据合作备忘录两家交易所将探索在交叉上市、金融科技、ESG、数据交换和研究方面的合作机遇，促进两个市场的多元化和包容性。在积极推动两个市场基础设施建设的同时，两家交易所还将致力于促进企业上市、ETF 双重上市，以及投资者关系方面的知识共享。至此，上交所已与 57 家境外机构签署了合作备忘录，并在备忘录框架下开展了形式丰富的交流合作，探索务实服务双方资本市场的途径。

（2）探索推进金融科技创新应用。上海正在稳步构建一个更为智能、高效和包容的金融生态系统，不断巩固其作为全球重要金融科技创新中心的地位。

在 2023 年全球金融中心指数（GFCI33）分项排名中，上海金融科技列全球第 15 位①。金融科技头部企业加速集聚，创新研发深入推进。2023 年上半年，数字人民币试点范围已扩大至 17 个省份的 26 个地区，截至 2023 年 3 月，试点地区数字人民币钱包总余额 86.7 亿元，累计交易金额 8 918.6 亿元，交易笔数 7.5 亿笔。运用科技金融方式的"多边合作中央银行数据货币桥"项目旨在合作国际组织和各国货币当局的框架内，着手解决跨境支付过程中遇到的关键难题。专注于研究分布式账本技术和央行数字货币在处理跨境支付时的潜在作用。为了实现这一目标，它采用了创新的管理结构、业务模式、共识机制以及技术进步，以确保在不同司法管辖区中能够顺利、本地化地运作。该项目还旨在增强国际互信，同时为跨境监管提供便利。随着项目的逐步推进，高效、可靠的跨境支付系统能够促进国际资金的快速流动，为全球投资者提供便捷的通道，使国际投资者更容易参与上海的资产管理市场。

目前，资管机构积极布局数字化、智能化转型，大数据、人工智能、区块链等新兴技术应用场景不断拓展，持续深化在客服营销、投顾投研、量化投资、估值定价、智能风控、净值管理等领域的探索与应用。2023 年第一季度证券与资管是金融科技获融资最多的领域，达到 1.3 亿美元②。截至 2023 年 4

---

① 国家高端智库中国（深圳）综合开发研究院与英国智库 Z/Yen 集团共同编制的《第 33 期全球金融中心指数报告（GFCI 33）》。

② 清华大学五道口金融学院金融科技实验室《全球金融科技投融资趋势报告（2023 年第一季度）》。

月底，各城市首批资本市场金融科技创新试点项目中，上海试点项目达到 26 项，全国第一，占比为 33.8%。接下来，上海将适时开展第二批资本市场金融科技创新试点，进一步助力上海国际金融中心建设。① 截至 2023 年 4 月底，全国一共有 77 项资本市场金融科技创新试点项目，分布在北京、上海、广州、深圳和南京。②

（3）探索绿色领域投资。上海积极出台政策支持绿色投融资创新，绿色金融发展取得重要成果。绿色信贷规模不断扩大。2023 年 3 月，上海银保监局发布《关于进一步完善金融服务优化上海营商环境和支持经济高质量发展的通知》，提出"三稳四建六提升"十三条举措，并表示至 2025 年末实现辖内绿色融资余额突破 1.5 万亿元，力争 2023 年绿色融资余额突破 1.2 万亿元。截至 2022 年末，上海辖区内银行绿色信贷余额 1.03 万亿元，同比增长 50.24%，占各项贷款的比重为 10.04%。③ 绿色债券产品创新不断取得突破，上海证券交易所和中证指数有限公司于 2023 年 10 月 25 日正式发布上证长三角高等级绿色债券指数，为市场提供绿色投资基准和标的。上证长三角高等级绿色债券指数从上海证券交易所上市债券中，选取注册地为长三角的发行人所发行的信用评级 AA + 级及以上的绿色债券作为指数样本，以反映长三角高等级绿色债券的整体表现。2022 年，上海证券交易所共计发行绿色债券 752 亿元，绿色资产支持证券 673 亿元，合计 1 425 亿元，同比增长 19%。其中，碳中和绿色债券 592 亿元，蓝色债券 10 亿元。2022 年 5 月，上海证券交易所创新推出低碳转型债券、低碳转型挂钩债券品种，全年共发行 249 亿元。

ESG 业务已成为全球经济可持续发展的重要领域。截至 2023 年 6 月底，全球已有 5 370 家机构签署了 UN PRI（联合国负责任投资原则）。其中，中国内地已有 140 家机构签署了 UN PRI，较 2022 年底增长 14%。机构种类包括投资管理人（72.1%）、服务供应商（25.0%）、资产所有者（2.9%）。中国 ESG 主题投资产品的数量稳步增长，据 Wind 统计，截至 2023 年 6 月 30 日，全市场 ESG 公募基金已达 464 只，资金管理总规模达到人民币 5 765.84 亿元（不包含未成立和已到期）。④

---

① 上海市人民政府。
② 资料来源：零壹财经。
③ 《2022 年上海银行业保险业支持实体经济发展报告》。
④ 数据来源：Wind。

2. 上海全球资产管理中心金融功能深化。

（1）清算支付功能。跨境银行间支付清算有限责任公司（CIPS）成为跨境人民币清算主渠道，业务覆盖全球 160 多个国家和地区。中国银联芯片卡标准成为亚洲支付联盟的跨境芯片卡标准，上海已成为全球交易规模最大的银行卡交易清算中心。2022 年，银联线下受理网络已覆盖全球 181 个国家和地区，境外商户数达 3 800 万家；线上支付服务拓展至境外 200 多个国家和地区的 2 200 万线上商户。云闪付 App 全年为 285 个省、市、区县市发放政府消费券，带动交易规模近 500 亿元，直接参与领取用户数突破 4 100 万。①

上海金融市场的清算规模不断扩大。2022 年上海清算所集中清算业务规模累计 552.6 万亿元，同比增长 20.7%（见图 11），市场参与者数量快速增加（见表 12）。2022 年，上海清算所的中央对手清算量达到 150.7 万亿元，非中央对手清算为 401.9 万亿元，前者约占全部清算规模的 27.3%。从中央对手方业务的分布看，外汇市场业务规模最大（126.1 万亿元），其次是利率衍生品市场（20.8 万亿元）和债券市场（3.6 万亿元），大宗商品衍生品和信用衍生品的业务规模很小，未来可进一步加强。各市场中央对手方清算量见表 13。2022 年代理清算规模累计 29.8 万亿元，代理清算占比为 9.9%，比上年上升 3.3 个百分点，其中，债券净额 350.7 亿元，人民币利率互换 6.3 万亿元，标准债券远期 125.0 亿元，外汇 23.5 万亿元，大宗商品衍生品 3.7 亿元。②

表 12　　　　　　　　上海清算所各业务市场参与者数量③　　　　　　单位：家

业务种类	综合清算会员	普通清算会员	代理客户
债券净额清算业务	8	58	16
人民币利率互换集中清算业务	9	39	327
标准债券远期集中清算业务	7	42	46
人民币外汇交易中央对手清算业务	9	37	37
外币对交易中央对手清算业务	5	11	15
大宗商品衍生品中央对手清算业务	7	9	—

数据来源：上海清算所官网。

---

① 中国银联：《中国银行卡产业发展报告（2023）》。

② 课题组整理，数据来源：上海清算所官网。

③ 数据统计截止日期为 2023 年 9 月 30 日。

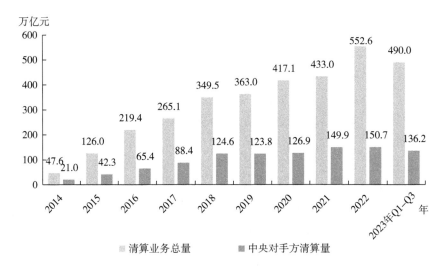

图 11　2014—2022 年上海清算所清算业务发展概况

（数据来源：上海清算所官网）

表 13　　　　　　　　　　　　各市场中央对手方清算量　　　　　　　　单位：亿元

项目	2020 年	2021 年	2022 年	2023 年 1—9 月
利率衍生品市场	195 030	211 449	207 700	236 300
外汇市场	922 767	1 249 577	1 260 600	1 083 500
信用衍生品市场	0	4	1	5
大宗商品衍生品市场	84	262	144	124
债券市场	150 707	37 638	36 000	42 300

数据来源：上海清算所官网。

（2）资金融通功能。近年来，上海市融资规模增长迅速，2022 年受新冠疫情等因素影响有所下降，2022 年上海社会融资规模增量为 8 842 亿元，同比下降 27.1%，上海社会融资规模统计表见表 14。银行贷款总体规模扩大，结构不断优化，2022 年 12 月末，上海本外币贷款余额 10.31 万亿元，同比增长 7.4%；人民币贷款余额 9.65 万亿元，同比增长 9.3%。人民币贷款增加 8 232 亿元，同比少增长 2 038 亿元。分部门看，住户部门贷款增加 1 173 亿元，其中，短期贷款增加 324 亿元，中长期贷款增加 848 亿元[①]；企（事）业单位贷

———————————

①　数据来源于中国人民银行上海总部，因四舍五入总分数不等于 100%。

款增加 6 205 亿元，其中，短期贷款增加 1 478 亿元，中长期贷款增加 3 477 亿元。企业债券融资增加 352 亿元，非金融企业境内股票融资 1 110 亿元。科创板上市公司 501 家，上市企业融资额超 2 400 亿元，总市值达到 5.7 万亿元[①]。

从融资结构来看，上海地区社会融资中直接融资比例显著高于全国水平。2022 年上海非金融企业境内股票融资和企业债券融资合计占社会融资总规模的 16.5%，而全国范围这一比例仅为 10.1%（见表 15），明显释放了上海资本市场发达程度全国领先的信号。

表 14　　　　　　　　　　上海社会融资规模统计　　　　　　　　　单位：亿元

指标	2019 年	2020 年	2021 年	2022 年	2023 年 9 月
社会融资规模增量	8 642	10 916	12 126	8 842	6 016
其中：非金融企业境内股票融资	403	1 508	1 241	1 110	937
企业债券	2 746	1 603	989	352	− 1 157
人民币贷款	5 204	6 896	10 322	7 385	6 201
外币贷款折合人民币	169	373	447	− 770	− 404
委托贷款	− 658	− 272	19	− 72	− 647
未贴现银行承兑汇票	564	679	− 471	441	477
信托贷款	− 885	− 1 746	− 1 803	− 1 406	− 303

数据来源：中国人民银行。

表 15　　　　　　　　　　全国社会融资规模统计　　　　　　　　　单位：亿元

指标	2019 年	2020 年	2021 年	2022 年	2023 年 9 月
社会融资规模增量	255 753	348 633	313 509	320 096	293 300
其中：非金融企业境内股票融资	3 478	8 925	12 352	11 748	6 744
企业债券	32 404	44 451	32 856	20 518	16 300
人民币贷款	168 823	200 325	199 392	209 151	195 200
外币贷款折合人民币	− 1 279	1 464	1 724	− 5 250	− 1 365
委托贷款	− 9 386	− 3 940	− 1 693	3 585	1 057
未贴现银行承兑汇票	− 4 757	1 743	− 4 922	− 3 425	2 417
信托贷款	− 3 478	− 11 017	− 20 065	− 6 018	639

数据来源：中国人民银行。

---

① 课题组整理，数据来源：中国人民银行。

（3）风险管理功能。上海风险管理工具不断丰富，风险管理功能进一步增强。商品和金融衍生品交易品种增加，交易规模明显上升。2022 年 12 月，螺纹钢期权和白银期权在上海期货交易所挂牌交易，上市首日，螺纹钢期权挂牌 4 个系列共 224 个合约，白银期权挂牌 3 个系列共 136 个合约。市场整体运行平稳，交投活跃，产业客户参与积极，市场反响良好。螺纹钢期权全天成交量 26 872 手，成交金额 2 177.1 万元，白银期权全天成交量 3 796 手，成交金额 566.3 万元。至此，上期所在有色金属、黑色金属、贵金属、能源、化工等领域累计上市 20 个期货品种和 8 个期权品种，为规避大宗商品交易风险提供了有力支撑[①]。2023 年 8 月 18 日，我国首个航运期货品种——集运指数（欧线）期货在上海国际能源交易中心正式挂盘交易，进一步提升了上海能源资产定价权和风险管理能力。

金融期货期权方面，2022 年已上市期货、期权品种达 14 个，其中，中金所有 11 个、上交所有 3 个，较上年增加 2 个。标的资产覆盖上证 50 指数、沪深 300 指数、中证 500 指数、中证 1000 指数、2 年期国债、5 年期国债、10 年期国债及 30 年期国债等。2022 年，上海期货交易所累计成交量 19 亿手，同比减少 20.5%；累计成交金额 181.0 万亿元，同比减少 15.5%。中国金融期货交易所成交额 133.0 万亿元，同比增长 12.6%，其中，期货市场累计成交 113.3 百万手，同比增长 23.4%；累计成交金额 132.8 万亿元，同比增长 12.6%。2022 年，上交所股票期权市场运行平稳，定价合理，规模稳步增长，经济功能日益显现：ETF 期权合约累计成交 10.8 亿张（2021 年为 11.0 亿张），累计成交面值 38.3 万亿元（2021 年为 46.1 万亿元）。股票期权投资者人数稳步增长，年末期权投资者账户总数达到 59.1 万户[②]。2022 年上交所在证监会的统筹领导下成功推出中证 500ETF 期权。截至 2022 年末，上交所已有上证 50ETF 期权、沪深 300ETF 期权、中证 500ETF 期权三只期权产品，其中，上证 50ETF 期权和沪深 300ETF 期权已成为全球主要的 ETF 期权品种，2022 年，上证 50ETF 期权合约全年累计成交 5.7 亿张，累计成交面值 21.9 万亿元；300ETF 期权合约累计成交 4.7 亿张，累计成交面值 38.3 万元。[③] 2022 年中国

---

① 王平. 全力支持上海期货市场高质量发展　推动国际金融中心能级全面提升 [J]. 期货与金融衍生品，2023（131）.

② http：//www.sse.com.cn/aboutus/research/report/c/5717856.pdf.

③ 数据来源：上交所发布的《上海证券交易所股票期权市场发展报告（2021）》。

金融期货交易所交易统计情况和上海期货交易所交易统计情况分别见表16至表19。

表16 　　　　　　　　2022 年中国金融期货交易所交易统计

交易品种	累计成交金额/万亿元	同比增长/%	累计成交量/万手	同比增长/%
股指期货	86.36	−4.48	7 449.37	11.62
国债期货	46.42	68.71	3 881.65	54.94
合计	132.78	12.60	11 331.02	23.44

数据来源：中国金融期货交易所官网。

表17 　　　　　　2023 年 1—9 月中国金融期货交易所交易统计

交易品种	累计成交金额/万亿元	同比增长/%	累计成交量/万手	同比增长/%
股指期货	57.80	−10.09	5 133.87	−5.80
国债期货	39.79	30.27	3 270.56	26.02
合计	97.59	2.91	8 404.43	4.46

数据来源：中国金融期货交易所官网。

表18 　　　　　　　　2022 年上海期货交易所交易统计

交易品种	累计成交金额/亿元	同比增长/%	累计成交量/万手	同比增长/%
铜	152 554.8	−30.6	4 649.7	−27.5
铝	100 325.5	−21.5	9 997.5	−23.9
锌	84 664.0	8.2	6 833.0	−1.5
黄金	153 481.5	−10.2	3 901.7	−14.1
天然橡胶	153 481.5	−10.2	3 901.7	−14.1
燃料油	68 634.0	−2.6	21 045.5	−24.0
螺纹钢	220 800.2	−31.5	52 517.8	−19.9
线材	7.9	−24.6	1.6	−17.3
铅	15 359.5	−20.8	2 005.8	−20.6
白银	135 170.7	−26.9	18 877.1	−18.4
石油沥青	63 751.7	47.1	16 257.8	15.7
合计	1 148 231.4	−18.4	139 989.3	−17.0

数据来源：上海期货交易所官网。

表 19   **2023 年 1—9 月上海期货交易所交易统计**

期权				
品种	累计成交金额/亿元	同比/%	累计成交量/万手	同比/%
原油	593.0	24.6	937.4	111.4
铜	287.2	16.6	1 561.0	80.9
铝	101.2	16.2	1 792.8	112.7
锌	126.4	72.1	1 612.8	179.0
螺纹钢	180.9	n. a.	4 278.2	n. a.
黄金	218.8	92.5	654.6	111.3
白银	155.0	n. a.	1 938.5	n. a.
丁二烯橡胶	16.9	n. a.	96.5	n. a.
天胶	151.2	67.5	857.3	112.6
总计	1 830.5	68.4	13 729.0	299.1
期货				
品种	累计成交金额/亿元	同比/%	累计成交量/万手	同比/%
铜	103 853.0	−10.7	3 061.5	−13.2
铜（BC）	13 974.9	6.6	462.5	4.7
铝	55 440.7	−32.6	6 006.2	−25.5
锌	45 412.5	−30.7	4 267.3	−18.4
铅	11 813.1	1.0	1 495.5	−2.6
镍	77 832.6	2.0	4 443.9	6.3
锡	69 611.5	37.9	3 273.7	59.2
氧化铝	4 462.9	n. a.	759.7	n. a.
黄金	176 147.6	51.8	3 955.3	33.2
白银	147 597.8	72.5	17 974.9	47.3
螺纹钢	154 306.6	−6.9	39 824.3	5.4
线材	13.6	104.4	3.1	133.0
热轧卷板	45 628.4	−7.6	11 542.7	5.4
不锈钢	22 653.0	−3.2	2 923.1	12.1
原油	196 634.5	−31.7	3 436.0	−20.9
低硫燃料油	15 456.9	3.6	3 781.0	29.2
燃料油	58 668.5	9.4	18 938.9	22.7
石油沥青	32 716.3	−35.0	8 754.9	−30.4
丁二烯橡胶	4 290.4	n. a.	642.7	n. a.
天然橡胶	81 415.3	1.7	6 432.4	6.5

续表

期货				
品种	累计成交金额/亿元	同比/%	累计成交量/万手	同比/%
20 号胶	13 454.6	28.3	1 359.5	42.2
纸浆	48 882.4	10.4	8 768.9	34.4
SCFIS 欧线	3 200.4	n. a.	723.6	n. a.
总计	1 383 467.6	−1.0	152 831.7	8.9

数据来源：上海期货交易所官网。

二、全球资产管理行业趋势及领先资管中心特征分析

2022 年是全球资产管理行业的转折点。在过去二十年的大部分时间里，宽松的央行政策和稳定的全球化进程推动了全球范围内普遍的资产价格上涨，这一增长反过来给资产管理公司带来了巨大推动。从全球资管发展趋势来看，自 2006 年以来，资产增值为资管行业的整体收入增长贡献度达到了 90%。然而，面临着利率上升和市场不确定性陡然升高的行情，全球资产管理行业传统的运营模式都受到了挑战。2022 年，利率超预期上涨导致股票和债券价格暴跌，全球资产管理规模出现自 2005 年以来仅次于 2008 年的降幅，下降 10.3 万亿美元至 98.3 万亿美元，接近 2020 年的水平，同比跌幅 9.5%（见图 12）。

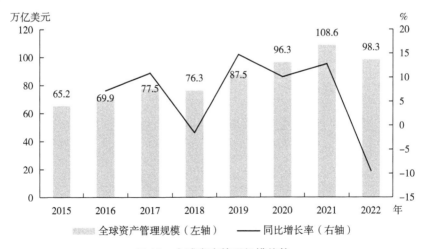

图 12 全球资产管理规模趋势

（数据来源：波士顿咨询）

资产净流入占年初 AUM 的比例也自 2018 年以来首次降至 3% 以下，跌至 1.6%，即 1.7 万亿美元（见图 13）。

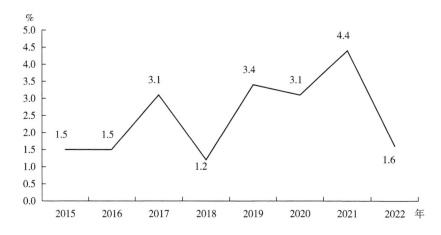

图 13　资产净流入占年初资管规模的比例

（数据来源：波士顿咨询）

分地区来看，2022 年，北美、欧洲、日本和澳大利亚资产管理规模均有不同程度的下降，其中，北美地区受利率影响降幅最大，从 2021 年的 54 万亿美元下降至 46.5 万亿美元。拉丁美洲、中东和非洲以及亚洲（不包括日本和澳大利亚）地区的资管规模基本保持稳定（见图 14）。

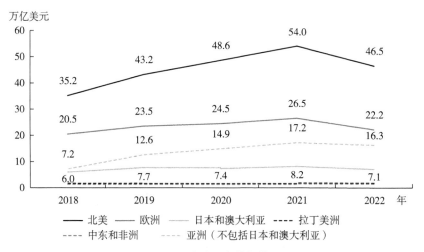

图 14　分地区资管规模

（数据来源：波士顿咨询）

分产品来看，2022 年仅有另类产品的管理规模逆势上涨，达到 20 万亿美元，而其他类型均有不同程度的下降。从各类产品在资管中的占比来看，被动型产品和主动管理型核心产品保持相对稳定的趋势，另类产品延续了较为强势的上升势头，其他两类产品则处于下降通道（见表 20）。

表 20 全球资管产品分类趋势

全球资管规模按产品类型划分/万亿美元					
年份	被动型	主动管理型核心产品	解决方案/LDI/平衡型	主动管理型特殊产品	另类产品
2015	10	22	10	14	9
2016	12	24	10	13	11
2017	16	26	11	15	12
2018	14	24	11	13	12
2019	19	29	14	17	14
2020	21	31	14	18	16
2021	24	32	14	19	19
2022	21	29	12	16	20
2027E	31	33	15	20	29
全球资管规模按产品类型划分/%					
年份	被动型	主动管理型核心产品	解决方案/LDI/平衡型	主动管理型特殊产品	另类产品
2015	15	34	15	22	14
2016	17	34	14	19	16
2017	20	33	14	19	15
2018	19	32	15	18	15
2019	20	31	15	18	15
2020	21	31	14	18	16
2021	22	30	13	18	18
2022	21	30	12	16	20
2027E	25	26	12	16	22

数据来源：波士顿咨询。

（一）全球领先资管中心特征分析

纵观全球领先资产管理中心的形成与发展历程，既可以看到公认全球资产管理中心发展的共性，又可以看到其个性特色的轨迹。多家智库①采用不同的视角和方法论对目前全球领先资产管理中心进行评价与研究，多维度地展现全球领先资产管理中心的生态特征、经验发展和核心竞争力等，聚焦欧美、亚洲等具有竞争力的全球资产管理中心，在不同的金融体系下②，"大而全""小而美"各具特色，优势各异，但都在金融配置功能和效率上充分体现实力。这些为上海全球资产管理中心建设与特色探索提供思考与借鉴。

1. 纽约。纽约是目前公认的全球领先资产管理中心，在成熟完善的生态系统下，有着兼容国际化的规则和环境、强大的金融资源与人才吸引力、健全完善的法律制度体系、成熟的经济条件、发达的基础设施与市场、高质量的支持服务等。

（1）完善的法律和金融体系奠定了领先资管中心的基础。纽约，作为一个全球资产管理中心，拥有其独特的地位和特点。在全球金融体系中，美元的主导地位为纽约提供了强大的优势。美元作为全球定价的主要货币，使得纽约成为资金的汇聚地。此外，美国的法律体系，特别是金融业的"双层多头"监管体系，包括联邦和州级监管，为资产管理行业提供了坚实的法律保障。纽约还聚集了众多全球顶级的资产管理机构的总部，这些机构提供了各类金融产品，如公募基金和私募基金，以及相应的监管部门和方式。

美元的全球定价优势。美元主导着全球金融的方方面面。世界各国央行近60%的外汇储备均投资于美元计价资产。几乎所有的大宗商品合约都是用美元定价和结算的。美元是大多数国际金融交易的计价和结算货币。

美元的主导地位赋予了纽约天然的投资中心优势。由于需要使用美元的交易必然涉及美国的银行体系，而纽约作为美国银行业的中心，拥有众多银行总部，包括摩根大通、花旗银行、美国银行、高盛等，这些银行在国际金融业务中都扮演着重要角色。

完备的法律体系。美国金融业实行"双层多头"监管体系，即联邦一级监管和州一级监管分别设立多家监管机构进行监督。联邦一级监管机构主要是联邦储备系统，主要负责制定货币政策，监督和管理联邦银行和其他会员银

---

① 上海交通大学上海高级金融学院智库、BCG 咨询公司、毕马威国际、中欧陆家嘴国际金融研究院、麦肯锡、德勤等。

② 根据世界银行的分类，中国、日本等亚洲国家以及德国、法国等西欧国家拥有以间接融资为主导的金融体系，美国、英国等以直接融资为主导。

行。同时美国各州也有自己的监管机构，包括各州银行业监管局、证券监管局、保险监管局等（见表21）。

表 21   美国资产管理行业监管

产品	主要发行主体	主要监管部门	监管方式
公募基金私募基金（AUM≥1亿美元）	银行、保险、专业资管机构	美国证券交易委员会（SEC）	发行主体需要在SEC注册投资公司，并接受SEC监管
私募基金（AUM＜1亿美元）	小型投资顾问公司、专业资管机构等	各州证券监管机构	发行主体需要在SEC注册投资公司，受州监管机构管理
集合管理基金（信托业务）	商业银行	美国货币监管总署（OCC）	无须在SEC注册，日常运营和信息披露等接受OCC监管

资料来源：美国资产管理协会官网、SEC官网。

早在1940年，美国就制定了《投资公司法案》和《投资顾问法案》，规范资管产品的运作模式，建立起了美国资产管理行业的统一监管架构。

涉及美国资管业的法律制度既包括联邦法律，如《1933年证券法》、《1934年证券交易法》、《1940年投资公司法》、《1940年投资顾问法》、《1999年金融服务现代化法》、《2010年多德—弗兰克华尔街改革与消费者保护法案》（以下简称《多德—弗兰克法案》），也包括各州的成文法和相关案例法。其中，《1940年投资公司法》对资管机构及相关人员确定了其应承担信赖义务，银行法确定了银行管理共同信托基金的信赖义务，相关判例则将《1940年投资顾问法》对投资顾问的要求确定为信赖义务。

国际金融危机后，美国资产管理行业暴露了较大问题，主要体现为货币基金的流动性风险、对冲基金过度使用杠杆等。对此，美国监管部门进一步优化了现有监管体系。

2008年以后，根据《多德—弗兰克法案》，美国在财政部下新设立金融稳定监督委员会（Financial Stability Oversight Council，FSOC），旨在促进监管机构间的合作，形成互为补充的监管合力和风险处置能力。FSOC的主要职责为：一是认定具有"系统重要性"的机构。从分类上来说，系统重要性金融机构包含3类：总资产在500亿美元以上的银行控股公司、全球总资产在500亿美元以上在美国经营的外国银行、FSOC认定为具有系统重要性的美国和外国非银行金融公司。根据《多德—弗兰克法案》，FSOC 有权根据资管机构所管理的资产规模及相关资产的所有权分散度来确定其是否会对美国的金融稳定造成威胁，被认定为系统重要性的资管机构必须接受美联储的综合监管。二是制订系统重要性金融机构依据美国破产法有序退出或重整的方案。三是促进联邦、州和功能监管机构之间的信息共享，协调监管政策制定、检查和处罚等事项。四是在资本充足率、杠杆率、流动性、风险集中度等方面制定和实施更加严格的监管标准，并针对资管机构可能导致流动性或系统性风险的业务，向相关监管机构提出监管建议。五是研究并公布有利于提高美国金融市场完整、效率和竞争力，完善市场纪律和保障投资者信心的具体举措。2016 年 4 月，FSOC 更新了其对资管产品和资管业务对美国金融体系稳定性的风险评估，确认了流动性风险、赎回风险和杠杆率等因素会对美国的金融稳定造成影响。同年 11 月，FSOC 通过会议纪要的形式确认美国监管机构须加强对对冲基金的信息收集和完善监管信息共享机制，以便更好地评估对冲基金对金融体系稳定的整体影响。

根据《多德—弗兰克法案》，美国还新设了消费者金融保护局（Consumer Financial Protection Bureau，CFPB）。CFPB 在规划和执行消费者金融产品和服务标准的时候具有广泛的实质性权力，侧重于对消费者的具体权利保护，与 SEC 和 CFTC 侧重风险监管及利益冲突防范方面的监管举措形成有效互补。CFPB 又推动废除了对相关金融和投资服务争议进行"强制仲裁"的规定，维护了消费者提出诉讼的权利。此外，对违反联邦消费者保护法律法规，以及对不公平、欺诈性、滥用权利等行为，CFPB 还可以对违法者提出最高每日一百万美元的民事赔偿诉讼请求。CFPB 虽置于美联储系统之中，但局长由参议院提名总统任命，美联储也无权干预该局的检查和执行或者延迟、阻止 CFPB 的规定和命令。作为法定机构，该局具有充分的独立性行使职权。

针对货币市场基金方面，美国于 2016 年推出新的监管制度，主要要求包括：对货币市场基金采用市值法估值；特定情况下限制赎回。其主要限制赎回的举措包括：强制赎回费率最高 2%、在 90 天内可暂停赎回 10 个工作日等。

针对另类资产管理业务，SEC 在 2011 年 6 月要求此前豁免注册的投资顾问（包括对冲基金和私募股权基金等）于 2012 年 3 月底前完成登记注册，仅风险投资基金、规模在 1.5 亿美元以下的基金和某些外国投资顾问可以豁免注册；对私募股权投资基金收费的披露方式进行规范，强化另类投资估值的合理性，以避免产生利益冲突。

同时，SEC 进一步加强了对资管业务的压力测试和流动性监管。压力测试方面，为降低金融市场波动对于资管业务的影响，要求资产管理规模超过 100 亿美元的资管机构须开展压力测试，如美国证监会要求公募基金解决极端市场环境下的潜在风险并开展相应的压力测试。流动性管理方面，美国证监会要求所有开放式基金以及 ETF 基金，都要提交书面的流动性风险管理方案，并要求其非流动性资产投资不得超过净值的 15%，对非现金赎回业务，基金须确定相关赎回政策和流程。

资产管理机构聚集。截至 2023 年 9 月 30 日，根据 Willis Tower Watson 排名的世界前 50 大资产管理机构（见表 22），有 27 个总部位于美国，其中 9 家总部位于纽约。前 10 大资产管理机构中 8 个总部位于美国，其中 4 家总部位于纽约，分别为全球最大资管机构 BlackRock（AUM 9.4 万亿美元）、J. P. Morgan Chase（AUM 3.2 万亿美元）、Goldman Sachs Group（AUM 2.7 万亿美元）、Bank of New York Mellon（AUM 1.9 万亿美元）。此外，全球最大的另类资产管理机构 Blackstone Group（AUM 1.0 万亿美元）也位于纽约。[①]

表 22　　　　　　　　全球 TOP50 资管公司分布区域[②]　　　　　单位：个

名称	2018 年	2019 年	2020 年	2021 年	2022 年	2023 年
美国	27	29	28	27	27	27
德国	2	2	2	2	2	2
法国	4	4	4	4	4	4
瑞士	2	1	1	1	1	1
荷兰	1	1	1	1	1	1
英国	5	4	5	5	5	4
日本	4	3	3	3	3	4
加拿大	4	5	5	5	5	5
意大利	1	1	1	1	1	1
中国	0	0	0	1	1	1

数据来源：Willis Tower Watson。

完备的金融市场基础设施。纽约金融市场经过多年的发展，已经形成了债

---

① 各机构资产管理规模统计截至 2023 年 6 月末，数据来自各机构官网。

② Willis Tower Watson 每年的统计时间为当年 9 月 30 日。

券、股票、外汇、衍生品、商品等完备的交易体系，同时拥有覆盖全球市场的清算支付体系。

世界交易所联合会（World Federation of Exchanges，WFE）数据显示，截至 2022 年末，按上市公司市值计算，纽约证券交易所（NYSE，现多称洲际所）是迄今为止全球最大的证券交易所，达到 24.1 万亿美元，有 2 405 家公司在此挂牌，2022 年日均交易额约为 1 197 亿美元①。2017 年开始，洲际所陆续收购了北美原油交易所 Natural Gas Exchange（NGX）、北美外汇交易公司 FastMatch、固定收益产品电子交易平台 TMC Bond 和 BondPoint，抵押服务公司 Simplifile 和金融借贷公司 Ellie Mae 等，拓展能源、固定收益、场外交易和抵押投资市场。

此外，纽约还拥有世界第二大的证券交易所——纳斯达克交易所（National Association of Securities Dealers Automated Quotations，NASDAQ）。截至 2022 年末，有 3 688 家公司在纳斯达克挂牌，总市值达到 16.2 万亿美元。纳斯达克证券市场的多样性和包容性，为条件不同的企业提供了更丰富的选择。既有全球精选中像微软、英特尔、苹果、谷歌和 Facebook 这样的明星大企业，也有资质相对一般的平凡企业。此外，纳斯达克还允许上市企业按其资质在这些层次中进行转换，这种安排显示了其极大的包容性。

除此以外，纽约还拥有全球最大规模的商品期货交易场所——纽约商品交易所。总部设于纽约。它有 NYMEX 及 COMEX 两大分部，NYMEX 负责能源、铂金及钯金交易，COMEX 负责金、银、铜、铝的期货和期权合约。

同时，1914 年即开始运营的联邦电子资金转账系统（Federal Reserve Communication System，FEDWIRE）和清算所同业支付清算系统（Clearing House Interbank Payment System，CHIPS）为资产管理行业所需的全球资金转账和证券簿记提供了坚实的交易基础。

（2）金融科技快速发展要求传统资产管理模式积极变革。金融科技（FinTech）行业的快速发展和创新可能改变资产管理的方式，从纽约资产管理机构的发展历史可以看出，类似 BlackRock、J. P. Morgan 和 Goldman Sachs 这些头部企业都拥有着悠久的历史，这些传统资产管理公司面临来自新兴技术公司的竞争。

---

① WFE，Annual Statistics 2022.

（3）ESG 投资和人才优势有助于纽约保持其资管领导地位。

第一，更快速地发展可持续投资和环境、社会、治理（ESG）投资。

随着全球资管市场对可持续发展和社会责任的关注不断增加，资产管理领域新的增长点聚焦于 ESG 投资。纽约凭借发达的资本市场体系、巨大的全球影响力和悠久的金融创新传统，可以鼓励资产管理公司开发和推出针对 ESG 标准的新型投资产品，同时提供 ESG 投资咨询服务。

第二，吸引更多科技和资管复合型人才，顺利完成资产管理业务的技术变革。

纽约在技术人才储备层面不如美国西海岸的诸多城市，或可通过与大学和研究机构合作，促进科技和资管复合型人才培养。同时，可以考虑建立金融科技和资产管理创新中心，为初创公司提供办公空间、导师支持和资金，以帮助它们在该市创业。也可以积极寻求国际人才，通过签证和移民政策以及国际人才招聘计划来吸引来自世界各地的优秀科技和金融专业人才。

（4）需警惕其他城市的挑战以及自身综合成本上升的威胁。

一是来自其他城市的竞争。全球其他国际金融中心，如伦敦、中国香港、新加坡等，也在争夺资产管理业务。这种竞争可能导致资金和业务流失到其他地方，减少了纽约的市场份额。

同时，美国金融市场监管在 2008 年次贷危机后日趋严格，资管公司面临着不断增加的监管压力，这可能导致更高的合规成本和更复杂的法规要求。一些公司可能会寻求在监管环境相对宽松的地方开展业务。

二是税收压力和生活成本可能导致资管公司流失。自 2020 年以来，为了躲避纽约日益猖獗的犯罪、严苛的税收和高昂的生活成本，近 160 家金融公司已将总部迁出纽约，管理的资产接近 1 万亿美元，并带走了数千名员工。

由"华尔街之狼"卡尔·伊坎创立的伊坎资本管理公司是迁往加州的最著名的公司之一，管理资产规模 198 亿美元。[1] 2020 年 8 月，该公司放弃了曼哈顿第五大道通用汽车大厦顶楼的豪华办公楼，转而在迈阿密郊区建造一栋 14 层办公大楼。

与此同时，对冲基金大亨保罗·辛格（Paul Singer）的埃利奥特管理公司（Elliott Management）于 2020 年 10 月将总部从曼哈顿中城迁至佛罗里达州。

---

[1] Icahn Enterprises L. P. Investor Presentation 2022.

该公司在调整了 AT&T、Twitter 和阿根廷政府等投资目标后，管理着总计 592 亿美元的资产。[①] 此外，2021 年，AllianceBernstein 从纽约搬迁至纳什维尔，该公司在全球资管公司排名中名列第 39 位，管理规模在 2022 年末达到 6 850 亿美元[②]。

2. 伦敦。伦敦作为目前欧洲地区最大的资产管理中心，其主要优势包括其发达的金融基础设施、成熟的监管体系和集中的金融机构。然而，脱欧带来的不确定性和与欧盟其他城市的竞争为伦敦未来的发展带来了较大的不确定性。尽管如此，其在金融科技、可持续投资和负责任投资方面的领先地位也为伦敦未来发展提供了机会。

（1）发达的金融市场是伦敦作为资管中心的核心优势。

第一，金融基础设施完善。股票层面，伦敦拥有欧洲地区最大的股票市场——伦敦证券交易所，提供类别多样的证券服务，包括英国股票、国际股票、ETF 与证券化衍生品、存托凭证（Depository Receipts）、债务、优先股、普通股认购权证（Equity Warrants）、打包证券单位（Package Units）和可转换证券等。截至 2022 年 12 月末，伦敦证券交易所集团共有 1 934 家上市公司，总市值为 3.10 万亿美元。[③]

伦敦还拥有全球领先的有色金属交易所伦敦金属交易所（LME）和欧洲最大的能源产品交易所 ICE 期货欧洲交易所。LME 作为世界工业用金属交易中心，其价格被作为全球基准价，并用于企业和投资机构的风险管理。

此外，伦敦还有数家全球知名大宗商品组织，包括国际咖啡组织（International Coffee Organization）、粮食和饲料贸易协会（The Grain and Feed Trade Association）和国际糖业组织（International Sugar Organization）等。伦敦作为重要的国际金融中心，成为参与大宗商品交易的国际企业、投资银行和其他金融机构的交易首选之地。

第二，完备的监管体系。英国金融监管体系主要分为三个部分，其中英格兰银行负责全面金融监管，同时，设立审慎监管局（Prudential Regulation Authority）和金融行为监管局（Financial Conduct Authority），形成"双峰监管"模式。其中，审慎监管局为英格兰银行的附属机构；金融行为监管局作为独立

---

① https：//www.elliottmgmt.com/about－elliott/.

② AllianceBernstein Investor Relations Announcement December 2022.

③ 数据来源：WFE Annual Statistics 2022。

的监管机构取代了英国金融监管局。审慎监管局对金融机构和金融体系进行审慎监管，确保金融系统稳健发展；金融行为监管局负责对金融业务实施现场监管和非现场监管，保护金融消费者权益，打造信息透明、公平竞争、公开公正的市场环境。在英格兰银行下设金融政策委员会（FPC），负责实施宏观审慎监管，重点防范系统性金融风险，并且对审慎监管局和金融行为监管给予工作指导，增强金融监管部门之间沟通和协调。

2012 年英国通过的《金融服务法案》（*Financial Services Act* 2012）确定了英国金融服务业由英格兰银行、FPC、PRA 和 FCA 共同构成的监管框架，并从 2013 年逐渐开始正式运作。

金融机构必须申请并获得英国审慎监管局（Prudential Regulation Authority，PRA）或英国金融市场行为监管局（Financial Conduct Authority，FCA）的正式授权批准，才可以开始从事监管业务（regulated business）。一般来说，仅有非常大的资产管理人涉及 PRA 和 FCA 的双重监管，绝大多数资产管理人仅由 FCA 监管，可以理解为 FCA 是基金管理行业的主要监管机构（见表 23）。

表 23　　　　　　　　　　　英国资产管理行业监管

产品	发行主体	主要监管部门	监管方式
集合投资计划	各类金融机构	金融行为监管局 FCA	在销售前向 FCA 申请核准，由 FCA 授权成为集合投资计划管理人，FCA 对其内控制度、自有资本数额、道德规范等进行监督
私募基金	各类金融机构	金融行为监管局 FCA	无须申请核准，但需要经过 FCA 授权成为管理人
各类资管产品	存款机构 保险公司 系统重要性投资公司	审慎监管局 PRA	监察个体金融机构的安全和稳定性，并在必要时采取措施处理发现的问题

资料来源：英格兰银行官网。

第三，资产管理机构聚集。截至 2021 年底，英国管理的资产总额达到创纪录的 12.6 万亿美元（11.9 万亿英镑），且基金业国际化程度较高（见表 24）。首先，在机构层面该国汇聚了大量本国与外国基金公司；其次，从投资方向上看，股权类投资中，海外投资占比达 77.2%，债权类投资中，海外占比为 55.4%；最后，在服务对象上，为海外客户管理的基金总额达到 6.3 万亿美元（4.6 万亿英镑）。

表 24   欧洲国家资产管理规模及资管深度

欧洲国家资管排名						
国家	欧洲国家资产管理规模/十亿欧元			资管深度/%		
	2019 年	2020 年	2021 年	2019 年	2020 年	2021 年
英国	9 962	10 442	11 910	394	440	440
法国	4 433	4 582	5 038	183	201	203
德国	2 719	2 882	3 509	79	86	98
瑞士	2 321	2 488	3 191	355	379	464
荷兰	1 415	1 826	2 083	175	229	242
意大利	1 493	1 553	1 624	83	94	91
丹麦	456	492	605	146	158	181
西班牙	401	405	479	32	36	40
比利时	314	346	417	66	77	82
奥地利	145	151	172	36	40	43
波兰	63	61	66	12	12	12
葡萄牙	61	48	47	28	24	22
捷克	37	39	36	16	18	15
匈牙利	29	28	31	20	21	20
土耳其	21	19	28	3	3	4
希腊	12	13	16	7	8	9
斯洛文尼亚	4	4	6	7	9	12
保加利亚	1	1	2	2	2	2
其他欧洲国家	3 147	3 045	2 937	n. a.	n. a.	n. a.
合计	27 033	28 423	32 197	149	166	171

数据来源：欧洲基金与资产管理协会（EFAMA）。

在传统投资领域，英国是欧洲最大的养老基金来源地，2021 年，养老基金管理规模达 3.9 万亿美元，占全球总额的 6.8%（见表 25）。养老金资产与 GDP 比率达 124.1%，在全球名列前茅。此外，英国的保险资金和共同基金规模也居世界前列，规模分别为 3.1 万亿美元和 1.8 万亿美元。

表 25   **全球主要国家传统型投资资产管理规模**   单位：十亿美元

国家	养老基金（2021.12）	保险资产（2020.12）	共同基金（2022.6）
美国	35 011	7 932	28 457
日本	3 683	4 023	1 944
英国	3 858	3 069	1 832
法国	154	977	2 128
加拿大	3 420	–	1 633
其他	10 449	19 099	23 917
全球	56 575	35 100	59 911

数据来源：Key facts about the UK as an international financial center, 2022。

    伦敦是仅次于纽约的全球第二大对冲基金管理中心。2021 年，英国对冲基金规模为 4 800 亿美元（3 350 亿英镑），约占全球的 10%，一直保持欧洲第一的位置。英国还是众多对冲基金管理服务中心，如机构经纪、托管和审计等。

    英国拥有发达的私募股权市场。2021 年，英国的私募股权基金的总投资额为 378 亿美元（295 亿英镑），居欧洲首位；英国的被投公司则获得来自全球的 456 亿美元（333 亿英镑）的股权投资。伦敦是欧洲最大的私募股权投资与基金管理中心，在 2018 年到 2021 年期间，英国私募股权业为 6 461 家公司提供了 1 410 亿美元（1 029 亿英镑）的投资。

    （2）脱欧为未来发展带来不确定性。英国于 2020 年正式脱欧，脱欧过程带来了不少不确定性，包括与欧洲的贸易和金融服务协议。英国管理着多种类型基金，机构客户占英国所管理资产的八成左右，其中约一半为养老金基金，其余为零售客户和个人客户，均增长迅速。与此同时，伦敦还是全球私募及房地产基金中心，且在对冲基金市场和全球主权财富基金市场占有显著份额。根据欧洲基金和资产管理协会数据，欧洲超过 37% 的资产管理额在伦敦。① 欧盟担心在英国"脱欧"后，欧盟大量资产将被一个非欧盟国家运营管理，这样会带来资金风险。

    这可能导致一些金融机构考虑将部分业务迁出伦敦，以绕过潜在的贸易壁垒和监管复杂性。脱欧后，英国金融机构失去了欧洲金融市场的无障碍准入

---

① https：//www.theia.org/industry – data/key – industry – statistics.

权，这对一些资管公司来说可能意味着必须在欧盟内国家设立分支机构或办事处，以继续服务欧洲客户。长此以往，资金可能被分流，导致伦敦受到负面影响。

（3）未来的机遇在金融科技和 ESG 投资。

首先，继续保持金融科技优势，为资管行业赋能。伦敦可以进一步加强在金融科技（FinTech）领域的领导地位。通过支持和吸引创新型金融科技公司，伦敦可以提供更多先进的数字解决方案，以满足资产管理公司和投资者的需求。在疫情中，英国资产管理行业依靠强大的数字化能力来最大限度减少中断并增强韧性。行业团体共同开发技术驱动的解决方案，以应对疫情带来的诸多挑战。与此同时，英国金融科技领域的尖端技术可为行业面临的挑战提供相应的解决方案。另外，创新的一个重要方面是行业本身的更新。例如，2018 年10 月，英国投资协会（Investment Association）推出了"Velocity"项目（现在称为"Engine"），这是一个面向投资管理与资本市场的金融科技创新中心和加速器。它由 25 名行业从业人员和专家组成，他们就如何加快整个行业新兴技术的发现和采用提出建议。

伦敦金融城政府 2019 年公布的一项研究显示，寻求未来 24 个月全球金融科技交易投资机会的基金经理将英国和北美并列排为第一，认为除本土市场以外这是他们最有可能投资的地区。同时英国政府和金融监管机构也一直在支持金融科技的发展，提供了一系列支持措施，包括监管沙盒、创新许可证和税收激励，以鼓励金融科技创新。

其次，引领欧洲乃至全球的可持续投资。英国资产管理公司一直是可持续投资和负责任投资的先锋。英国投资协会最近的一项调查发现，截至 2021 年底，英国管理的总资产中有 47% 应用了环境、社会和治理（ESG）因素整合策略。[①] 2019 年 1 月至 2023 年 3 月，负责任投资基金管理的规模增长了 5 倍之多，达到 945 亿英镑。[②]

（4）资管行业急需确定脱欧后的发展策略以应对挑战。

监管制度的变化。脱欧前后，英国金融监管体系一直在探索更恰当的监管

---

① https：//www. theia. org/sites/default/files/2026 – 09/The% 20ESG% 20Global% 20Survey% 202021. pdf.

② https：//www. theia. org/news/press – releases/funds – bounce – back – march – ps2 – billion – in-flows.

制度，以消除地缘政治变化和全球金融市场不稳定对英国金融市场带来的负面影响。不断变化的监管要求可能会增加资产管理公司的合规成本和复杂性。如果监管环境变得更为苛刻或不稳定，可能会影响金融机构选择伦敦的意愿。

欧盟其他资产管理重点城市的竞争。脱欧带来的种种不确定性和未来可能存在的欧盟基金委托代理问题，使得不少资管机构都试图在欧盟内部选择一个城市作为新的落脚点，其中法兰克福首当其冲。欧洲央行、德国银行、法兰克福证券交易所等重要金融机构总部都坐落于此，金融市场基础设施完备，德国资产管理行业规模也一直稳居欧洲第三的位置。

3. 新加坡。新加坡作为东西方交流的枢纽，凭借稳定、高效的监管环境和高度开放的金融体系，正在成为重要的资产管理中心。然而金融脱离实体经济、过度依赖海外市场也为新加坡长久的发展埋下了隐患。未来新加坡应当继续发扬其优势，大力发展私人银行和财富管理业务，进一步巩固其资产管理中心地位。

（1）新加坡的崛起依赖于稳定高效的监管和开放的市场。

松紧适度的法律体系。新加坡金融业实行混业经营，由新加坡金融管理局负责统一监管。新加坡金融管理局内设的金融监管部行使金融监管职能。一是机构监管与功能监管相结合。金融监管部下设银行和保险署、资本市场署，将机构监管与功能监管有机结合，从而确保相同的行为不因主体不同而受到不同的监管。二是以行为监管为监管重点。新加坡金融管理局将资管产品的销售行为作为监管重点，强调"信息披露"和"投资者适当性"原则，通过《证券与期货法（SFA）》《财务顾问法（FAA）》《财务顾问条例（FAR）》等监管法规规范机构的销售行为，确保将合格产品销售给合格投资人。新加坡将投资者分为四种类型：普通投资者、合格投资者、专业投资者和机构投资者。合格投资者是指净资产超过 200 万新加坡元或上一年收入不少于 30 万新加坡元的个人，或资产符合一定条件的公司等。高风险产品仅适销合格投资者。

优越的地理位置和开放的金融体系。新加坡地处亚洲的心脏地带，其战略位置在全球资产管理领域发挥了关键作用。作为东西方文化和商业交流的枢纽，新加坡用开放的姿态连接亚洲市场与欧美等全球其他重要金融中心。这个地理优势不仅使新加坡成为各种资金流动的重要节点，也促进了国际投资者、金融机构与当地市场之间的交流和合作，从而巩固了其作为全球资产管理中心的地位。

新加坡金融体系的开放性体现在积极吸引外资机构和高度自由化的贸易体系。新加坡政府提供了有利的投资环境和政策，包括低税率、透明的法律和财政政策，以及稳定的政治环境。这些因素吸引了大量国际投资和全球金融机构入驻。

（2）有限的本土市场制约新加坡发展。

一是金融脱离实体，没有产业支撑。2022 年新加坡金融业生产总值占全国的 14%，且每年以 4% 至 5% 的速度增加，金融业的波动易导致整体经济的不稳定。实体经济是社会长期发展的基石，是社会得以稳定运行、人民得以安居乐业的基础，金融则是实体经济的助推器。金融一旦脱离实体经济很容易催生泡沫，最终可能导致金融危机。

二是融资投资都严重依赖海外市场，自身金融体系较弱。由于本地市场规模有限，一些资产管理公司可能面临投资机会不足的挑战。这可能迫使它们更依赖国际市场。

新加坡是全球资产管理者和投资者进入亚洲市场的主要门户，资产管理资金主要源于亚洲，其次是欧洲和北美地区。2021 年，新加坡 78% 的资金来自本国以外的地区，其中 31% 来自亚太地区（见表 26）。从资金投向上看，资金主要投资于亚太地区，其次是欧洲和北美地区（见表 27）。

表 26　　　　　　　　　新加坡资产管理行业资金来源分布

AUM 资金来源				
年份	亚太地区（除新加坡）	新加坡	北美	欧洲	其他
2014	54%		18%	19%	9%
2015	56%		18%	17%	9%
2016	55%		19%	17%	9%
2017	33%	22%	19%	17%	9%
2018	33%	25%	18%	17%	7%
2019	33%	24%	18%	17%	8%
2020	34%	22%	17%	16%	11%
2021	31%	22%	22%	16%	9%
2022	32%	24%	19%	15%	10%

数据来源：新加坡金融管理局。

表 27 新加坡资产管理行业资金来源分布

AUM 资金投向				
年份	亚太地区	北美	欧洲	其他
2014	68%	11%	13%	8%
2015	68%	12%	13%	7%
2016	66%	13%	13%	8%
2017	67%	13%	13%	7%
2018	67%	13%	11%	9%
2019	69%	13%	10%	8%
2020	68%	13%	10%	9%
2021	55%	21%	13%	11%
2022	56%	19%	13%	12%

数据来源：新加坡金融管理局。

三是不具备可持续的人才优势。新加坡拥有一流的人才，但随着资管体量的不断增长，人才需求也会持续攀升，吸引和留住高素质的金融和科技人才需要高昂的薪酬和福利。这不仅导致整个行业的运营成本升高，而且考虑到新加坡城邦的特点，极易推升生活成本，造成整体社会成本的螺旋式上升，削弱当地资管行业的全球竞争力。

（3）私人银行和财富管理或可成为突破口。

第一，快速聚集的财富能够带来巨大的资管需求。新加坡金融管理局发布的《2022 年新加坡资产管理调查》报告显示，2022 年新加坡资产管理规模有所回落，但从历史来看仍然处于高位，同比下降 9.3% 至 4.9 万亿新加坡元（约合 3.7 万亿美元）（见图 15）。其资管规模下降主要是由于资产价格波动引起，2022 年新加坡资管行业的净资产流入为 435.0 亿新加坡元，同比下降 2.9%（见图 16）。

瑞银全球财富报告显示，2022 年新加坡人均财富位于 35 万美元至 41 万美元之间，比 2021 年增加 2.3 万美元，排名全球第 8 位，且金融资产占比过半。2022 年新加坡百万美元资产以上人数比 2021 年增加 7.8%，达到 33.2 万人。[1]

---

[1] https：//www.ubs.com/global/en/family – office – uhnw/reports/global – wealth – report – 2023.html.

图 15　新加坡资产管理规模趋势

（数据来源：新加坡金融管理局）

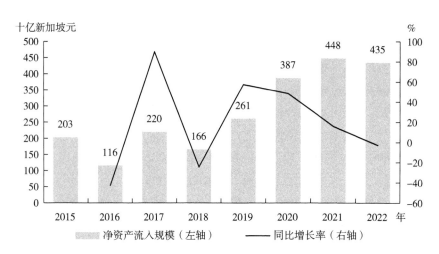

图 16　新加坡资产管理行业净资产流入趋势

（数据来源：新加坡金融管理局）

　　这些迅速聚集的社会财富也会催生巨大的资产管理需求，能够推动新加坡的资管规模迅速上升。

　　第二，私人银行和财富管理是发展重点。新加坡一直以来都是亚洲地区的私人银行和财富管理中心，这一领域仍然有巨大的增长潜力。新加坡以英语为官方语言，又有深厚的亚洲文化积淀，作为一个移民国家对多元化文化的包容性极强，在吸引亚洲富裕家庭和高净值个人方面非常有优势，同时也是欧美资本进入亚洲市场的重要入口。

（4）需重视来自同质化资管中心的竞争。新加坡作为通道类资管中心，在亚洲地区面临激烈的竞争，与类型相似的中国香港直接竞争客户和业务，同时也会与全功能的资管中心产生竞争，如伦敦、纽约、上海等，这些城市都有强大的金融体系和资产管理行业，也在吸引全球资金和投资者方面投入了大量资源。

（二）探索全球领先资管中心的人工智能发展趋势

人工智能（AI）起源于20世纪50年代，科学家艾伦·图灵致力于测试计算机智能，以探讨机器是否能够进行类似人类的决策和问题解决。尽管早期的AI发展受到了计算能力的限制和高昂的研究成本制约，但随着摩尔定律的实现，半导体技术的进步使得大规模计算处理变得更快速、成本更低廉。目前，已有超过90%的资产管理公司正在利用人工智能、大数据、区块链等颠覆性技术来提升投资绩效。

生成式人工智能（Generative AI）革命已经正在改变资产管理行业的运营方式、客户参与度和生产力水平。在销售和客户服务方面，Gen AI 通过增强投资顾问与客户互动的能力，从而潜在提高30%～40%的生产力。在产品开发方面，Gen AI 通过高效、及时的资管产品市场研究等，将产品开发效率提高了25%～35%。在投资和研究方面，Gen AI 辅助信息收集、汇总和数据清理，生产力提升高达30%。对于中后台职能，Gen AI 提高法律、合规和运营任务的效率，节省了25%～50%的员工时间。[①]

1. 当前生成式人工智能在资管领域的主要发展路径。自2023年ChatGPT问世以来，AI在资管领域的发展前景就进入到一个更高级的发展阶段，目前，金融数据服务商和投资机构在AI方面的应用主要集中于人工智能助理，即AIGC（Artificial Intelligence Generated Content），其未来发展主要集中于数据层面和运营层面。

（1）AIGC 在数据层面的应用。数据处理阶段主要涉及语义理解和数据挖掘及自动化。AIGC 的语义理解能力是关键，它能够帮助提高投研数据的提取

---

① Oliver Wyman：Deploying Generative AI in Wealth and Asset Management.

和结构化。这可以通过持续改进自然语言处理模型、训练数据集和算法来实现。数据挖掘和自动化层面，考虑引入数据挖掘技术，以便自动发现和提取有用的信息，例如关键性洞察或趋势，以支持投研决策。

AIGC 将推动财富资管数据的广泛数字化。当前，财富资管数据具有多种特征，涵盖研究分析、录音识别、多语言信息处理、市场动态数据分析等。AIGC 有望将这些多样化的数据整合和优化，使其更便于调取和使用。

（2）AIGC 在运营层面的应用。资管机构对于 AIGC 在运营端的应用主要涉及任务自动化和工作流程自动化，如录音转录、识别投研观点的变化等。这可能需要整合语音识别、文本摘要和情感分析等技术。同时，需要协同自动化工作流程，以确保任务执行的高效性和一致性。

更深层次的 AIGC 应用将会涉及专业知识积累和观点生成。通过对金融领域的大量文本和数据进行训练和学习，AIGC 逐渐积累领域内的专业知识。最关键的在于 AIGC 的观点生成能力，它需要能够基于已有知识和数据生成初级投研观点，这可能需要深度学习生成模型的支持。

BCG 研究提出，如果全球资管行业大规模植入人工智能，运营效率可能提高 10%～15%。生成式 AI 可用于协助并显著加快营销、财务和人力资源等部门的工作，且 AI 的内容创建和合成功能使大量客户可以实现规模化定制，真正实现千人千面。

目前，资管机构已经在多个领域应用了 AIGC 技术，包括数据治理、新闻资讯、客服、智能投研、客户关系管理和账户操作流程自动化产品，但由于数据缺乏和离线部署等原因，AIGC 产品在精确性和专业性方面还有较大的改进空间。为解决上述问题，资管机构主要采取了以下措施：一是引入合成数据和可组合应用监督模型，以改善精确性。二是扩充数据集和打破信息孤岛，以提高数据的可用性和完整性。三是使用专业数据库对语言模型进行训练，以提高输出内容的专业水平。

2. 领先资管中心的人工智能相关投入与应用。近年来，资产管理公司的成本收入比正在逐步上升，其中，推动成本项不断增长的最主要因素就是技术投入。到 2022 年，财富管理和资产管理公司的技术投入占总运营支出的平均比例已经超过 15%，五年前为 13%，技术投入中，增长最快的为应用程序开发[①]。

---

① 波士顿咨询：Scalable Tech and Operations in Wealth and Asset Management。

鉴于客户的数字化和自动化操作的需求快速增长，第三方提供商在填补资管公司内部技术空白方面发挥着越来越重要的作用。自 2018 年以来，财富和资产管理公司的第三方技术支出已增长了 10% 以上。

（1）智能投顾管理规模持续攀升。据 Statista 统计，2022 年全球智能投顾资产管理规模达到 2.45 万亿美元，预计到 2025 年将达到 3.9 万亿美元（见图 17）。其中，美国市场规模遥遥领先，达到 8 731 亿美元，中国排名第二，规模为 3 931 亿美元。

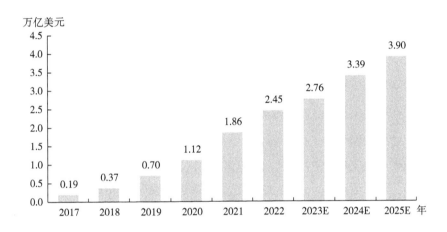

万亿美元

图 17　全球智能投顾资产管理规模

（数据来源：Statista，高金智库）

2022 年全球智能投顾资产管理产生的收入达到 943 亿美元，同比增长 30.4%，预计到 2025 年即将超过 1 500 亿美元（见图 18）。

（2）全球资管中心的头部资管机构的人工智能应用案例。

欧洲。

德意志银行（Deutsche Bank AG）：2022 年 12 月，德意志银行宣布与英伟达公司（NVDA）建立"长期创新合作伙伴关系"，将人工智能嵌入德意志银行的金融服务，并生成多种基于人工智能的应用程序，包括智能头像、语音人工智能和金融欺诈防御。人工智能的应用预计将加快风险与回报分析速度，并允许投资经理和交易员加快运行投资选择场景的速度。同时，德意志银行将进一步加大对内部人工智能中心的投入并且探索其他 AI 加速计算工具，应用于客户管理。

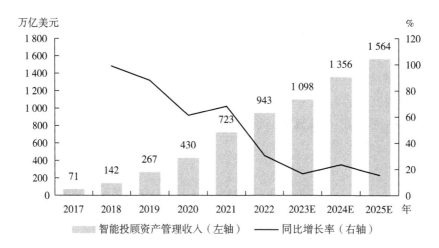

图 18　全球智能投顾资产管理收入

（数据来源：Statista，高金智库）

荷兰国际集团（The ING Group）：作为一家投资银行，荷兰国际集团多年来一直热衷于人工智能的应用。2017 年，该公司推出了债券交易市场分析系统 Katana，可以运行数十万个实时交易场景，将交易分析时间缩短了 90%，并将交易柜台运营成本降低了 25%。根据 Evident Insights 的 Evident AI 指数①，荷兰国际集团在金融服务公司的"人工智能成熟度"方面排名全球第七。

美国。

摩根大通公司（JPMorgan Chase & Co）：摩根大通在 Evident AI 指数的"人工智能成熟度"方面排名全球第一。截至 2022 年末，公司已有超 300 个人工智能应用投入生产，用于风险、勘探、营销、客户体验和欺诈预防，并且贯穿其在全球的支付清算和资金管理系统。摩根大通拥有超过 1 000 名数据管理人员、超过 900 名数据科学家和 600 名机器学习工程师，还有一个由 200 人组成的顶尖人工智能研究小组，致力于研究金融领域最困难的问题和新领域。截至 2022 年末，摩根大通已花费超过 20 亿美元建设新的云数据中心，并努力对大部分应用程序及其相关数据库进行智能化改造。②

---

①　目前第一个主要评价银行人工智能成熟度的公开基准，最近一次为 2023 年 11 月更新。指数涵盖北美、欧洲和亚洲 50 家最大的银行。每家银行都根据 100 多个单独指标进行评估，这些指标取自数百万个公开数据点，具体涉及四大支柱：人才、创新、领导力和透明度。

②　摩根大通 2022 年公司年报。

新加坡。

星展银行（Development Bank of Singapore）：星展银行在 Evident AI 指数的"人工智能成熟度"方面排名全球第十，是新加坡地区唯一上榜机构。星展银行一直对金融科技采取积极态度，2022 年该机构的人工智能和机器学习业务应用已经达到 260 个，全年产生了 1.5 亿新加坡元的收入，未来 5 年收入计划增长至 10 亿新加坡元。星展银行代表性的人工智能平台有 ADA（数据分析平台）、ALAN（人工智能知识管理中心）和 FIX Marketplace（固定收益产品交易平台）。ADA 和 ALAN 的协同使用显著降低了构建和部署人工智能模型的时间成本，从而提高了公司的运营和决策效率。FIX Marketplace 作为亚洲第一个数字化、自动化的固定收益交易平台，直接连接发行人与投资者，实现了资本的高效配置民主化，并在 2022 年获得了 Euromoney 颁发的全球年度金融创新奖。

中国。

平安理财：恒生电子与平安理财共同开发的新一代投资组合管理平台，在 2023 年被选为"金信通"金融科技创新应用十大案例之一。该平台利用数字化技术解决资管行业在投资领域面临的复杂问题，结合了银行理财产品的多样性和复杂性，提供了一个全流程的数字化投资组合管理平台。这个平台具备大数据、模型和高性能计算能力，提供了从投资计划的多因子组合测算、风险预测、损益表现、头寸管理，到事中的指令下达、实时监控、关键指标实时预警，以及事后的绩效归因和投资分析等功能，实现了投资的全生命周期数字化管理。此外，该平台还运用了华为鲲鹏服务器、TiDB 等自主创新技术产品，提高了信息技术安全水平，并实现了大数据和高并发的实时计算能力，对委外资产的高效穿透分析和联动指标测算提供了支持。

3. 领先资管中心的人工智能监管。考虑到 AI 可能对社会带来的安全问题，安全标准、法律法规和自我监管是对 AI 进行监管较为重要的基石。政府层面需要尽快出台监管政策对其加以规范，实现监管覆盖全面化，分阶段、全流程规范 AIGC 相关要素。目前 AI 爆发式发展，各国监管相对滞后，整体来看，欧洲国家相对严格，监管重点为数据安全，亚洲地区仍处于法律法规探索阶段。监管规则以 AI 整体为主，尚未有单独针对资产管理行业的内容。

（1）欧洲：全面、预防性和人权导向的监管路线。2021 年 4 月，欧盟委员会提出了《人工智能法案》提案，这是首个针对人工智能风险管理的相关法案。2023 年 6 月，议会通过《人工智能法案》草案，下一步将正式进入欧盟委员会、议会和成员国三方谈判程序，确定最终版本的法案。该法案通过将 AI 应用分为不同风险级别，并针对不同等级风险实施不同程度的限制措施，旨在保证人工智能系统在欧盟使用的安全性、透明性、可追踪性、公平性和环境友好。该法案围绕风险防范的核心，为人工智能系统制定了全流程的风险防范体系，鼓励建立国家或欧盟层面的监管沙盒，进一步规范个人数据收集的合法操作。该法案将人工智能系统划分为不可接受风险、高风险、低风险和最小风险四类，立法着眼于前两类风险，对高风险系统的全生命周期监管进行详细规定。① 作为全世界第一部综合性人工智能治理立法，该法案将成为全球人工智能法律监管的标准，被各国监管机构广泛参考（见图 19）。

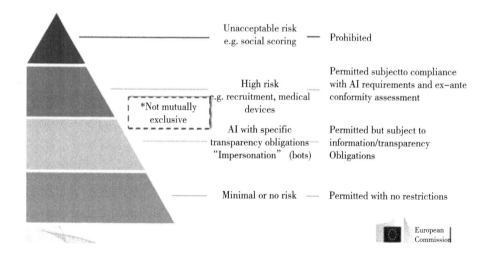

图 19 欧盟 AI 应用风险级别分类

（图片来源：欧盟委员会《人工智能法案》）

（2）美国：监管确保 AI 的安全性和可信赖性。2022 年 10 月，美国白宫科技政策办公室发布《人工智能权利法案蓝图》（Blueprint for an AI Bill of Right，以下简称《蓝图》），提出了人工智能技术应用的五项原则和相关实践步骤。② 其中核心的五项原则是：建立安全有效的系统；建立公平的算法机

---

① https：//artificialintelligenceact. eu/the – act/.

② https：//www. whitehouse. gov/wp – content/uploads/2022/10/Blueprint – for – an – AI – Bill – of – Rights. pdf.

制，避免算法歧视；数据隐私保护；设置自动系统的人工替代、考虑因素和退出机制。《蓝图》旨在指导自动化系统的设计、使用和部署避免对使用者进行算法歧视，同时充分保护使用者的隐私。2023 年 1 月，美国商务部发布《人工智能风险管理框架》为不同组织落实《蓝图》补充了具体实施步骤，且作为一份动态文件，将根据人工智能行业的实际发展情况，定期审查框架的内容和实用性，并且作出配套更新。与欧盟的《人工智能法案》不同，美国的两份文件均为非强制性的指导文件，不具有法律效力，供设计、开发、部署、使用人工智能系统的机构组织自愿使用。

（3）新加坡：保持开放，重视协作和开源。目前没有针对性的人工智能监管框架，而是依赖监管机构发布的现有监管框架和指南，采用协作和开源的方法来开发解决人工智能信任和安全问题的工具和标准。2022 年 5 月新加坡成立了 AI 验证基金会（AI Verify Foundation），AI Verify 是全球首个人工智能治理测试框架和软件工具包，根据国际公认的原则来验证人工智能系统的性能，并与欧盟、经合组织等国际人工智能治理框架保持一致。目前，新加坡认为人工智能治理测试和评估仍存在重大缺陷，因此有必要保持开放的心态，开源人工智能验证，以便持续吸引开发者、行业专家和研究群体参与，以发展完善 AI 治理测试和评估。

（4）中国：在安全合规的前提下，鼓励创新发展。中国很早就开始在国家层面支持 AI 产业的发展，也已经制定了一系列特定应用和地方性法规。随着人工智能技术的迭代发展，由国家互联网信息办公室、发展改革委、教育部、科技部等七部门发布的《生成式人工智能服务管理暂行办法》自 2023 年 8 月 15 日起正式施行，同时国务院 2023 年度立法工作计划显示，《人工智能法》已列入立法计划，AI 监管政策正加速推进。2018 年 12 月证监会发布《证券基金经营机构信息技术管理办法》并在 2021 年 1 月作出修订，该办法覆盖各类主体，对信息技术运用过程中的操作流程、风险管理、系统安全、数据安全、应急管理等方面都作出了详细规定。

（三）资产管理行业的 ESG 投资趋势

1. 全球资管市场 ESG 投资概况。经过了一段时间的高速发展，当前 ESG[①]

---

① 因不同市场和机构命名原则差异，在文中进行表述时对"可持续投资"和"ESG 投资"的差异不作区分，"可持续投资"和"ESG 投资"在本研究中定义一致。

基金受到高通胀、利率上升和衰退担忧的打击，净流入减少且估值上升，但截至 2023 年 6 月底，据晨星统计，全球可持续基金资产仍接近 2.8 万亿美元。欧洲占据可持续基金格局的最大份额，占全球可持续基金资产的 84%，是迄今为止最发达、最多样化的 ESG 市场。其次是美国，截至 2023 年 6 月，美国拥有全球可持续基金资产的 11%。亚洲（日本除外），中国是最大的可持续发展市场，可持续基金市场规模排名第三（见图 20）。

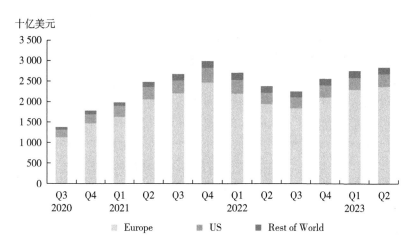

图 20 全球可持续投资基金资产管理规模

（资料来源：Morningstar Direct，Manager Research）

从资金流情况来看，欧洲新推出的可持续基金减少幅度最大，2023 年第二季度吸引了 200 亿美元的资金净流入，而第一季度为 337 亿美元。

全球资管机构高度关注气候变化，积极参与气候变化治理及国际合作，气候风险管理理念逐渐成熟，向"零碳"目标稳步推进。从国际合作角度看，以金融机构气候治理为使命的国际组织陆续成立，对资管机构气候风险管理各议题提出不同建议，同时促进各国政府完善减排政策。2023 年 6 月，国际可持续准则理事会（ISSB）发布了首套全球 ESG 披露准则，为各地区公司披露统一的气候和可持续性信息提供了标准，堪称 ESG 投资领域的里程碑事件（见图 21）。

由联合国环境规划署金融倡议和联合国全球契约合作的投资者倡议建立了联合国负责任投资原则（UN PRI）是全球 ESG 领域中最有影响力的机构投资者联盟。UN PRI 的成员包括来自世界各地的养老金、保险公司、主权基金、

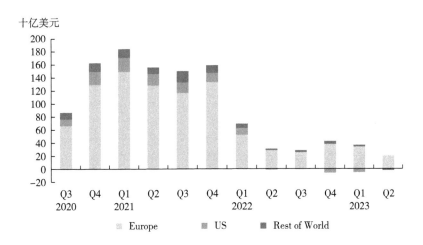

图 21　全球可持续投资基金资金流量趋势

（资料来源：Morningstar Direct，Manager Research）

发展基金、投资管理机构和服务提供商。UN PRI 年报显示，截至 2023 年 3 月，已经有 5 391 家机构签署了这一原则，比 2022 年底新增 267 家。从 2010 年至 2022 年，UN PRI 签署机构数量的年均复合增速为 31.7%（见图 22）。

图 22　全球 UN PRI 签署机构数量趋势

（数据来源：UN PRI 官网，高金智库）

分国家来看，签署机构数量排名前5的为美国（1 076家）、英国和爱尔兰（858家）、法国（407家）、德国和奥地利（332家）、荷比卢经济联盟（296家）。亚洲地区中国排名第一，达到136家，日本123家，其他亚洲国家合计262家（见图23）。

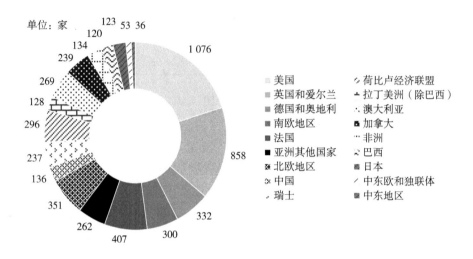

图 23　全球 UN PRI 签署机构地区分布

（数据来源：UN PRI 官网，高金智库）

根据全球可持续投资联盟（GSIA）于 2021 年发布的《全球可持续投资回顾报告 2020》，2020 年初，全球 ESG 投资前五大市场的可持续投资规模达 35.3 万亿美元，分别为美国、加拿大、日本、大洋洲和欧洲，合计占全球管理总资产规模的 35.9%。在区域规模上，全球 ESG 投资主要集中在欧美，亚太地区以日本为主。ESG 投资已成为投资领域不可或缺的一部分，且仍在不断增长。

2. 领先资产管理中心的 ESG 投资情况。

（1）欧洲持续引领全球 ESG 投资。通过将 ESG 因素纳入投资流程并内化到更高效的管理活动，欧洲的资产管理公司已成为向可持续经济转型的关键贡献者。欧盟的 ESG 监管和对企业采用更具可持续性的商业模式的鼓励措施是许多在欧盟运营的资管公司价值链各个层面迅速采用可持续性因素的主要推动力。同样，对 ESG 产品和投资方法不断增长的需求也进一步推动资管公司紧跟趋势。

欧盟 ESG 投资的监管体系。

EU Taxonomy Regulation，欧盟分类法规，旨在支持欧盟经济转型，以实现欧洲 2050 年气候中和目标。作为一种分类工具，它旨在为公司、资本市场和政策制定者提供清晰的信息，说明哪些经济活动是可持续的。其核心是可持续经济活动的定义，这个定义基于两个标准，一项活动必须：至少为分类法中列出的六个环境目标之一作出贡献；在尊重基本人权和劳工标准的同时，不得对任何其他目标造成重大损害。

《可持续金融披露条例》（Sustainable Finance Disclosure Regulation，SFDR）规定了强制性和统一的披露义务，以帮助投资者了解、比较和监控投资公司与金融产品的可持续发展特征和雄心。该法规制定了金融产品和酌情授权的标准，将 ESG 考虑因素纳入其投资方法。SFDR 自 2021 年 3 月开始分阶段实施，2023 年 1 月起实施的监管技术标准，已对资产管理行业产生了显著影响。

除其他义务外，SFDR 要求资产管理公司将其在欧洲提供的基金分类为 ESG 基金（满足第 8 条或第 9 条）或非 ESG 基金（第 6 条）。第 8 条基金提倡环境或社会特征，而第 9 条基金则具有可持续投资目标。ESG 基金中的所有"可持续投资"不得严重损害任何环境或社会目标，并且被投资公司必须遵循良好的治理实践。从 2023 年 1 月 1 日开始，这些基金应报告"基础投资如何以及在何种程度上符合分类标准"。

SFDR 还要求资产管理公司披露如何将"可持续性风险"纳入其投资流程，以及其投资决策对某些可持续性因素（特别是气候变化）的"主要不利影响"。主要不利影响是指公司的投资决策对一系列环境、社会和治理事项产生的潜在有害影响。资产管理公司还必须描述其评估良好治理实践的政策，包括评估管理结构、员工关系、员工薪酬和税务合规性。

EU Corporate Sustainability Reporting Directive（CSRD），欧盟企业可持续发展报告指令是一项新立法，扩大了非财务报告要求的范围，以促进向完全可持续和包容性金融体系的过渡。该指令规定公司有义务根据欧洲财务报告咨询小组（EFRAG）制定的可持续发展报告标准，在其管理报告中公开披露有关其可持续发展影响、风险和机遇的信息，旨在为用户提供相关、可比较和可靠的信息，促进可持续决策。自 2024 年 1 月 1 日起，已受非财务报告指令约束的公司必须披露可持续发展信息。其他大型上市和非上市公司的报告义务从 2025 年 1 月 1 日起生效。CSRD 将延长非财务报告指令的适用范围。报告要求从 11 600 家公司增加到 49 000 家，覆盖欧盟公司总营业额的 75%。预计大量资产管理公司以及在欧洲有一定营业额的子公司将纳入范围。

欧盟各国 ESG 投资规模及趋势。

据晨星统计，2021 年末，注册在欧洲[①]的可持续基金的净资产达到近 2 万亿欧元，同比增长 70.9%[②]。其中注册地在卢森堡的规模最大，达到 663 亿欧元，爱尔兰、瑞典、法国和英国分别为 279 亿欧元、213 亿欧元、198 亿欧元和 149 亿欧元（见表 28）。

表 28   **欧洲各国 ESG 基金规模及占比**

国家	ESG 基金规模/十亿欧元		ESG 基金占资管规模比例/%	
	2020 年	2021 年	2020 年	2021 年
卢森堡	371	663	10	15
爱尔兰	135	279	7	11
瑞典	136	213	29	37
法国	136	198	26	33
英国	87	149	6	9
瑞士	67	112	14	19
德国	36	64	7	10
比利时	42	64	n. a.	40
荷兰	49	63	35	37
其他地区	96	169	13	16
合计	**1 155**	**1 974**	**11**	**16**

数据来源：晨星，高金智库。

从投资配置来看，股票是所有欧洲 ESG 基金的主要资产类别。截至 2021 年底，股票资产占基金管理的可持续资产的 60% 以上，其次是固定收益和资产配置基金，占比分别为 20% 和 15%（见图 24），这与传统基金领域存在显著差异。通常来说，传统基金领域权益类基金占净资产的比例在 48%，而固定收益类基金则占比超过 31%（见图 25）。

---

① 统计范围包括欧盟 27 国、瑞士、挪威、英国和列支敦士登。

② "EUROPEAN SUSTAINABLE INVESTMENT FUNDS STUDY 2022"，https：//zeb - consult-ing. com/files/media/documents/2022 – 06/220615 _ European% 20Sustainable% 20Investment% 20Funds% 20Study _ zeb _ Morningstar _ ALFI. pdf.

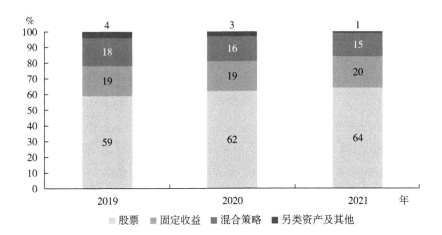

图 24　欧洲 ESG 基金投资组合占比趋势

（数据来源：晨星，高金智库）

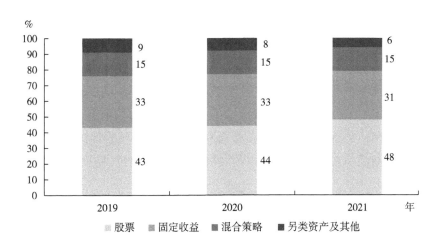

图 25　欧洲传统基金投资组合占比趋势

（数据来源：晨星，高金智库）

欧洲资产管理行业是一个高度集中的行业，少数大型企业主导市场，而 ESG 基金领域的行业集中度相对于传统基金更高。平均而言，欧洲可持续主动型基金中有 51% 投资于 2 家资管公司旗下基金，而传统基金的这一比例仅为 43% 左右。

（2）美国 ESG 投资陷入争议。美国作为全球资产管理行业先锋，ESG 投资规模一直处于领先地位，但监管层面一直以自愿披露为主。在美国联邦政府计划将 ESG 原则纳入法律框架后，保守州开始强力反对。仅 2023 年上半年，就有至少 165 个反 ESG 提案和法例在 37 个州发起，主要是担心联邦政府将 ESG 原则纳入法律体系后，会造成政府对商业行为和自由市场原则的过度干预。

美国 ESG 投资的监管体系。

《上市公司气候信息披露指引》（Commission Guidance Regarding Disclosure Related to Climate Change），是 2010 年美国证券交易委员会（SEC）首次发布的就 SEC 层面评估上市公司环境责任承担情况的标准，对相关信息披露的要求主要集中在财务数据领域。

《ESG 信息报告指南 1.0》（ESG Reporting Guide 1.0），由纳斯达克证券交易所在 2017 年 3 月发布，该指南基于自愿披露的原则，并于 2019 年 5 月修订发布了《环境、社会和公司治理报告指南 2.0》（ESG Reporting Guide 2.0），对上市企业应当披露的环境、社会和公司治理事项进行了列举式的说明，并就应披露事项、披露原因、测量方式、披露形式等进行了补充说明。

2020 年 8 月，SEC 针对公司年度报告披露内容作出修订，范围涵盖公司治理和相关风险的信息，并首次更新了环境披露要求。2021 年《ESG 信息披露简化法案》（ESG Disclosure Simplification Act）正式通过，其要求所有公开交易公司均应定期公开其环境、社会和公司治理表现的具体情况，披露其经营过程中与温室气体排放、化石燃料使用等相关的气候变化风险等相关信息。

从 ESG 投资监管方面来看，美国与欧盟地区及亚洲国家对比，政府 ESG 相关政策法规的强制力度较弱，信息披露要求大多数遵循自愿原则，各州监管差异较大。对 ESG 投资监管支持力度最具有代表性的是加州，其 ESG 投资监管较严格。2015 年 10 月，加州参议院通过《第 185 号法案》，要求加州公务员养老基金和加州教师养老基金在 2017 年 7 月 1 日之前停止对煤炭的投资，支持清洁、无污染能源，以促进加州实现经济脱碳。2018 年 9 月，进一步通过了《第 964 号法案》，加强了对上述两大退休基金中的气候变化风险的管理和相关信息披露的义务。此法案还将与气候有关的金融风险提升至"重大风险"级别，要求公司披露与气候相关的财务风险、采取的措施、董事会的相关参与、与《巴黎协定》和加州气候政策目标的一致性等信息。

美国 ESG 投资规模及趋势。

美国 ESG 相关开放式和 ETF 基金数量持续增长，被动主动策略占比稳定。截至 2022 年底，美国资管市场可持续开放式基金和 ETF 数量为 598 只，较 2021 年增长 12%①（见表 29）。从规模来看，可持续开放式基金和 ETF 总规模达到 2 860 亿美元，比 2021 年末的 3 580 亿美元的历史高点下降了 20%（见图 26）。

表 29　　　　　　　　　美国可持续投资基金及占比趋势

指标	2020Q1	2020Q4	2021Q4	2022Q4	2023Q2
美国可持续投资基金规模/亿美元	1 193	2 364	3 580	2 860	3 130
占资产管理规模比例/%	14	14	13	12	11
全部可持续基金数量/只	307	392	534	598	656
占全部基金数量比例/%	9	9	9	9	9

数据来源：晨星，高金智库。

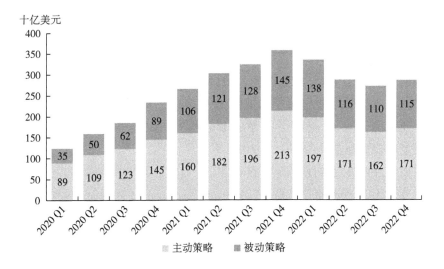

图 26　美国 ESG 开放式基金和 ETF 规模趋势

（数据来源：晨星，高金智库）

---

① MorningStar：Sustainable Funds U. S. Landscape Report.

主动管理基金持续主导可持续投资基金领域。截至 2022 年末，在 598 只可持续基金中，有 438 只是主动管理型基金，占比为 73%（见图 27）。然而，被动基金由于其低廉的管理费用，规模占比持续增长，已经由 2020 年第一季度末的 28% 上涨至 2022 年第四季度末的 40%。

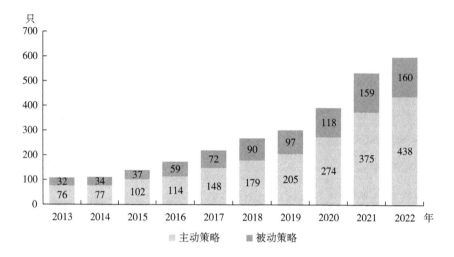

图 27　美国 ESG 开放式基金和 ETF 数量趋势

（数据来源：晨星，高金智库）

（3）日本 ESG 投资在亚洲领先。日本在亚洲是主要的可持续投资市场之一，其主要侧重于鼓励公司自愿披露 ESG 信息，并修改了《综合监管准则》以避免所谓的"洗绿"现象。全球的 ESG 投资主要集中在欧美地区，但日本政府养老金投资基金（GPIF）在 2015 年 9 月签署了 PRI（负责任投资原则），自那时以来开始高度关注 ESG 投资理念。

日本 ESG 投资的监管体系。

日本的 ESG 信息披露主要是自愿性的，它提供了指导，但没有强制性要求。

2014 年，日本金融厅首次颁布《日本尽职管理守则》（*Japan Stewardship Code*），主要针对投资于日本上市公司股票的机构投资者和机构投资者委托的代理顾问提出七大原则，要求其积极行使股东权利，与被投资公司保持沟通，为被投资公司的可持续增长作出贡献。2017 年，日本金融厅对该守则进行修订，扩大了其适用范围，进一步强调了 ESG 要素的重要性，细化了与 ESG 相关的条例规定。

2020 年 5 月，日本交易集团和东京证券交易所发布了《ESG 披露实用手册》，鼓励上市公司主动改善 ESG 信息披露。2022 年 12 月，日本金融厅修改了《金融工具业务经营者综合监管指引》，其中提出了具体的 ESG 投资要点，适用于基金披露和资产管理公司。

日本 ESG 投资规模及趋势。

根据 GSIA 的数据，2020 年日本的可持续投资规模达到 2.9 万亿美元，是全球第三大市场，也是亚洲主要的可持续投资市场之一。根据 UN PRI 数据，日本签署机构数量 123 家，略低于中国的 136 家。截至 2023 年第一季度，日本可持续发展基金的资产规模达到 260 亿美元，占总资产的 1%。其中，股票基金占据了日本本土可持续基金的 95%，这些基金的投资主要分散在全球股市上。截至 2022 年底，ESG 指数化产品的数量达到 40 只，总规模为 241.1 亿美元，占总市场规模的 5.36%。

截至 2023 年 6 月末，日本可持续基金的总规模为 249 亿美元，与 2022 年末基本持平，但相对于 2021 年末的最高点下滑 29.3%（见表 30）。虽然日本可持续投资基金规模在亚洲排名第一，但从占日本资管规模的比例来看，不足 2%，远低于欧美地区。

表 30　　　　　　　　日本可持续投资基金及占比趋势

指标	2020 Q1	2020 Q4	2021 Q4	2022 Q2	2023 Q2
日本可持续投资基金规模/亿美元	135	177	352	250	249
占资产管理规模比例/%	2	1	1	1	1
可持续基金数量/只	164	138	212	228	236
占全部基金数量比例/%	5	3	4	3	3

数据来源：晨星，高金智库。

（4）中国 ESG 投资快速发展。国内资管机构近年来也越发重视在全流程中融合 ESG 相关概念。2020 年我国提出"碳达峰、碳中和"目标以来，中国 ESG 基金规模稳步增长，占基金比重有所提升。

中国 ESG 投资的监管体系。

2018 年，证监会修订《上市公司治理准则》，规定上市公司应当依照法律法规和有关部门的要求，披露环境信息以及履行扶贫等社会责任相关情况，确立了 ESG 信息披露的基本框架。

2018 年，中国证券投资基金业协会发布《中国上市公司 ESG 评价体系研究报告》和《绿色投资指引（试行）》，构建衡量上市公司 ESG 绩效的核心指标体系，鼓励公募、私募股权基金践行 ESG 投资，并针对自身绿色投资行为进行自我评估。

2021 年 5 月，证监会发布了《公开发行证券的公司信息披露内容与格式准则第 2 号——年度报告的内容与格式（2021 年修订）》（证监会公告〔2021〕15 号），新增"环境和社会责任"章节，鼓励企业主动披露积极履行社会责任的工作情况。2022 年，证监会《上市公司投资者关系管理指引（征求意见稿）》，拟将公司的"环境、社会和治理信息（ESG）"纳入投资者关系管理的沟通内容。

中国 ESG 投资规模及趋势。

截至 2023 年 6 月底，我国共有 473 只 ESG 基金，资产规模近 5 920 亿元。其中，环保主题基金规模最大，占比近 50%。从产品新发情况来看，ESG 产品在 2020 年和 2021 年发行规模较大，2022 年后增长趋于稳定（见图 28 至图 31）。

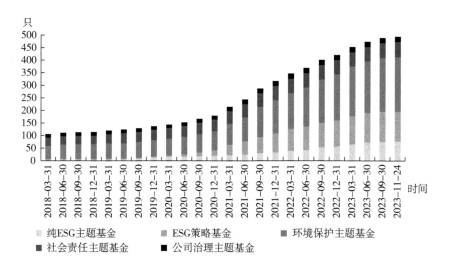

图 28　中国 ESG 基金数量趋势

（数据来源：Wind，高金智库）

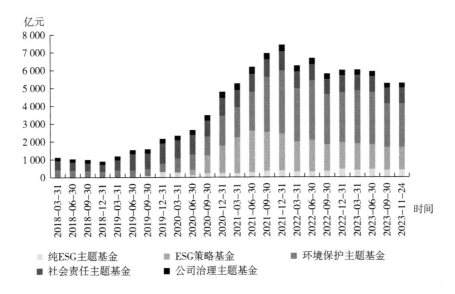

图 29　中国 ESG 基金规模趋势

（数据来源：Wind，高金智库）

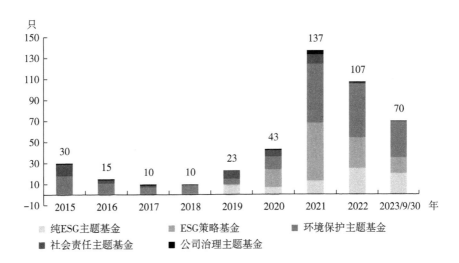

图 30　中国年度新发行 ESG 基金数量趋势

（数据来源：Wind，高金智库）

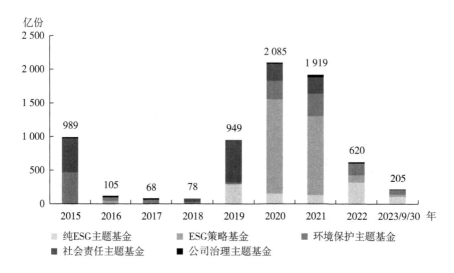

图 31　中国年度新发行 ESG 基金规模趋势

（数据来源：Wind，高金智库）

三、参考文献

[1] Top 500 Asset Managers 2023 [R]. Investment & Pensions Europe, 2023.

[2] 中国银行业理财市场半年报告（2023 年上）[R]. 银行业理财登记托管中心，2023.

[3] 严厉惩处金融违法行为　持续推进法治金融建设——人民银行上海总部通报 2022 年度金融违法行为行政处罚情况 [EB/OL]. 中国人民银行上海总部，2023 - 02 - 22.

[4] 上海市金融运行报告（2023）[R]. 中国人民银行上海总部，2023.

[5] 上海金融法院审判工作情况通报（2018—2023 年）[EB/OL]. 上海金融法院，2023 - 08 - 21.

[6] 第 33 期全球金融中心指数报告（GFCI 33）[R]. 中国（深圳）综合开发研究院，英国智库 Z/Yen 集团，2023.

[7] 全球金融科技投融资趋势报告（2023 年第一季度）[R]. 清华大学五道口金融学院金融科技实验室，2023.

［8］2022 年上海银行业保险业支持实体经济发展报告［R］. 国家金融监督管理总局上海监管局，2023.

［9］中国银行卡产业发展报告（2023）［R］. 中国银联，2023.

［10］田向阳. 积极融入中国式现代化期货实践努力建成世界一流交易所［J］. 期货与金融衍生品，2023（7）：8 – 10.

［11］上海证券交易所股票期权市场发展报告（2022）［R］. 上海证券交易所，2023.

［12］The world's largest asset managers – 2023［R］. Thinking Ahead Institute Willis Towers Watson，2023.

［13］Key facts about the UK as an international financial center，2022［R］. The City UK，2023.

［14］Singapore Asset Management Survey 2022［R］. Monetary Authority of Singapore，2023.

［15］Global Wealth Report 2023［R］. UBS Group，2023.

［16］Investment Company Fact Book 2023［R］. Investment Company Institute，2023.

［17］Global Asset Management 2023 – 21st Edition：The Tide Has Turned［R］. Boston Consulting Group，2023.

［18］Deploying Generative AI in Wealth and Asset Management［R］. Oliver Wyman，2023.

［19］Scalable Tech and Operations in Wealth and Asset Management［R］. Boston Consulting Group，2023.

［20］European Sustainable Investment Funds Study 2022［R］. MorningStar，2022.

［21］Sustainable Funds U. S. Landscape Report［R］. MorningStar，2022.

浦东引领区金融开放研究

子课题^①负责人：李明良

内容摘要： 2021 年 7 月 15 日，《中共中央　国务院关于支持浦东新区高水平改革开放打造社会主义现代化建设引领区的意见》的正式发布，赋予了浦东新区改革开放新的重大任务、战略定位和发展目标。深化浦东金融开放是契合引领区发展的战略定位和使命，有利于实现引领区发展的远景目标和规划。本报告从金融市场体系建设、金融产品体系、金融机构体系培育、金融基础设施建设、金融服务实体经济和金融生态营造六个方面对浦东引领区金融开放展开研究。

一、问题的提出

根据 2023 年中央金融工作会议精神，金融是国民经济的血脉，是国家核心竞争力的重要组成部分。加快建设金融强国，全面加强金融监管，完善金融体制，优化金融服务，防范化解风险，坚定不移走中国特色金融发展之路，推动我国金融高质量发展，为以中国式现代化全面推进强国建设、民族复兴伟业提供有力支撑，是中央金融工作会议部署的当前和今后一个时期的重要金融工作。

上海是中国金融改革的排头兵和先行先试高地。近年来，上海金融改革开放大步推进，不仅为促进国内金融体系完善、结构优化起到了重要作用，也有效地促进了国内国际金融资源的有效配置和良性循环，逐步发展成为当下全国金融中心和全球第三大金融中心。浦东引领区作为上海国际金融中心的核心承载区，不仅是我国改革开放和社会主义现代化建设的实践写照，也是上海落实中央金融工作会议部署、增强国际金融中心竞争力和影响力的重要阵地。

---

① 本课题组由高金智库组织相关专家组成，课题组长：李明良，上海交通大学上海高级金融学院兼聘教授；课题组成员：王玮、汪洋。

2021 年 7 月 15 日，《中共中央　国务院关于支持浦东新区高水平改革开放打造社会主义现代化建设引领区的意见》（以下简称《意见》）正式发布，赋予浦东新区改革开放新的重大任务、战略定位和发展目标。以"为国家试制度、为开放探新路、为发展补短板"为目标，支持浦东引领区高水平金融开放，在上海深化国际金融中心建设的新征程中发出浦东声音、体现金融力量，打造社会主义现代化建设引领区，将有利于进一步助力上海国际金融中心建设，引领上海成为国内国际双循环新发展格局的重要金融枢纽，维护好国家金融和经济安全，是中国金融改革在更高层次的实践探索。

（一）深化浦东金融开放，契合引领区发展的战略定位和使命

《意见》赋予了浦东引领区"更高水平改革开放的开路先锋、自主创新发展的时代标杆、全球资源配置的功能高地、扩大国内需求的典范引领、现代城市治理的示范样板"五大战略定位。推动浦东高水平改革开放，为更好利用国内国际两个市场两种资源提供重要通道，构建国内大循环的中心节点和国内国际双循环的战略链接，在长三角一体化发展中更好地发挥龙头辐射作用。而在浦东引领区深化推进金融开放，将进一步有利于推动浦东成为更高水平改革开放的开路先锋、形成全球资源配置的功能高地，契合《意见》确立的引领区发展的战略定位和使命。

一是推动浦东引领区成为更高水平改革开放的开路先锋。《意见》提出，浦东引领区要从要素开放向制度开放全面拓展，率先建立与国际通行规则相互衔接的开放型经济新体制，在浦东全域打造特殊经济功能区。紧抓新一轮金融业全面对外开放和浦东改革开放再出发的机遇，目前，浦东引领区集聚了包括股票、债券、货币、外汇、保险、商品期货和金融期货等各类金融要素市场，已经成为全球金融要素市场最密集、交易最活跃的地区之一，在金融、创新、开放等多方面位居全国前列。

进一步有序加大浦东引领区的金融开放力度，努力把握新时代金融发展规律，持续推进金融事业实践创新、理论创新、制度创新，不断探索构建符合中国国情的开放制度体系，完善与国际通行规则相互衔接的开放型金融市场体系、产品体系、机构体系、基础设施体系，将有利于进一步强化浦东改革开放和功能引领，助力上海成为国内大循环的中心节点和国内国际双循环的战略链接，在长三角一体化发展中更好地发挥龙头辐射作用，提升国际影响力。

二是推动浦东引领区更好形成全球资源配置的功能高地。《意见》提出，浦东引领区要积极配置全球资金、信息、技术、人才等要素资源，打造上海国际金融中心、贸易中心、航运中心核心区。资源配置的能力是衡量开放的标尺，更是高水平开放的基石。纵观国家发展和国际金融中心的发展历史，全球资源配置中心功能的核心，正是金融资源的配置。通过金融资源配置实现要素集聚，可以进一步打造全球金融要素资源配置的功能高地，从而具备统筹国内国际两种资源、两个市场的能力。

浦东引领区的金融开放，旨在借助浦东开放、创新、先行的品格优势，在风险可控的前提下，进一步加大金融开放的力度，包括通过加快投资、金融等领域先行探索，推动金融市场中股票、债券、外汇、期货、保险等相关市场合作，共同开发适应实体需求的金融市场产品和工具；完善金融基础设施和基础制度，搭建全球性的要素资源平台体系、定价体系，构建国际化、网络化的高标准要素市场；丰富国际化产品资源配置，构建机构投资者集聚的生态圈，助力更多的全球优质资源在此更好集聚等。以进一步提高浦东引领上海国际金融中心和中国金融道路建设的能力，增强上海金融市场的全球资源配置能力和辐射效能，从而打造深度融入全球经济发展和现代化治理的功能高地。

（二）深化浦东金融开放，有利于实现引领区发展的远景目标和规划

目前，浦东引领区的发展已进入全面建设与功能提升、完善的重要阶段。《意见》明确，在发展目标上，到 2035 年，浦东现代化经济体系全面构建，现代化城区全面建成，现代化治理全面实现，城市发展能级和国际竞争力跃居世界前列。到 2050 年，浦东建设成为在全球具有强大吸引力、创造力、竞争力、影响力的城市重要承载区，城市治理能力和治理成效的全球典范，社会主义现代化强国的璀璨明珠。在浦东引领区深化高水平金融开放，将有利于推动实现《意见》确立的引领区发展的远景目标和规划。

一是进一步拓展引领区金融开放的广度，推动 2035 年浦东现代化经济体系的全面构建及现代化治理的全面实现。浦东金融是引领浦东建立开放型经济新体制和浦东现代化经济体系的重要力量，也是实现浦东高质量发展的有力支撑。

在广度上，以浦东金融开放为抓手，依靠浦东引领区高度集聚的金融业、

持续提升的金融市场能级、不断引入的中长期资金以及适应新经济形态发展的多层次、广覆盖、差异化的金融市场支持体系的加快形成等多方面有利条件，将更为有力地推动浦东现代化治理实现。具体而言，通过支持新型城镇化建设，拓展城市建设资金来源渠道，引导更多社会资本参与新型城镇化发展；服务浦东经济稳增长与六大硬核产业的协调发展，着力落实好"六稳""六保"等民生任务；加大对创新型、服务型、总部型、开放型、流量型经济发展的金融支持力度，提高金融业经济密度；深入推进实施高水平改革开放、高质量发展、高品质生活、高素质队伍战略，构建现代化经济和社会体制；促进培育浦东创新和发展的新动能，推动打造以金融开放为代表的联通全球大平台、建造具有国际竞争力的产业新高地、建设世界级城市集群。以全方位、多维度的开放举措，推动引领区成为城市治理能力和治理成效的全球典范。

二是进一步加大金融高水平开放的深度，推动2050年浦东建设成为在全球具有强大吸引力、创造力、竞争力、影响力的城市重要承载区。增强上海国际金融中心的竞争力和影响力，是中央金融工作会议部署的重要任务。在全球金融紧密联系的时代，进一步推动我国金融业与全球金融业的深度融合，发挥金融市场的全球资源配置功能，有利于提高我国金融在世界金融体系中的分量和上海国际金融中心的全球地位。

在深度上，加大引领区金融市场与全球市场的开放合作力度，着力实现对全球资本的集聚融合与有效配置。坚持"引进来"和"走出去"并重，通过在浦东引领区深化金融高水平开放，吸引境内外大型银行、证券、基金、期货、保险等金融机构在沪设立总部、功能性总部及各类专业子公司、持牌专营机构，促进更多外资金融机构和长期资本来华展业兴业；推动更多国际金融组织、外国央行代表处、国际金融行业协会及新型多边金融组织落户上海等。以开放为引领，推进实施全球机构投资者集聚计划，进而实现集聚高能级金融机构总部、提升辐射效能，不断增强上海国际金融中心的辐射力、带动力和影响力，更好服务全国经济高质量发展和新发展格局，促进国际金融的深度融合与合作。

二、金融开放之金融市场体系建设

中央金融工作会议指出，要加快建设金融强国，坚定不移走中国特色金融发展之路，加快建设中国特色现代金融体系，不断满足经济社会发展和人民群众日益增长的金融需求，推动我国金融高质量发展。浦东新区要胸怀"国之大者"，强化使命担当，扎实落实中央金融工作会议关于全面加强金融监管、完善金融体制、优化金融服务、防范化解风险的工作要求，以推进浦东引领区高水平金融改革开放为契机，立足构建国内大循环的中心节点和国内国际双循环的战略链接，加快建设包括资本市场、大宗商品市场、风险管理市场、人民币资产管理市场等在内的，更具国际影响力的现代金融市场体系，进一步提升全球资源配置能级和效率，打造人民币及相关产品交易主平台和定价中心，强化市场规则，打造规则统一、监管协同的金融市场，为推进建设金融强国贡献浦东力量和浦东方案。

（一）更好发挥资本市场枢纽功能，建设更加适应创新驱动发展模式的多层次资本市场

优化融资结构，活跃资本市场，深化资本市场全要素、全链条改革，促进长期资本形成。推动以信息披露为核心的股票发行注册制走深走实，发展多元化股权融资，推动融资成本持续下降，加强对新科技、新赛道、新市场的金融支持，加快培育新动能新优势。坚持增量优化与存量提升相结合，培育优胜劣汰的健康市场生态与良性循环机制，将上海资本市场打造成为国内企业上市融资和支持科技创新的主平台。

一是突出科创板"硬科技"属性，打造硬科技企业上市高地。坚持把"硬科技"作为重点扶持方向，大力支持信息技术、生物医药、高端设备制造、新能源类企业在科创板上市。吸引海外优质科技创新企业在科创板上市，拓宽境外投资者参与中国科技创新企业投资的渠道和机会。

二是发挥主板大盘蓝筹特色，吸引更多行业龙头企业上市。进一步优化主板上市条件，实施"新蓝筹行动"，重点支持业务模式成熟、经营业绩稳定、规模较大、具有行业代表性的优质企业到主板上市，发挥好主板市场的国民经济"晴雨表"功能。

三是建设区域性股权市场，提升服务"专精特新"中小企业能力。推动在区域性股权市场建设"专精特新"专板，提升服务"专精特新"中小企业的综合能力，强化上市培育机制，支持与高层次资本市场合作对接。研究在浦东依法依规开设私募股权和创业投资股权份额转让平台，推动私募股权和创业

投资股权份额二级交易市场发展。

四是建设国际交易平台，打造国际国内资本双向流动的战略支点。建设具有全球影响力的国际金融资产交易平台，实行符合国际规范和最佳实践的上市、交易、登记结算制度，吸引中概股企业和发展中国家的优质企业在国际金融资产交易平台发行上市，全面引入国际发行人和国际化产品机制。初期可设想 2025 年前推动一批"一带一路"和 RCEP 等地区的境外企业在平台发行上市。

五是充分发挥债券市场的直接融资功能，提升服务实体经济质效。实施科技创新企业债券"扩量提质"行动，建立发行审核"绿色通道"，大力推动绿色债券、乡村振兴债券、"一带一路"债券等创新品种发展，强化对国家重大战略的支持服务。推动 REITs 市场扩容，将试点范围扩大到新能源、数据中心、新基建、水利等领域，加快打造保障性租赁住房 REITs 板块，研究推动市场化长租房和商业不动产 REITs 试点。完善外债管理制度，拓展跨境融资空间，在浦东开展简化外债登记改革试点。

（二）打造高水平对外开放、具有全球重要影响力的大宗商品市场和风险管理市场

打造具有全球重要价格影响力的大宗商品市场和专业高效的风险管理市场，提升系列重要大宗商品的全球定价能力，配套提供全面高效的风险管理工具。

一是深化建设契合实体经济产业链需求的大宗商品市场。统筹构建我国能源领域协调发展的期现货市场，建设国际油气交易和定价中心，研究推进成品油、天然气、电力等期货市场建设，积极布局钴、氢、氨等新能源绿色品种，丰富大类资产工具类型，建设国家级大型场内贵金属储备仓库。支持上海期货交易所探索建立场内全国性大宗商品仓单注册登记中心，开展期货保税仓单业务。不断优化交易交割结算规则制度，进一步提升服务产业客户的能级，吸引更多中长期资金参与期货和衍生品市场。

二是大力推进金融期货和衍生品市场建设，更好服务中国特色现代资本市场。推动金融期货市场与股票、债券、外汇、保险等市场合作，共同开发适应市场需求的金融市场产品和工具。优先在场内推出人民币外汇期货和期权，以及人民币短期利率期货及期权产品，具体可考虑两步走，先开展离岸交易，时机成熟后再推广到在岸市场。拓宽对外开放渠道，通过特定品种对外开放、允

许 QFII/RQFII 入市及引入已通过 CIBM 渠道投资银行间债券市场的境外机构等方式推进国债期货对外开放，不断拓宽境外投资者参与股指期货和期权市场的渠道。推进场外衍生品市场建设，推动建立场外市场担保品机制，拓展场外衍生品双边清算增值服务。

三是持续推进期货和衍生品市场国际化进程，提升市场吸引力。探索将上海国际能源交易中心升级为"国际期货交易所"，引入国际会员，加快境内及海外交割仓库建设。深化黄金国际板建设，允许进出口黄金直接参与期货交割，促进实物黄金在期货、现货市场间顺畅流转，推动黄金期货国际化。开发以国际板白银定价合约为基准的白银 ETF 产品，探索开展离岸白银租借、白银库存充抵保证金等业务。持续研究国际板铂、钯等贵金属产品业务。

（三）增强全球资源配置能力，建设辐射全球的人民币资产管理市场

支持浦东发展人民币离岸交易、跨境贸易结算和海外融资服务，建设跨境人民币资产交易平台，更好服务和引领实体经济发展。

一是率先探索资本项目可兑换的实施路径。在浦东支持银行在符合"反洗钱、反恐怖融资、反逃税"和贸易真实性审核的要求下，便利诚信合规企业的跨境资金收付。创新面向国际的人民币金融产品，扩大境外人民币境内投资金融产品范围，促进人民币资金跨境双向流动。构建与上海国际金融中心相匹配的离岸金融体系，支持浦东在风险可控前提下，发展人民币离岸交易。

二是研究建设跨境人民币资产交易平台。在临港新片区设立跨境人民币资产交易平台，开展信贷资产、票据、保险等各类人民币资产跨境转让业务，推动各类金融要素在更大范围、更宽领域、更深层次的对外开放。设立专门的信贷资产跨境流转板，开展贸易融资资产、不良资产、银团贷款份额、基建信贷资产和银行承兑汇票贴现资产等跨境转让试点，促进转让业务的标准化。

三是研究设立融资租赁交易所。通过设立融资租赁交易所，更好服务航空航运、高端装备、新能源、医疗器械、半导体与芯片等重点产业转型升级与高质量发展，破解行业流动性瓶颈和融资难题。

三、金融开放之金融产品体系

金融产品或者说金融工具，是金融市场的核心要素之一。丰富多元的金融

产品有助于提升金融市场的吸引力和竞争力。在我国金融市场对外开放中，浦东新区要围绕国家重大战略和浦东新区发展重点，积极推进新产品开发，以更完善的金融产品体系切实加强对重大战略、重点领域和薄弱环节的金融支持，充分发挥引领区作用。

（一）围绕人民币国际化，不断建立健全金融产品体系

2023 年中央金融工作会议提出，稳慎扎实推进人民币国际化。上海作为我国金融中心，应当也必须在人民币国际化过程中发挥重要作用，其中，通过产品设计助力人民币国际化就是一个主要方面。

一是加快推进外汇类金融衍生品上市。目前，我国已有人民币远期、掉期、互换和期权等场外衍生品工具，但场内标准化外汇风险管理工具仍然是空白。另外，境外美国、中国香港等地已推出人民币外汇期货，争取人民币定价权。面对境外金融市场的竞争，要积极研究探索开展人民币外汇期货和期权交易试点，并在试点基础上大力推进境内外汇期货市场发展，为境内外企业、机构投资者和个人投资者提供更低成本、更高效率的外汇风险管理工具。同时，还要推出人民币短期利率期货及期权产品，进一步丰富外汇相关场外衍生品，满足多层次需求。

二是进一步健全人民币计价的金融产品体系。在现有国债期货产品体系基础上，研究上市国债期权产品，进一步健全场内利率风险管理体系。积极支持地方政府、金融机构、企业等在境外发行人民币计价债券，丰富境外人民币保值增值工具。支持境外主权类机构、跨国企业等在境内发行熊猫债等，帮助境内发行人面向境外市场发行人民币玉兰债等，提升人民币融资货币功能。

三是建立和完善具有全球影响力的人民币债券、利率、汇率等指数和基准价格体系。优化国债上海关键收益率（SKY）曲线、上海银行间同业拆放利率（Shibor）、贷款市场报价利率（LPR），推广 CFETS 人民币汇率指数的使用，建立具有全球影响力的人民币债券指数体系。同时，采取多种措施鼓励境外投资者积极使用境内指数和估值，支持境外投资者以境内人民币债券指数作为业绩基准和债券投资跟踪标的、以境内权威机构估值作为人民币债券的公允价值计量。

（二）不断丰富商品期货产品，提升在国际大宗商品市场的影响力

提升全球定价能力是国际金融中心建设的重要目标。研发商品期货产品并

不断提升影响力，不仅是上海国际金融中心建设的任务，更是关系国家经济安全和国计民生的重要任务。

一是丰富现有商品期货产品系列。经过多年发展，截至 2023 年 12 月底，我国衍生品上市总计 131 个[①]，全面覆盖农业、工业产业的初级、中间、终端产品。不过，对比现货商品种类，商品期货市场依然有着较大的发展空间。要进一步完善商品期货产品系列，重点发展能源化工、金属系列商品期货期权，稳步推进液化天然气期货及期权上市工作和成品油产品研发，扩大商品期货期权产品的覆盖面。对于已有期货合约的品种，要加快推出相应的期权合约产品，进一步丰富风险管理工具。

二是加快特定品种对外开放。定价权的形成离不开产品的对外开放，只有境外机构广泛参与境内期货交易，形成的价格才能在全球具有影响力。积极探索建立以市场为导向、同步面向国内国际市场的期货产品上市机制，形成能源化工、有色金属等对外开放品种序列。深化黄金国际板建设，推动黄金期货国际化，开发以国际板白银定价合约为基准的白银 ETF 产品，持续研究国际板铂、钯等贵金属产品业务，推出更多具有国际影响力的重要大宗商品期货期权，支持"上海金""上海油""上海铜""上海胶"等"上海价格"在国际金融市场广泛使用。

（三）服务国家重大战略的产品，特别是浦东新区发展定位相关的产品

按照中央金融工作会议精神，围绕科技金融、绿色金融、普惠金融、养老金融、数字金融"五篇大文章"做好新产品研发和储备，以产品帮助、引导更多金融资源用于促进科技创新、绿色发展和中小微企业。

一是突出科技创新做好产品开发。发挥科创板"试验田"作用和"头雁效应"，建立更包容的上市标准，提高科创板科技创新培育孵化能级。推出科创板指数期货期权产品，探索发展行业交易型开放式指数基金（ETF）期权和跨境 ETF 期权，深化跨市场 ETF 期权等，创新推出风险投资信托计划（VCT）、技术支持证券（TBS）、公益科技基金、技术众筹等金融衍生品。打造"科技创新保险示范区"，开展"科技保险创新沙盒"试点，为突破"卡脖

---

① 资料来源：Wind 数据库。

子"技术的国家重大科研攻关和科技创新提供专业化、精准化、差异化的保险服务。

二是积极部署绿色产业、数字产业相关的新产品。坚定不移贯彻绿色发展理念，积极布局钴、氢、氨等新能源相关品种，助力实体经济实现绿色转型。推进绿色指数 ETF 产品发展，探索开发天气指数及其衍生品、碳金融产品。完善市场化债券发行机制，提升绿色债券发行服务效率，支持绿色债券等发行。构建贸易金融区块链标准体系，开展法定数字货币试点。

三是围绕养老金融、普惠金融等做好产品创新。发挥金融在基础设施建设中的作用，进一步推进基础设施领域不动产投资信托基金（REITs）常态化发行，推出 REITs 指数化产品，将上海打造成具有国际竞争力的 REITs 发展新高地。创新养老金融产品体系，推动券商资管发行的资产管理计划纳入"个税递延型养老保险"投资范围，对于第三支柱养老金，引入更多税项优惠和产品选项。开发更多符合中小微企业生产经营特点和发展需求的产品，加大对中小微企业的资金投放，促进中小微企业发展。

四、金融开放之金融机构体系培育

金融机构是金融市场的参与者，活跃的金融市场离不开多元的金融机构。深化金融开放，推进国际金融中心建设也离不开建设与国际金融中心相匹配的金融机构。按照中央金融工作会议精神，要进一步完善机构定位，积极支持国有大型金融机构做优做强，鼓励中小金融机构立足浦东新区发展需要开展特色化经营，努力培育一流投资银行和投资机构，在着力打造现代金融机构过程中发挥浦东新区应有的作用。

（一）提升上海国际金融中心机构能级

金融机构培育的核心是多举措吸引更多的金融机构在沪落户。这其中，既需要专业的金融机构，也需要更多金融组织发挥集聚效应。

一是完善多层次、广覆盖、高能级金融机构体系。世界级的金融中心基本有超大型的金融机构作为支撑。要利用各种优惠政策，吸引大型银行、证券、基金、期货、保险等机构在沪设立总部、功能性总部及各类专业子公司、持牌专营机构等，特别是要吸引高能级金融机构总部，提升辐射效能。充分发挥浦东新区引领区的政策优势，吸引更多外资金融机构和长期资本来沪展业兴业，并以此为基础总结形成可复制可推广的经验，稳步推进金融领域制度性开放。积极推动相关政策落地，为金融机构参与相关金融交易提供更多便利，比如，推动研究扩大参与国债期货市场的试点银行范围，探索符合条件的境外投资者参与国债期货交易，推动保险资金依托上海相关交易所投资黄金、石油等大宗商品。

二是加大对金融基础设施和金融组织的支持力度。金融基础设施和金融组织具有集聚效应，这些机构在上海的设立，有利于带动更多金融机构来沪发展。目前，上海已有多家交易所和结算机构等，在此基础上，要研究设立国际再保险、政策性科技银行、科技保险集团等一批关键性、基础性金融主体。支持新开发银行、全球中央对手方协会（CCP12）等机构运营，推动更多国际金融组织、外国央行代表处、国际金融行业协会及新型多边金融组织落户上海，更好促进国际金融合作。

三是打造上海金融"国家队"。推动一批金融机构在"一带一路"和《区域全面经济伙伴关系协定》（RCEP）地区设立分支机构，实现"走出去"和全球布局。提供与中国国家主导权和区域核心地位相匹配、与产业链分工重构和贸易重心转移相适应的跨境贸易人民币结算、投融资等服务，成为人民币国际化的桥头堡。引导中资金融机构为企业"走出去"提供综合化跨境金融服务。推动国有企业、中资金融机构按"本币优先"原则率先在RCEP区域内的商品服务贸易和跨境投资中使用人民币结算。

（二）发展相对独立、功能强大的人民币离岸体系

依托临港新片区建立"离岸金融创新实践区"，发展人民币离岸体系，集聚更多超大型、功能性、国际化金融机构，为我国扩大开放和深化改革探索新思路和新途径。

一是推动建设本外币一体化的独立离岸账户体系。在风险可控的前提下，推动离岸账户和在岸账户从完全隔离过渡至离岸到在岸单向渗透、再过渡至双向渗透。发挥上海在岸的离岸优势，加强人民银行对人民币离岸市场流动性调控。扩大离岸银行试点范围，完善离岸银行开办人民币离岸账户服务的相关监测指标，明确证券、保险、基金公司等参与离岸业务的权责和具体细则。

二是支持在沪交易所等金融市场开展海外并购。依托中央结算公司上海总

部面向国际投资者发行国债、地方政府债及自贸债，并探索在国际金融资产交易平台挂牌交易。支持由境外企业发行、面向国际投资者的标准人民币离岸债券。对离岸业务实行特殊税收政策，将一定交易量内的业务所得税降至15%及以下，对符合条件的离岸企业减免印花税和增值税。

三是加强离岸金融行业自律组织建设。参照国际惯例，大幅度提高违法离岸业务处罚金额和违法成本。推动科技赋能离岸市场监管体系，在沪建设"国家级跨境资金流动分析监测中心""外汇线索研判中心""离岸经贸业务监测中心（离岸通2.0版）""反洗钱筛查中心"等平台。

（三）深化全球资产管理中心建设

打造内外协同的全球资产管理服务网络和信息网络，形成境内外多币种、直接融资和间接融资相结合、覆盖全市场的资产配置体系。

一是集聚各类资产管理机构。进一步引入银行理财、保险资产管理、金融资产投资等机构及其专业子公司，争取大型金融机构在沪设立金融市场交易、金融投资管理、财富中心、私人银行等功能性机构，集聚各类私募证券投资基金和私募股权投资基金。利用政策优势，吸引符合条件的外资在浦东设立独资或合资的证券、基金、理财、保险资管、养老金管理等机构，以及资产管理机构在浦东设立投资研究、销售运营、合规风控等业务平台。

二是推动资产管理机构体系和市场体系、产品体系深度融合。加快建设国内最大、联通全球的资产管理市场，开展全球理财通。进一步探索非管道式的高水平的互联互通安排，统一各准入框架下对各类证券和衍生品准入的规定，统一跨境资金划转规定。消除和打通银行理财公司、保险资管机构、信托公司等资管机构和资金进入各类金融市场的壁垒和冗余环节，推动人民币金融资产配置和风险管理中心建设，优化完善"沪港通""沪伦通""债券通"等金融市场互联互通安排，方便各类资管机构和资金开展"全球募资"和"全球投资"。加强资产管理产品和服务创新，加大权益类产品发行力度，丰富固定收益产品种类。

三是积极发展资产管理相关业务。借鉴全球资产管理中心的先进经验，吸引托管销售、份额登记、估值交易、合规风控、基金评价、咨询资讯等领域全球前列的资产管理服务机构落户上海并开展业务，为资产管理机构提供服务。进一步集聚会计审计、法律服务、信用评级、资产评估等中介机构，积极吸引资产管理领域的国际经济组织。

五、金融开放之金融基础设施建设

我国拥有全球第一大银行业、第二大股票市场和第二大债券市场，形成了为货币、证券、基金、期货、外汇等金融市场交易活动提供支持的基础设施体系。统筹金融开放与金融安全，需要强化金融基础设施在保障市场运行、连接金融机构、防范金融风险、推动金融创新等方面的关键作用，以金融科技为抓手促进建设具有国际先进水平的支付、登记、结算、清算、托管等体系。

（一）完善跨境人民币支付清算系统

进一步提高人民币支付清算系统（CIPS）的国际影响力，提升全球网络覆盖的广度和深度，推进实现 7×24 小时清算，助力人民币国际化推广应用。推出更多支持服务"一带一路"领域发展的金融产品和服务，推进 CIPS 增加结算币种建设，鼓励开展多币种跨境清结算业务。健全跨境清算规则标准体系，增强 CIPS 规则标准的权威性。

（二）推动债券市场基础设施一体化建设

一是深化推进在沪债券市场基础设施互联互通。进一步推进银行间债券市场和交易所债券市场在债券发行、登记、交易、托管、清算、结算等方面连接互通，便利债券跨市场发行与交易，形成统一市场和统一价格，推动构建以客户为中心、适度竞争的债券市场基础设施服务体系。

二是加快推进中国债券市场统一对外开放。加快推进包括银行间与交易所债券市场在内的中国债券市场统一对外开放，提供辐射全球的人民币债券发行和交易服务。优化完善"债券通"等机制安排，便利合格境外机构投资者参与中国债券市场。

（三）研究整合组建上海交易所集团

推动上海证券交易所、上海期货交易所、中国金融期货交易所、中国证券登记结算公司上海分公司等组建上海交易所集团，提升资本市场服务效率，形成覆盖期货期权的衍生品市场，增强上海面向国际的资本市场影响力，适时推动对海外交易所开展并购。

（四）依托各类金融基础设施推进创新发展

一是支持保险行业创新发展。支持上海保险交易所深化健康保险交易平台建设，促进长三角地区健康养老等普惠保险服务互联互通。支持上海国际再保险交易中心高标准打造再保险"国际板"，对分入境内的海外再保险业务信息开展集中登记清算，提高跨境再保险业务资金结算便利水平。

二是推进数字金融发展。依托上海数据交易所开展金融数据交易，培育金融领域数据要素市场。构建贸易金融区块链标准体系，开展法定数字货币试点。

三是升级建设国际信托中心。推动中国信登升级建设国际信托受益权交易市场，探索信托产品交易流转，开展信托收益权集中登记、确权、交易等业务。

四是推进建设交易报告库（TR）。整合现有金融行业资源，支持建设覆盖全金融市场的交易报告库，提升场外市场治理能力。支持城银清算代理非银持牌金融机构集中接入各类基础设施。

（五）以金融科技促进金融基础设施建设

一是统筹设定金融科技的系统性标准。在尊重不同金融基础设施差异性的基础上，研究在隐私保护、安全、身份验证、智能合约等与技术、治理密切相关的领域，统筹设立金融科技的系统性标准，为基础设施间的互联互通打下基础。

二是加强新兴技术的规划与应用。增加具有重大战略意义的新兴技术在金融基础设施中的规划与应用，如利用区块链技术推动支付清算系统、登记结算系统等金融基础设施的数字化和智能化；推进支付领域的数字化变革，推动数字人民币成为人民币国际化新支点。

三是推动金融科技监管创新。运用人工智能、大数据等新型金融科技手段，建立健全系统性金融风险监测指标体系和模型，提升监管效能。将数字金融的监管合规问题纳入金融基础设施的设计，保障金融体系的安全与稳定。将部分金融科技和监管科技相关的全国性监管职能放在上海，在浦东建立全国金融风险监测中心。

六、金融开放之金融服务实体经济

经济是肌体，金融是血脉，两者共生共荣。中央金融工作会议指出，"金融服务实体经济的质效不高"，强调要"坚持把金融服务实体经济作为根本宗旨"。同时应该看到，高质量发展是全面建设社会主义现代化国家的首要任务，金融要为经济社会发展提供高质量服务。金融开放，可以为深化改革开放和经济高质量发展提供重要的资源配置和资金支持。以习近平新时代中国特色社会主义思想为指导，全面贯彻党的二十大精神，完整、准确、全面贯彻新发展理念，深刻把握金融工作的政治性、人民性，在浦东引领区推进金融有序开放，有利于进一步增强金融服务实体经济的质量效率，打造金融与实体经济高质量协调发展的市场格局。

（一）加快建设中国特色现代资本市场，支持多元化金融市场发展创新

一是培育良好的资本市场结构和生态。配合国家金融管理部门深化推动中国特色现代资本市场建设，深入推进科创板改革发展，为全面注册制落地贡献浦东金融方案。充分发挥现有主板市场的平台作用，持续改革创新，吸引和服务更多的优质企业到上海证券交易所主板上市，更好支持经济社会高质量发展和共同富裕实现。以上海国际金融中心为依托，进一步完善资本市场投融资主体结构，吸引和培育养老基金、企业年金等长期资本进入市场，推动国有信托、保险等大型金融机构参与成为服务实体经济的主力军和维护金融稳定的压舱石，更好发挥资本市场枢纽功能。集聚一批具有品牌效应的专业中介机构，强化中介机构责任与能力建设，引导全方位共同培育良好的市场生态。

二是支持多元化金融市场的发展创新。坚定不移走中国特色金融发展之路，支持中国外汇交易中心加强货币、债券市场建设，稳步扩大银行间外汇市场规模，推进银行间利率、外汇、信用等衍生品市场发展，提高金融市场多元化发展与交易便利度。进一步发挥上海保险交易所、票据交易所、股权托管交易中心等积极作用，推动私募股权和创业投资股权份额二级交易市场等全面发展。支持上海金融期货、商品期货等风险管理市场发展创新，推进建立功能更加完善、开放更加高效的金融市场体系建设，打造具有全球重要价格影响力的

期货市场，大力提高上海金融市场的定价权和影响力。

三是深化金融市场的产品机制创新。不断完善股票、债券等基础性金融产品，探索发展行业交易型开放式指数基金（ETF）期权和跨境 ETF 期权，深化跨市场 ETF 期权等产品创新。加大资产证券化产品创新力度，提高市场流动性，扩大参与主体。充分发挥金融衍生产品风险管理功能，积极研究探索上市外汇期货，稳步推进国债期货、股指期货及股指期权等产品研发上市。完善商品期货产品系列，重点发展能源化工、金属系列商品期货，拓展商品期货期权、指数等其他衍生品市场。立足浦东金融发展优势和经济高质量发展需要，为实体经济发展提供更为完备的投融资及风险管理工具，不断满足经济社会发展和人民群众日益增长的金融需求。

（二）着力发展科创金融，构建有力支持科技创新的金融服务体系

一是以全面注册制为契机，精准把握科创板战略定位，充分发挥科创板资本市场改革"试验田"作用。通过提高直接融资比重、优化融资结构及方式等，不断加大对集成电路、生物医药、人工智能等高新科学技术企业的支持力度，加强对新科技、新赛道、新市场的金融支持，推动更为直接和有效服务浦东"六大硬核产业"发展。

二是鼓励金融机构通过机制创新和产品业务创新，加大对科技创新的支持力度。深入推进科创金融多元化信贷服务等体系，积极引导商业银行加大信贷产品服务创新力度，为科创企业提供信贷融资、财务顾问、投贷联动、并购金融等综合解决方案，更好激发科技创新活力。建立创投机构与银行、证券、保险、租赁、融资担保等金融机构之间的合作机制，打造一体化、融合式发展的科创金融服务网络，形成适应科创企业发展的投融资生态体系。

三是充分发挥浦东引领区创业风险投资引导基金作用，大力支持实施创新驱动发展战略。以浦东国有创业投资机构为龙头，以市场化创业投资机构为抓手，吸引和培育各类支持科技创新的投资机构，集聚一批优质天使投资、创业投资、股权投资机构，建立健全"募、投、管、退"全生命周期的创投生态体系，打造浦东创投基金体系。

四是推动陆家嘴金融城金融要素和张江科学城科技要素的双向赋能融合。加快建设陆家嘴金融科技应用示范城和张江金融科技核心技术创新城，支持张

江人工智能、区块链、云计算、大数据等新技术赋能金融、服务金融，积极探索新技术在渠道拓展、运营模式、产品服务、业务形态、风险管控等方面的应用新路径，更好实现金融与科技的双向赋能融合。

（三）大力发展普惠金融，加强小微、消费、"三农"、民生等金融保障力度

一是强化政策聚焦，加大对中小微企业信贷支持力度。进一步完善多元化、广覆盖的普惠金融组织体系，鼓励普惠金融领域的服务创新。完善"银政共担"模式，推动商业银行深入推进普惠金融专业化体制机制建设，支持小额贷款、融资担保、融资租赁、商业保理、典当、地方资产管理等地方金融组织发挥自身特色，更好服务中小微企业发展。健全政府性融资担保、再担保体系，完善风险分担机制，进一步改善中小微企业尤其是"双创"企业的融资环境。

二是推动服务创新，加强普惠金融数字化、智能化、精准化服务。支持银行等金融机构通过科技赋能，进一步提升服务中小微企业效率。鼓励创新数字普惠金融产品和服务，持续推动公共数据开放共享共用。规范发展存货、仓单、订单和应收账款融资等供应链金融产品，完善供应链票据平台，精准服务产业链上下游中小微企业。

三是强化产融合作，促进供需双方精准对接。鼓励浦东金融机构与实体产业合作，创新消费信贷产品和服务，持续提升普惠金融服务能级。积极挖掘消费金融应用场景，推动线上线下消费场景融合，更好满足人民群众和实体经济多样化的金融需求。

四是兜牢民生底线，加大"三农"、养老、医疗、健康等产业金融支持力度。引导金融资源向农业、农村等产业区域流动，增加符合浦东发展需要的金融产品和服务供给，鼓励浦东多层次资本市场扩大涉农交易品种和金融工具，着力扩大农村金融服务覆盖面。多渠道、多元化加大对养老、医疗、健康产业融资支持力度，构建与养老资金等属性相匹配的投资管理体系，增加多样化民生金融服务供给。

（四）健全绿色投融资服务体系，打响国际绿色金融枢纽品牌

一是服务碳达峰、碳中和目标，积极参与打造联通国内国际双循环的绿色金融枢纽。绿色金融作为经济转型与发展的新引擎，是高质量发展的重要推

手。围绕服务经济社会绿色转型，通过发挥浦东引领区金融平台市场齐全、金融机构及产业规模充分、金融要素高度集聚、金融开放创新"试验田"等条件优势，全面推进绿色金融创新发展，打造联通国内国际双循环的绿色金融枢纽。

二是着力构建服务支持"碳达峰、碳中和"的投融资及风险管理机制。引导金融资源向绿色发展领域倾斜，加强服务绿色金融相关企业和项目。着力加强金融风险防范，密切跟踪和关注碳中和进程中的新情况新问题，积极探索建立适应碳中和发展的金融风险管理机制，更好地服务企业绿色转型发展。

三是加速构建碳金融等绿色金融产品交易平台，着力推进碳金融业务创新。在金融领域，积极探索碳金融相关现货、期货、远期等产品上市，进一步支持碳基金、碳债券、碳保险、碳信托等金融业务创新，全面化、前瞻性地推进绿色金融创新发展。

（五）服务"一带一路""长三角一体化"等重大战略，推进金融开放先行先试

一是服务"一带一路"倡议，着力加强对国内企业"走出去"的服务力度。深入完善"一带一路"债券融资机制，积极支持浦东各类金融要素市场沿"一带一路"提供优质金融服务，以市场化方式改善民营企业融资环境。增强交易所市场服务实体经济的能力，推进金融监管理念、金融市场、金融基础设施等领域与国际接轨，助力经济高质量发展。

二是加强对长三角地区更高质量一体化发展的金融支持。加强区域金融要素市场协作、大宗商品期货与现货市场合作、区域金融监管协同等，推动"长三角一体化"区域金融合作创新，进一步提升长三角资本市场服务基地功能。加强区域金融信息沟通和监管联动，完善金融风险联防联控和重大案件协调处置机制。

三是推进临港新片区及自贸试验区金融开放先行先试。在临港新片区开展外汇管理高水平开放试点，依托临港新片区国际数据港建设，探索开展金融数据安全有序流动试点。创新面向国际的人民币金融产品，扩大境外人民币境内投资金融产品范围，促进人民币资金跨境双向流动。以服务实体经济和更高水平贸易投资自由化便利化为出发点，支持金融市场、金融机构等围绕离岸经贸业务提供金融服务，在风险可控前提下，发展人民币离岸交易，稳慎扎实推进人民币国际化。

七、金融开放之金融生态营造

（一）建设国际一流的金融营商环境

近年来，上海坚持对标最高标准、最好水平，围绕市场主体需求，全力打造市场化、法治化、国际化的国际一流金融营商环境，金融发展生态不断优化，金融服务水平持续提高，金融市场活力充分迸发。

一是持续提升金融服务高质量发展的能力。2023 年中央金融工作会议指出，"金融是国民经济的血脉，是国家核心竞争力的重要组成部分。……高质量发展是全面建设社会主义现代化国家的首要任务，金融要为经济社会发展提供高质量服务，为以中国式现代化全面推进强国建设、民族复兴伟业提供有力支撑。"近年来，上海市持续增强金融对重点领域和薄弱环节的服务能力。第一，打造服务科创企业的投融资链条。发挥风险投资"最先一公里"作用，积极支持初创期科创企业加快发展。发挥科创板示范引领作用，成为"硬科技"企业上市首选地。第二，优质金融服务为中小微企业成长保驾护航。启动普惠金融顾问制度。普惠金融实现"增量扩面、提质降价"。根据工信部发布的中小企业发展环境评估报告，上海中小企业融资环境连续三年排名第一。未来，上海应进一步增强高质量金融供给，提升金融服务实体经济高质量发展质效，提高融资效率、降低融资成本。加强金融政策协调配合，尤其是科创、中小微、民营企业，加强金融中心与经济、科创、贸易、航运中心的联动，形成共促经济高质量发展合力。健全绿色投融资服务体系，加大养老、医疗、健康等产业金融支持力度，保障民生重点领域。

二是持续强化金融基础设施建设。2023 年中央金融工作会议指出，"优化融资结构，更好发挥资本市场枢纽功能，推动股票发行注册制走深走实，发展多元化股权融资，大力提高上市公司质量，培育一流投资银行和投资机构。促进债券市场高质量发展。"同时，2023 年《国务院关于金融工作情况的报告》也强调"加强金融基础设施建设"。金融基础设施建设水平代表着国际金融中心建设的"硬实力"。目前，上海在完善金融基础设施和制度方面持续发力，在全证券市场进一步推进以信息披露为核心的注册制，上海证券交易所科创板为国内科技创新企业提供了更好的融资渠道，加强了对科技创新的支持和引导，通过引入做市商制度改善做市标的流动性。上海期货交易所建立实施场内全国性大宗商品仓单注册登记中心，开展期货保税仓单业务，并给予或落实配套的跨境金融和税收政策；中国金融期货交易所不断完善金融期货期权产品，推出 30 年期国债期货产品，实现国债期货市场短期、中期、长期和超长期的期限全覆盖，为市场机构提供更有效的风险管理工具。发挥上海保险交易所积极作用，打造国际一流再保险中心。建设国际油气交易和定价中心，支持上海石油天然气交易中心推出更多交易品种。支持在浦东设立国家级金融科技研究机构、金融市场学院。支持建设覆盖全金融市场的交易报告库。未来，上海应在现有金融基础设施建设的基础上，继续推动金融基础设施的高效运转和互联互通，为形成统一包容开放的金融市场、充分发挥金融市场资源配置功能、提升服务实体经济的效率提供坚实的基础性制度性保障，积极试点气候投融资、跨境指数授权、人民币数字化等金融创新项目，同时金融基础设施必须全面加强金融监管，有效防范化解金融风险，注重维护金融市场稳健运行，规范市场和交易行为。

三是持续推进金融高水平对外开放。习近平总书记在党的二十大报告中强调，"中国坚持对外开放的基本国策，坚定奉行互利共赢的开放战略""推进高水平对外开放"。2023 年中央金融工作会议指出，"坚持'引进来'和'走出去'并重，稳步扩大金融领域制度型开放，提升跨境投融资便利化，吸引更多外资金融机构和长期资本来华展业兴业""扩大金融高水平开放，服务好'走出去'和'一带一路'建设，稳慎扎实推进人民币国际化"。上海是金融高水平开放的枢纽，自贸试验区及临港新片区先行先试效应显著，创设自由贸易账户，推出跨境双向人民币资金池，开展跨境贸易投资高水平开放外汇管理改革试点。支持在浦东设立国际金融资产交易平台，试点允许合格境外机构投资者使用人民币参与科创板股票发行交易。"沪港通""债券通""沪伦通""互换通"陆续推出金融市场互联互通取得重要进展。"上海金""上海油""上海铜"等"上海价格"展现出一定的国际定价影响力。一系列全国"首家""首批"外资金融机构先后落沪，机构类型涵盖绝大部分对外资最新开放的业务领域。未来，上海应深化金融改革开放，建设全球资源配置功能高地。完善金融市场体系、产品体系、机构体系、基础设施体系，深入探索金融高水平制度型开放，丰富证券、债券及商品和金融期货等金融衍生品的金融产品供给，便利合格境外机构投资者参与中国金融市场。同时，应持续坚持多边主原则，积极参与国际金融合作与治理，推动全球金融治理朝着更加公正合理的方向发展。

四是持续推动金融数字化转型。2023 年中央金融工作会议明确了未来金融高质量发展的新驱动力，首次提出"做好科技金融、绿色金融、普惠金融、养老金融、数字金融'五篇大文章'"，其中两篇与金融科技、金融数字化转型相关，党中央对此高度重视。上海国家级金融要素市场和金融基础设施集聚，拥有各类中外资持牌金融机构 1 700 多家，为上海发展金融科技提供了充足的发展动力、丰富的参与主体、海量的金融数据以及广阔的应用场景；建立上海数据交易所和地方金融监管信息平台，金融科技数据资源逐步丰富；吸引培育大批优质金融科技企业成立金融科技产业联盟、智能投研技术联盟，初步构建起金融科技生态系统；开展人民银行金融科技创新监管工具、资本市场金融科技创新等试点，金融科技中心建设初见成效。未来，上海应在"十四五"规划的引领和国家金融监管部门的支持指导下，依托金融科技重大试点在沪开展的契机，加速金融领域数字化转型升级，推动金融高质量发展，打造金融科技应用示范城市。

五是持续打造国际一流的营商环境示范区。2023 年，上海市制定发布《浦东新区加强集成创新打造营商环境综合示范区行动方案》《关于推进陆家嘴金融城专业服务业高质量发展的若干措施》等规范性文件，明确将从"组织、功能、创新、开放、平台、空间、人才、保障"八大体系着手，持续打造陆家嘴金融城的一流营商环境。组织方面，陆家嘴依托金融城理事会，发挥陆家嘴金融城"业界共治＋法定机构"新型公共治理优势，吸纳市场多元主体，汇聚业界智慧，实现"政府—业界"共商共议、共享共促的发展格局。功能方面，联动科创板上市服务中心等平台，建立覆盖企业全生命周期的投融资和专业支撑体系。创新方面，积极培育服务贸易、数字贸易、离岸贸易等新兴增长点，用好专项政策，在资产管理、专业服务、财资中心等领域加大制度创新和政策供给力度。开放方面，深入参与全球机构投资者集聚计划（GIC）、国际经济组织集聚计划（GOC）等，扩大投资开放程度、加大金融开放创新力度。全面深化"陆家嘴全球合作伙伴关系"，与国际经济组织、各国商协会等海外平台织密全球"合作网"。未来，依托用好自贸区、引领区、综改试点等国家级平台，陆家嘴金融城须持续推动八大体系联动落实，加快建设市场化、法治化、国际化的一流营商环境示范区，提供优质金融服务，不断增强经济功能和社会治理相结合的核心竞争力,为其他地区金融营商环境的提升优化提供示范和引领作用。

(二) 完善中央授权立法与地方立法相协调的国际金融中心立法体系

国际金融中心建设的法治保障是一项全方位、系统性工程。2023 年中央金融工作会议再次强调了金融法治的重要意义,会议指出,"要加强金融法治建设,及时推进金融重点领域和新兴领域立法,为金融业发展保驾护航。"为了支持上海国际金融中心法治建设和浦东新区高水平改革开放,党中央于2021 年赋予上海浦东新区特殊的立法权限,并于 2023 年在《立法法》层面加以固定,旨在推动建立完善与支持浦东大胆试、大胆闯、自主改相适应的法治保障体系。如何有效发挥立法权限优势,解决中央统一立法的时滞性,更及时有效地防范金融风险、调整金融行为,是上海建设国际金融中心道路上需要深刻思考的问题。

一是充分利用中央授权,深化金融立法改革。2023 年 3 月 13 日第十四届全国人民代表大会第一次会议通过对《关于修改〈中华人民共和国立法法〉的决定》第二次修正。在这次修正中,第八十四条第二款规定:"上海市人民代表大会及其常务委员会根据全国人民代表大会常务委员会的授权决定,制定浦东新区法规,在浦东新区实施。"将全国人大常委会授权上海市人大常委会制定浦东新区法规在《立法法》中明确加以规定,具有重要而深远的意义。截至 2023 年 6 月,上海市人大常委会共制定了 18 部涉及各领域的浦东新区法规,主题涵盖优化营商环境、推动产业升级、促进自主创新、发展绿色生态、深化城市治理五大板块,引领性凸显。在浦东新区范围内,上海可利用此特殊立法优势,对于建设全球金融中心需要配套的各项金融法治改革措施,调法适用,豁免"地方性法规制定不得与国家法律和行政法规相抵触"的限制;对于暂无法律法规明确规定的领域,制定新规,为改革创新开路,也为全国性立法探索经验。

二是有效行使地方立法权,优化金融发展法治环境。除利用特殊立法权限优势外,上海还应充分行使既有的地方立法权,立足金融法治试验区建设和上海国际金融中心建设实际,在现有的法律框架内,制定与金融发展环境相关的规范,如自由贸易区商事注销条例、个人破产条例等,特别在金融科技创新、城市数字化转型、绿色金融、商事争端解决等领域，加快建设充分体现中国特色社会主义法治文化、且与国际通行规则接轨的高水平金融规则体系，在试验区内先行试点，为全国积累可复制、可推广的经验。

三是固化改革成果，完善涉外金融法规制定。浦东率先进行的改革内容很多，金融领域主要包括完善金融市场体系、产品体系、机构体系、基础设施体系等。针对浦东率先进行改革的制度成果，可以借助浦东新区"立法试验田"的特点，将其上升到法治层面，融入与国际金融中心相适应的法治保障体系。针对涉外金融法律的制定，充分发挥上海浦东新区"法治试验田"作用，先行探索研究。在制定涉外金融法律的过程中，可以考虑把国内具有指导性的涉外金融案例判决意见、域外金融法律规则、国际金融惯例等以一定方式固定，内化为区域性金融规范，供司法机构适用。为保证涉外金融法律规范的专业性、科学性，可以考虑借鉴相关领域的国际经验和行业最佳实践。

（三）健全专业、创新、多元的金融司法体系

金融司法水平是衡量金融中心法治水平的重要因素。为建立健全高效、公正、多元的金融司法体系，上海应高度关注金融司法机构建设，提升金融审判、检察、仲裁等机构的专业化、国际化程度，在实践中发挥金融市场案例测试机制等创新性司法机制的引领效能，并持续完善司法管辖、法律适用等司法程序建设，健全具有中国特色的金融司法体系。

一是金融司法机构建设方面，深化金融审判、机构改革，完善金融司法服务保障，指引金融业务发展。从各大国际金融中心发展建设的经验来看，金融司法机构的专业化程度是金融法治水平的重要标志，金融业务的发展和创新也有赖司法层面的指引。第一，对接创新性金融机制，提供优质金融司法供给，打造国际一流金融法院。作为全国首家金融法院，上海金融法院在近年来金融法治环境提升方面发挥了关键作用。重点把握服务增设上海自由贸易试验区新片区、在上海证券交易所设立科创板并试点注册制、实施长江三角洲区域一体化发展国家战略三项新的重大任务的战略契机，全面优化金融司法供给，不断完善金融审判体系，为国家金融战略实施和上海国际金融中心建设提供坚强有力的司法服务和保障。未来，上海金融法院应进一步完善金融风险防范协同机制建设，加强投资者教育与保护，优化金融纠纷诉源治理工作机制，为国家金融战略实施和上海国际金融中心建设提供坚强有力的司法服务和保障。第二，

研究筹建专门化的金融检察机构，精准打击金融犯罪，有效防范金融风险。随着金融工具和金融科技的飞速发展，其中滋生的金融犯罪具有涉及面广、社会危害性大、发展变化快速等显著特征，有时还伴有跨国跨境属性，给检察机构审查办理案件带来很大挑战。为坚决打好防范化解重大金融风险攻坚战，坚决维护好金融稳定和金融安全，可借鉴法国巴黎等国际金融中心建立专业金融检察机构的经验，以上海市检察院下属的上海金融检察研究中心为依托，推进专门化金融检察机构的筹建，加强行政执法和刑事司法衔接，与金融监管机构、自律组织保持密切沟通协作，为国家提供司法保障金融安全稳定的新鲜经验和可行方案。第三，促进国际金融仲裁机构建设，打造多元化的国际金融纠纷解决机制。2021 年，全国首家专业化的国际金融仲裁机构——中国国际经济贸易仲裁委员会上海证券期货金融国际仲裁中心正式落地上海，为上海国际经济贸易仲裁委员会、上海金融仲裁院等仲裁机构的国际化、专业化建设提供了良好范本。在国际金融仲裁机构的建设中，应在规则适用、仲裁程序、仲裁员选择等方面与国际接轨，落地"临时仲裁"等创新机制，吸纳具有金融和法律复合背景和知识储备的专家、律师、高校人员等符合条件的专业人士进入仲裁专家库，引导证券期货等金融企业掌握国际新型金融规则，加强与金融监管部门和人民法院的对接，共建多元化的国际金融纠纷解决机制。

二是金融司法机制创新方面，持续实践完善"金融市场案例测试机制"等与高水平改革开放相配套的司法机制，缔造中国特色金融司法文化。为了适配上海国际金融中心的进一步改革和升级，上海金融法院于 2022 年 7 月发布《关于金融市场案例测试机制的规定（试行）》，以"案例测试机制"为抓手，深入研究司法功能的拓展和延伸。针对金融领域前沿性、影响大、亟待明晰的重要典型法律问题，根据金融机构或交易对手方的申请，上海金融法院在当前金融法律法规基础上，综合防范金融风险、保护金融消费者合法权益、规范金融创新等因素进行模拟审理，形成旨在指导金融业务实践和未来法院同类判决的审判意见，也为相关法律法规、司法解释的制定积累经验。"金融市场案例测试机制"并非"纸上谈兵"，2023 年 2 月 22 日该机制得到了正式应用：上海金融法院公开宣告了全国首例金融市场测试案例的司法意见，明确了在上海清算所集中清算金融衍生品所涉及的若干法律适用原则。本案例标志着案例测试机制的正式应用，其重大意义在于拓展了新时代金融司法的服务保障功能，形成契合金融市场监管沙盒治理和社会协同综合治理理念的中国式金融纠纷解决新路径。此外，持续推动金融司法案例库建设，并积极向最高人民法院提供指导性案例素材，将部分前沿性、指导性的金融审判意见、解释结论加以固定，作为未来金融立法的参考依据。同时，可考虑向外国司法机关推介具有国际影响力的典型金融审判案例和中国特色金融审判机制，弘扬中国特色社会主义法治文化。

三是金融司法程序完善方面，以司法管辖与法律适用规则为突破口，以合理正当的司法程序处理金融纠纷案件。第一，司法管辖方面，拓展金融审判机构的司法管辖权限，尊重当事人选择，完善域外金融案件的司法管辖制度。目前，上海金融法院仅管辖金融民商事和涉金融行政案件，建议未来建立民事、行政、刑事案件"三合一"审判模式，更好处理涉及刑事犯罪以及民刑交叉的案件，防范金融风险和加强金融安全，推进国家治理体系和治理能力现代化。在管辖权选择问题上，应尊重当事人对管辖法院的选择，支持协议管辖制度。不论当事人在境内有无住所，只要该纠纷与中国存在一定法律上的联系或当事人自愿选择，甚至当事人协议将纯外国属性的金融争议提交审理时，上海金融法院试点受理。针对涉外金融案件，建议建立与境外司法机构"长臂管辖"对等的司法机制，针对境外公司损害境内投资者合法权益的金融商事案件，上海金融法院有权管辖，以高效、及时解决国际金融纠纷，保护投资者权益。第二，法律适用方面，丰富涉外金融审判中的法律适用，吸收域外法律规则作为审判参考，充分运用外国法查明机制。当前，深圳前海自贸区已对于协议选择准据法有所突破。在涉外金融审判中，建议上海金融法院统筹考虑域外法律、司法判例、国际金融规则、惯例等，作为审判机构作出判决的参考。此外，从尊重国际金融活动习惯与自由意志的角度，可以试点扩大法律适用范围，允许当事人就实体法律选择达成合意，适用包括域外法律规则，运用外国法查明系统，完善对外国法律规则的适用。

（四）优化金融法治人才选任和培养体系

金融法治人才是国际金融中心建设的必要基础。上海金融人才发展仍然处于战略机遇期，但面临新形势新挑战。从国际看，新冠疫情冲击下，百年变局加速演进，海外引才的国际环境日趋复杂严峻和不确定，引才引智的需求、结构和方式亟须调整。从国内看，高质量发展导向下的国内人才竞争日趋激烈，上海金融人才发展的比较优势还不够突出。未来，上海国际金融中心应基本形成一支总量较大、结构合理、类型全面、素质优良，具有全球竞争力和影响力的金融法治人才队伍，把上海建设成为全球一流金融人才的集聚荟萃之地、成长发展之地、事业成就之地、价值实现之地，与上海国际金融中心能级和地位相匹配的金融人才新势能。

一是拓宽金融法治人才选任路径，组建一支符合硬性标准、多元专业的金融法治队伍。金融法治人才选任，首先，要达到 2023 年中央金融工作会议要求的"政治过硬、能力过硬、作风过硬"三大硬性标准，建设"忠诚干净担当的高素质专业化"金融法治人才队伍。建议试点优化金融审判人员、金融检察人员入额机制，允许采用合同制招聘审判辅助人员，吸引社会上优秀的律师、仲裁员、高校法律专家等高端金融法治人才加入协助审判。借鉴"陪审制度"经验，试点金融审判专家辅助制度，支持符合条件的金融专业人士担任审判辅助人员，就司法判决提供辅助意见。其次，考虑加大司法部门与金融部门间的人才交流力度，培养"法律＋金融"的复合型人才。建议进一步拓宽法官选任渠道，对有影响力的金融律师、金融法务人员等市场人才、金融监管部门、政府机关中具有法律职业资格的监管人才，可以以挂职等形式担任法官或为司法提供顾问意见。

二是优化金融法律服务环境，打造一批专业型、复合型金融法律服务群体。为适配国际金融中心发展趋势，培育优质的金融法律服务环境，应进一步有序引入国际金融市场兼容的中介机构，逐步建立和优化与之配套的法律服务环境。具体到金融律师的成长发展方面，应重视建立健全激励机制和在职培养机制，形成一批对证券市场和期货衍生品市场具有深刻理解的律师群体。另外，可在金融领域试点开放法律服务市场，放松外国律师在国内的执业限制，允许外国知名律师在中国注册为"外国执业律师"，并允许中国律师事务所聘用后直接代理外方或涉外金融法律服务。

三是重视金融法律教育发展，储备信念坚定、德法兼修、明法笃行的高素质金融法律生力军。利用上海高等院校的先发优势，以国内和上海知名高等法学院校为载体和培养基地，加大对金融法律人才培养的投入，构建更具复合型、国际化的培养模式。要打破高校和社会之间的体制壁垒，联系金融法律市场机构，将实际工作部门的优质实践教学资源引进高校。坚持问题导向，推行金融模拟法庭实践教学。同时，重视职业道德和价值观培养，积极落实 2023年中央金融工作会议的要求，在金融人才培养中"大力弘扬中华优秀传统文化，坚持诚实守信、以义取利、稳健审慎、守正创新、依法合规，培养德才兼备的金融法律人才"。

八、参考文献

［1］中央金融工作会议在北京举行习近平李强作重要讲话［EB/OL］．https：//www.gov.cn/govweb/yaowen/liebiao/202310/content_6912992.htm.

［2］中共中央　国务院关于支持浦东新区高水平改革开放打造社会主义现代化建设引领区的意见［EB/OL］．https：//www.gov.cn/zhengce/2021-07/15/content_5625279.htm.

［3］肖本华．上海自贸试验区临港新片区发展金融交易平台思路和举措［J］．科学发展，2020（7）.

［4］证监会．加快试点改革步伐　为长三角一体化提供资本市场支持［J］．宏观经济管理，2021（12）.

［5］田鹏．资本市场充分发挥要素整合力　护航科创企业高质量发展［N］．证券日报，2023-11-17（A02）.

［6］陈莹，于宗莹，张紫宣．区域性股权市场企业培育现状与优化［J］．中国金融，2023（12）.

［7］楚晓光．论金融支持实体经济［D］．武汉：中南财经政法大学，2022.

［8］全国性大宗商品仓单注册登记中心上海项目正式上线运行［EB/OL］．https：//www.cfachina.org/inv/index/mtkqs2/202307/t20230703_45856.html.

［9］张建光．构建高质量开放期货市场　助力提升大宗商品市场国际影响力［N］．粮油市场报，2023-09-12（B03）.

［10］姚林．我国商品期货国际定价影响力研究［J］．价格理论与实践，2018（11）.

［11］任新建，李浩，张苑．论打造全球人民币资产交易、定价和清算中心对上海国际金融中心建设的战略意义［J］．上海金融，2012（1）.

［12］主力军．我国促进科技创新的金融路径选择与完善——以德国科创板为研究视角［J］．中国发展，2023，23（3）.

［13］田璐.上海建设人民币离岸金融交易中心的创新经验与启示［J］.对外经贸实务,2021(8).

［14］乔依德,范晓轩,谭旻,等.上海自贸试验区临港新片区统筹发展离岸和在岸业务研究［J］.科学发展,2021(4).

［15］王方宏.离岸金融税收安排的国际经验和海南探索［J］.海南金融,2022(2).

［16］刘辉.论我国自贸区离岸金融的法律监管［J］.经济法论坛,2018,20(1).

［17］李学武.“一带一路”中落实本币优先实践［J］.中国金融,2019(21).

［18］吴婷婷,刘格妍.RCEP视角下的人民币国际化发展路径研究［J］.金融理论与教学,2023(2).

［19］张莫.“跨境理财通”推动金融市场互联互通机制再深化［N］.经济参考报,2021-09-14(001).

［20］丁元泽.上海建设全球资产管理中心战略研究［J］.科学发展,2021(12).

［21］何德旭,程贵.新征程上有序推进人民币国际化的实现路径［J］.兰州财经大学学报,2023,39(4).

［22］吕晓光.推动建设开放型世界经济 提升上海国际金融中心能级［J］.智慧中国,2022(11).

［23］宋澜.“一带一路”战略中上海金融国企“走出去”的法律问题及应对［J］.上海市经济管理干部学院学报,2017,15(4).

［24］唐燕飞.证监会:持续加强与境外市场互联互通 不断深化资本市场制度型开放［N］.上海证券报,2023-11-08(001).

［25］中国人民银行上海总部专项课题组,金鹏辉.上海在岸金融中心与离岸金融中心联动发展研究［J］.科学发展,2023(11).

［26］刘俊敏,张立锋.金融化背景下我国碳排放权交易监管体制的完善［J］.河北法学,2024(1).

［27］金鹏辉.围绕国家战略定位建设上海国际金融中心［J］.中国金融,2022(18).

［28］金鹏辉.提升上海国际金融中心能级［J］.中国金融,2019(15).

［29］优化金融发展生态，提升金融服务水平！这场发布会聚焦一流金融营商环境建设［EB/OL］．https：//jrj. sh. gov. cn/ZXYW178/20230428/768fbe6b7a594a5289e7d6236bd6672e. html.

［30］吴弘，许国梁．营造上海金融法治试验区的思考［J］．上海经济，2021（5）．

［31］王雨乔．"一体双峰"：临港新片区金融法治建设初探［J］．中国外资，2022（11）．

［32］关于《中华人民共和国立法法（修正草案）》的说明［EB/OL］．https：//www. gov. cn/xinwen/2023－03/06/content＿5744902. htm.

［33］法治上海建设规划（2021—2025 年）［EB/OL］．https：//www. shanghai. gov. cn/nw12344/20210406/854f75c63fa4498aa62d5a7447855a9f. html.

［34］上海金融法院首发《关于金融市场案例测试机制的规定》［EB/OL］．https：//www. hshfy. sh. cn/shfy/web/xxnr. jsp？pa = aaWQ9MjAyNzk2NzQmeGg9MSZsbWRtPWxtMTcxcxz.

［35］乔芳娥．金融市场案例测试机制：内容特征、运作程序与价值功能——兼论金融司法审判创新试验［J］．南方金融，2022（8）．

［36］全国首例：金融市场测试案例 司法意见公开宣告［EB/OL］．https：//www. thepaper. cn/newsDetail＿forward＿22033780.

［37］施鹏鹏．法国："立竿见影"的金融检察院［EB/OL］．https：//www. thepaper. cn/news Detail forward＿22033780.

［38］彭奕，彭小铮．涉外民商事审判中的自由裁量权探析——以金融危机应对和指导性案例为中心［J］．河南财经政法大学学报，2012，27（6）．

［39］王春业．论我国立法被授权主体的扩容——以授权上海制定浦东新区法规为例［J］．政治与法律，2022（9）．

［40］黄一灵．支持浦东新区探索金融领域立法［N］．中国证券报，2022－03－05（A03）．

［41］牛韧，刘永琴，马晓宾．上海金融人才国际化发展研究［J］．党政论坛，2018（5）．

［42］中国人民银行上海总部专项课题组．上海国际金融中心升级版新使命新内容新对策［J］．科学发展，2023（1）．

长三角金融一体化研究

子课题[①]负责人：韩汉君

内容摘要： 随着长三角地区一体化发展上升为国家战略，这一地区的协同和一体化发展成效日益显著，这为长三角金融一体化发展提供了扎实的基础。2020年以来，国家相关部委、长三角三省一市陆续出台了一系列新政策，努力将长三角金融一体化落到实处，在推进同城化金融服务、试点跨区域联合授信、提升移动支付水平、支持设立一体化金融机构、推进跨区域公共信用信息共享、推进一体化绿色金融服务平台建设、推进一体化科技金融服务、建立金融信息共享合作机制等方面取得明显进展。这些工作对于推动长三角地区金融、科技和产业之间的良性循环和互动，发挥了积极的作用，并取得很大的成效。

2023年11月30日，习近平总书记在上海主持召开深入推进长三角一体化发展座谈会并发表重要讲话。他强调，深入推进长三角一体化发展，进一步提升创新能力、产业竞争力、发展能级，率先形成更高层次改革开放新格局。同时强调，要稳步扩大金融领域制度型开放，提升跨境投融资便利化，加强全过程风险防控，更好维护国家金融安全。习近平总书记的重要讲话，对长三角金融一体化发展提出了新的更高要求，也为长三角金融一体化发展指明了新的方向。

一、长三角三省一市金融业发展现状

（一）长三角三省一市金融发展状况

近年来，长三角金融业发展呈现出竞争力稳步提升、协调性不断增强的态势。本报告选取了一系列指标来衡量长三角地区金融业的发展状况，包括金融

---

① 本课题组由高金智库组织相关专家组成，课题组长：韩汉君，上海交通大学中国金融研究院资深研究员；课题组成员：张逸辰、汪洋、徐明霞。

业增加值占 GDP 比重、人均金融业增加值、存贷款余额、社会融资总额、保费收入、保费收入结构、金融机构数量、金融业从业人员占比和上市公司数量、企业债券融资总额和非金融企业股票融资总额、不良贷款比率。此外，本报告还总结了 2020—2022 年来长三角三省一市为支持金融业发展而出台的新政策，分析这些政策的侧重点。

从金融业增加值占 GDP 比重和人均金融业增加值来看，上海市近几年增长较快，在三省一市中遥遥领先。2022 年，上海市金融业增加值占 GDP 的比重为 19.32%，高于浙江省的 8.61%，江苏省的 7.89% 和安徽省的 6.52%（见图 1、表 1）。从人均金融业增加值来看，上海自 2019 年至 2022 年，人均金融业增加值增长了 8 500 元，远高于江苏的 2 600 元、浙江的 2 500 元以及安徽的 900 元（见图 2）。这体现出上海作为国际金融中心，在长三角金融一体化过程中所起到的引领作用。

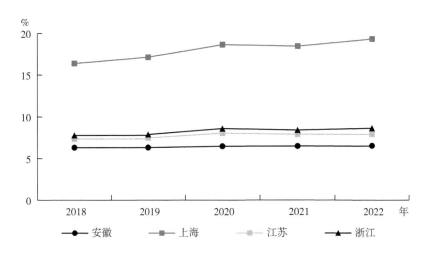

图 1　金融业增加值占 GDP 的比重

（数据来源：国家统计局）

表 1　　　　　　　　　长三角三省一市金融业增加值情况

项目	省市	2018 年	2019 年	2020 年	2021 年	2022 年
金融业增加值/亿元	上海	5 901.90	6 535.20	7 216.20	7 973.30	8 626.31
	江苏	6 846.90	7 435.70	8 245.20	9 164.00	9 689.90
	浙江	4 506.30	4 904.00	5 538.20	6 159.10	6 690.00
	安徽	2 142.50	2 340.60	2 498.70	2 779.50	2 935.10

续表

项目	省市	2018 年	2019 年	2020 年	2021 年	2022 年
金融业增加值占 GDP 比例/%	上海	16.39	17.13	18.65	18.45	19.32
	江苏	7.35	7.46	8.03	7.88	7.89
	浙江	7.77	7.87	8.57	8.38	8.61
	安徽	6.30	6.31	6.46	6.47	6.52

数据来源：Wind。

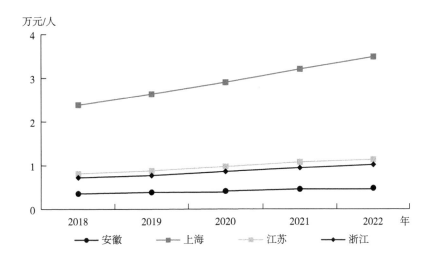

图 2　人均金融业增加值

（数据来源：国家统计局）

在本外币存款方面，江苏省相对于其他两省一市在存款规模上占据优势，而浙江省、上海市则呈现出较高的存款增速。得益于稳增长、保企业、惠民生政策措施，截至 2022 年末，江苏省本外币存款余额 21.9 万亿元，三年累计增长 39%。分部门看，住户存款、非金融企业存款机关团体存款余额增量最为显著。浙江省的本外币存款无论是体量还是增速都与上海市非常接近。2022 年末，浙江省以 19.6 万亿元位居第二，而上海市则以 19.2 万亿元的存款余额位居第三。受益于外向型经济的财富积累效应，浙江省和上海市过去三年存款余额累计增长均超过了 45%。三省一市中发展相对较为缓慢的是安徽省，其2022 年末的存款余额为 7.5 万亿元，三年来累计增长 37%（见图 3）。

本外币贷款方面，江苏省和浙江省规模与增速相对领先。截至 2022 年末，江苏省和浙江省的贷款余额分别为 20.7 万亿元和 19 万亿元，三年来分别累计

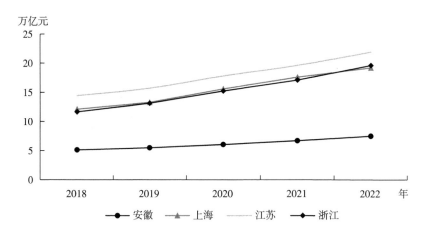

图3 本外币存款余额

（数据来源：Wind）

增长53%和56%。两省固有的"苏南模式"和"温州模式"加强了经济活力，而金融对实体经济领域的信贷支持进一步支撑了两省实体经济的发展。三年来，两省的民营经济贷款、普惠小微贷款、制造业贷款、涉农贷款、科技服务业贷款实现了大规模增长。上海市和安徽省则分别以10.3万亿元和6.7万亿元的贷款规模，以及29%和49%的累计增长率位居第三、第四（见图4）。可见，实体经济始终是金融业发展的基石，长三角金融一体化过程离不开实体经济的发展。

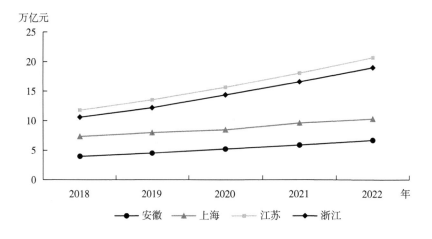

图4 本外币贷款余额

（数据来源：Wind）

保费收入体现出一个地区保险行业发达的程度。2022 年，江苏省保费合计 4 318 亿元，位居长三角地区之首。浙江省的保费收入为 3 129 亿元，位居第二，从 2019 年到 2022 年，浙江省的保费收入增长最快，累计增幅 39%，上海市和江苏省则分别以 22% 和 15% 的累计增长率紧随其后（见图 5）。从保费收入结构上来看，寿险和健康险占比逐年增加，两者合计占比从 2018 年末的 66% 上升至 72%（见图 6），体现出长三角地区人民对于养老、医疗方面的重视以及日益增加的相应保险需求。

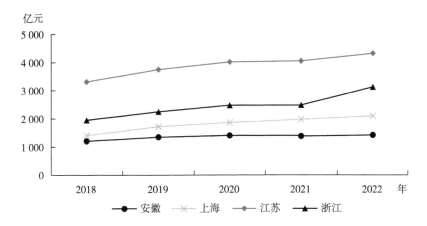

图 5　保费收入

（数据来源：Wind）

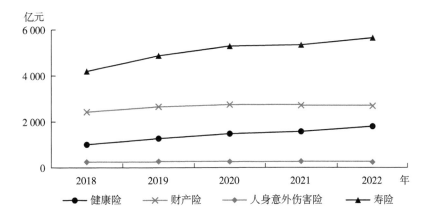

图 6　保费收入结构

（数据来源：Wind）

从金融业就业人数占常住人口比来看，上海市遥遥领先其他两省一市，体现出上海作为国际金融中心所具有的强大金融禀赋。从发展趋势上看，上海和江苏的金融从业人数占比呈现上升态势，而安徽和浙江则呈现下降态势（见图7）。

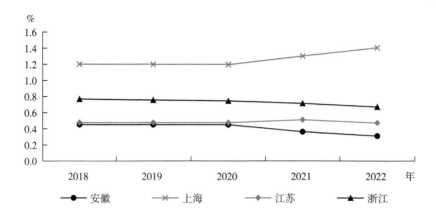

图7　金融业就业人数占常住人口比例

（数据来源：Wind）

从社会融资总额来看，由于市场主体经营周转和居民消费资金需求，江苏省和浙江省位居长三角地区前列。2022 年，江苏省和浙江省的社会融资总额分别为3.38 万亿元和3.49 万亿元（见图8）。从结构看，对实体经济发放的本外币贷款占社会融资总额比重分别为77% 和68.1%，而直接融资占比超过

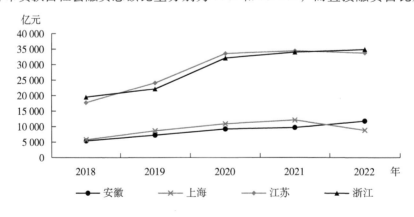

图8　社会融资总额

（数据来源：Wind）

20%。上海市 2022 年的社会融资总额为 0.88 万亿元，而间接融资占比为 83.5%，呈现出与其他省份截然不同的金融生态。安徽省 2022 年的社会融资总额 1.18 万亿元，其中，间接融资占比为 74%，直接融资占比超过 20%，融资结构与江苏省和浙江省相近。

从直接融资的内在结构而言，非金融企业股票融资总额与企业债券融资总额能够反映企业融资主体的需求和市场参与者的风险偏好。长三角三省一市的非金融企业股票融资总额长期来看保持增长态势。2022 年，上海市、浙江省和江苏省每年的非金融企业股票融资总额均在 1 200 亿元左右，而安徽省的非金融企业股票融资总额则在 200 亿元左右（见图 9）。2020 年至 2022 年，受新冠疫情影响，长三角三省一市非金融企业股票融资总额的增长势头有所放缓。从企业债券融资总额来看，长三角各地区 2022 年企业债券融资均较为低迷。其中，由于江苏省和浙江省民营企业占比较高，两省较上年下降的幅度最大，分别达到 2 928 亿元和 2 557 亿元（见图 10）。民企债券发行规模的萎缩主要有两个方面原因：一方面，民企违约率上升导致金融机构风险偏好下降，不愿意投资民企债券；另一方面，民企本身的投资需求也随着宏观经济的波动而下降，债券融资需求不足。综上所述，近 3 年来，长三角三省一市在直接融资方面较为低迷。股票市场和债券市场是支持长三角民营经济发展的重要融资渠道，当前市场规模逐渐萎缩的局面亟待改善。

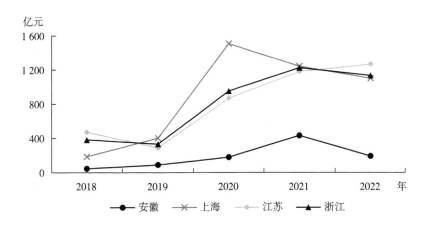

图 9　非金融企业股票融资总额

（数据来源：Wind）

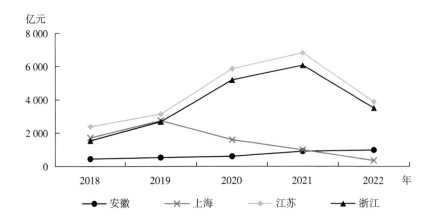

图 10　企业债券融资总额

（数据来源：Wind）

从金融机构数量来看，上海市在长三角三省一市中占据绝对领先的位置，证券公司、期货公司、基金公司的总数超过其余省份的总和（见表 2）。作为全球金融中心，上海拥有大量内资金融机构，同时，上海还吸引了外资证券基金期货机构 32 家、外资代表处 36 家。与 2021 年相比，上海对外资机构的吸引力有所增强。江苏省和浙江省在机构数量上基本持平，而安徽省的发展则相对较为滞后。

表 2　　　　　　　　　　　　**2022 年末金融机构数量**　　　　　　　　　　　单位：家

机构类别	上海市	江苏省	浙江省	安徽省
证券公司	31	6	6	2
期货公司	36	9	12	3
证券期货分支机构	1 158	>1 200	>1 400	394
基金公司	64	0	3	1

数据来源：各省、市 2023 年区域金融运行报告。

注：上述机构均只含辖内内资机构。

从上市公司数量来看，截至 2022 年末，江苏省共有境内上市公司 637 家，较 2021 年增加 66 家。浙江省共有境内上市公司 657 家，较 2021 年增加 51 家。上海市共有境内上市公司 422 家，较上年增加 32 家。安徽省有境内上市公司 161 家，较上年增加 44 家。上市公司数量是各省市辖内实体经济活力的体现，反映出直接融资对于地区经济的贡献。长三角三省一市的上市公司数量在 2022 年均有显著上升，区域经济活力随着长三角金融一体化的进一步实施得到有效提升。

整体而言，长三角三省一市在金融业发展规模上呈现出一定的差异化。这主要体现在以下几个方面：首先，江苏省、浙江省由于实体经济发达，金融业进一步发展具有一定的潜力。如何利用好实体经济基础发展长三角金融一体化，同时使金融业对实体经济产生更大的支持力度，是摆在江苏省、浙江省面前的重要课题。其次，上海市的金融业具备外溢的能力，利用已有优势带动周边省份发展将使上海市在长三角地区发挥更大的能量。最后，安徽省的金融业发展相对滞后，找准产业发展机会，挖掘、盘活自身金融需求，将使安徽经济得到更好的发展。

从不良贷款比率来看，三省一市总体呈现下降趋势，其中，上海市、浙江省相对较低，体现出良好的风险管理能力。目前，江苏省、浙江省和上海市的不良贷款比率均低于 1%（安徽省 2019 年数据为 1.8%，其后再未公布）（见图 11、表 3）。因此，长三角金融风险防范化解成效明显，高质量发展和高水平安全实现良性互动。

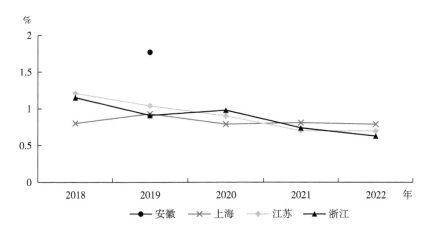

图 11　不良贷款比率

（数据来源：Wind）

表 3   2022 年长三角三省一市相关指标

指标	上海	江苏	浙江	安徽
金融业增加值/亿元	8 626.3	9 689.9	6 690.0	2 935.1
GDP/万亿元	4.5	12.3	7.8	4.5
本外币存款余额/万亿元	19.2	21.9	19.6	7.5
本外币贷款余额/万亿元	10.3	20.7	19.0	6.7
非金融企业股票融资总额/亿元	1 100	1 266	1 133	192
企业债券融资总额/亿元	352	3 880	3 507	979
上市公司数量/家	422	637	657	161
保费收入/亿元	2 095	4 318	3 129	1 418
金融从业人数/万人	34.8	40.4	44.2	19.1

数据来源：Wind。

（二）长三角主要金融指标与全国指标的对比

2022 年末，长三角地区本外币存款余额合计 68.2 万亿元，占全国的 25.8%。本外币贷款余额 56.7 万亿元，占全国的 25.9%。这两个比例与长三角占全国 GDP 的比重（24%）基本一致，体现出长三角对于我国经济的整体贡献巨大。存款余额对应着地区收入，体现了地区消费潜力，而贷款余额则反映出地区的投资活力，因此进一步推动长三角一体化对拉动地区经济有直接的促进作用。

长三角地区金融业增加值占全国金融业增加值的 28.9%，体现出长三角金融发展相较于其他省市具有领先地位。长三角金融业就业总人数 138.5 万人，占全国金融业就业总人数的 18.7%，占比较上年上升 1.03 个百分点，因此从业者人均增加值远远领先全国平均水平，体现出金融业效率的优势。

社会融资总额方面，长三角地区 2022 年合计社会融资总额 8.93 万亿元，占全国的 27.9%，该比例在 2018 年为 21.5%，体现出近几年来长三角地区实体经济的资金需求比其他地区更大。

长三角地区的平均不良贷款比率低于全国水平 1 个百分点，显示出良好的业务稳健性以及强大的金融风险管理能力。截至 2022 年末，除尚未披露数据的安徽省外，上海市、江苏省和浙江省不良贷款比率的算术平均值为 0.71%，而全国水平则为 1.71%，长三角地区整体信贷资产质量高于全国平均水平，风险管理水平较高（见表 4）。

表4   2022 年长三角地区相关指标与全国对比

指标	长三角	全国	长三角占全国比例/%
GDP/万亿元	29.03	121.02	24.0
金融业增加值/万亿元	2.79	9.68	28.8
社会融资总额/万亿元	8.93	32.01	27.9
金融从业人员/万人	138.5	740	18.7
不良贷款率/%	0.71	1.71	——

数据来源：Wind。

二、长三角金融一体化发展的新政策、新进展及面临的新问题

（一）支持长三角金融一体化的新政策

2020 年以来，国家相关部委、省市陆续出台了一系列新政策，力求将长三角金融一体化落到实处。这些政策既有各省市自身的发展纲要、执行措施，也有相关部委牵头颁布的与长三角金融一体化建设相关的意见。本报告将这些政策按发布的时间先后顺序进行介绍。

2020 年 1 月，上海市发布《上海市贯彻〈长江三角洲区域一体化发展规划纲要〉实施方案》，明确将增强国际金融中心资源配置功能，积极探索合格境外投资者全面参与上海各类要素市场，大力吸引国际金融组织、国内外大型金融机构总部入驻，建设全球资产管理中心，加快打造全球性人民币产品创新、交易、定价和清算中心。同月，安徽省发布《安徽省实施长江三角洲区域一体化发展规划纲要行动计划》，提出将推动合肥国际金融服务后台基地等金融业态集聚区参与上海国际金融中心建设。

2020 年 2 月，中国人民银行等五部门发布《关于进一步加快推进上海国际金融中心建设和金融支持长三角一体化发展的意见》（银发〔2020〕46 号），以上海作为国际金融中心这一特殊的职能，促进长三角金融一体化。

2020 年 4 月，长三角一体化示范区执委会会同人民银行上海总部等 12 个部门发布《关于在长三角生态绿色一体化发展示范区深化落实金融支持政策推进先行先试的若干举措》（以下简称"示范区金融 16 条"），该文件围绕推

进同城化金融服务、试点跨区域联合授信、提升移动支付水平、支持设立一体化金融机构、推进跨区域公共信用信息共享、推进一体化绿色金融服务平台建设、推进一体化科技金融服务、建立金融信息共享合作机制 8 个方面提出 16 条具体举措。为深化推进金融服务一体化，"示范区金融 16 条"提出了推进中间业务一体化，鼓励示范区范围内的金融机构提供同城化的对公、对私金融结算服务，取消跨域收费；推进授信业务一体化，支持在示范区试点跨区域联合授信；推进金融机构一体化，支持试点设立示范区管理总部或分支机构等。同月，江苏省发布《〈长江三角洲区域一体化发展规划纲要〉江苏实施方案》，提出要主动服务、积极支持上海发挥龙头作用，充分集成江苏优势发展现代金融。

2020 年 6 月，上海市人民政府、江苏省人民政府、浙江省人民政府印发《关于支持长三角生态绿色一体化发展示范区高质量发展的若干政策措施》，明确大力发展绿色金融。具体内容包括：支持在示范区发展绿色信贷，发行绿色债券和绿色资产支持证券，推行绿色保险，开展水权、排污权、用能权、碳排放权、节能环保质押融资等创新业务。有效对接国家绿色发展基金，充分发挥国家级政府投资基金和项目的示范引领作用，鼓励社会资本设立各类绿色发展产业基金等。

2020 年 7 月，浙江省发布《浙江省推进长江三角洲区域一体化发展行动方案》，提出将大力推进长三角要素市场一体化、信用一体化。

2020 年 12 月，长三角一体化发展示范区执委会出台了《长三角生态绿色一体化发展示范区银行业金融机构同城化建设指引》（以下简称《建设指引》），内容包括构建同城化金融协调机制、制定同城化金融服务规范、建立跨区域联合授信机制、拓展公共服务领域同城化支付场景、加强信息资源共用共享、强化金融风险联防联控六个方面。《建设指引》是继"示范区金融 16 条"后推进示范区金融领域制度创新的一项专项政策，是在金融领域践行"不破行政隶属、打破行政边界"理念的制度创新。

2021 年 10 月，上海市、江苏省、浙江省和安徽省地方金融监管局共同签署《金融助力长三角地区达成"双碳"目标合作备忘录》，达成八点绿色金融共识，即共同构建绿色金融体系、推进长三角区域绿色金融改革创新、加强绿色金融信息互通共享、携手加强绿色金融人才培养、鼓励长三角金融机构参与全国碳排放权交易市场建设、引导金融机构大力发展绿色金融组织体系、鼓励金融机构开展气候与环境信息披露、合力营造长三角区域绿色金融良好信用环境等。

2021 年 11 月，《长三角生态绿色一体化发展示范区绿色金融发展实施方案》发布，该方案提出将通过 3 年左右时间，将长三角一体化示范区打造成为"绿色金融产品和服务创新的先行区"、气候投融资和碳金融应用的实践区、绿色产业和绿色金融融合发展的试验田，方案中还明确提出推动证券市场支持绿色投资，支持发行绿色债券。

2022 年 2 月，上海市信用办会同江苏省、浙江省、安徽省信用办共同发布《2022 年长三角区域信用合作工作计划》，将优化信用长三角平台功能、提升重点领域信用联动效果、发挥重点区域信用合作优势、完善信用专题合作机制的具体工作内容以任务清单的形式予以确定。

2022 年 8 月，《长三角生态绿色一体化发展示范区碳达峰实施方案》出台，提出发展绿色信贷、绿色投资、绿色债券、绿色保险、绿色基金等创新气候投融资和碳金融等产品和工具；运用相关货币政策工具，支持在示范区的金融机构开展绿色信贷业务；充分利用绿色金融评价机制，推动金融机构积极拓展绿色信贷、绿色债券等绿色金融业务。

2022 年 11 月，人民银行等 8 部门联合印发《上海市、南京市、杭州市、合肥市、嘉兴市建设科创金融改革试验区总体方案》。该方案旨在推进五地科创金融改革，推动金融、科技和产业之间的良性循环和互动，从而构建以金融支持长三角协同创新体系建设为核心的多渠道、多层次、全覆盖、可持续的科创金融服务体系。

通过梳理上述政策可以发现，长三角金融一体化的支持政策实际上围绕着三条主线在进行：第一条主线是各地的金融发展要围绕同城化、一体化这一主题，告别以往单一作战的发展模式，真正做到联勤联动；第二条主线是依托长三角金融一体化这一大背景，进行绿色金融建设，助力长三角三省一市实现"双碳"目标；第三条主线是围绕各省市如何支持上海国际金融中心建设，并以上海市作为枢纽，带动各地金融业发展。

就第三条主线"以长三角金融一体化支持上海国际金融中心建设"而言，上海市政府针对性地出台了以下文件，借金融业融合发展的势头进一步提升城市能级：

2021 年 7 月，上海市政府印发《上海国际金融中心建设"十四五"规划》，在上海国际金融中心建设的发展目标中直接提到了"国际绿色金融枢纽地位基本确立"，并在八项主要任务措施中专列绿色金融内容，同时配有发展绿色金融专栏。其中，关于绿色债券，文中提到"支持符合条件的机构发行绿色债券，通过专业化的担保和增信机制降低绿色债券融资成本。推动完善绿色债券规则体系，支持开展绿色债券信用评级工作"。

2021 年 10 月，上海市人民政府办公厅印发《上海加快打造国际绿色金融枢纽服务碳达峰碳中和目标的实施意见》，提出将绿色发展理念与上海国际金融中心建设紧密结合，到 2025 年，上海绿色金融市场能级显著提升，绿色直接融资主平台作用更加凸显。并提出"大力发展绿色债券。扩大绿色债券发行规模，建立绿色债券项目储备，推动绿色债券增量扩面。支持金融机构发行绿色债券，支持符合条件的企业发行绿色企业债、公司债和非金融企业债务融资工具。通过信用风险缓释凭证和担保增信等方式，降低绿色低碳企业发债难度和成本。支持发行地方政府债券用于绿色低碳项目"，"促进绿色和可持续发展领域投资。支持开发绿色股票指数、绿色债券指数、ESG、碳价格相关指数，推出更多基于绿色指数的交易型开放式指数基金（ETF）等产品""引导金融机构为企业提供绿色债券承销……等优质绿色金融服务""支持境外投资者通过直接投资……等方式投资境内绿色债券……等绿色金融产品"。

由此可见，国家相关部委以及省市对于长三角金融一体化以及上海国际金融中心建设方面提供了大量政策支持，长三角区域整体金融实力的提升可期。

（二）长三角金融一体化的新进展

1. 建成征信共享机制。2020 年 12 月，为推进社会信用体系建设，增进区域信用信息共享，中国人民银行落实国家"长三角一体化"战略部署，搭建了"长三角征信链"应用平台。该平台依托区块链、大数据技术实现长三角区域内征信机构的数据共享互通。目前，平台已联通上海、南京、杭州、合肥、苏州、常州、宿迁、台州 8 个地区，共有 11 个节点上链共享企业征信数据。长三角征信链平台提供的企业征信报告角度多样、内容详尽，丰富的商业信用以及与信用相关的替代数据是其特色。同时跨区域的数据统计是其亮点，在企业信贷审查和风险预警、关联审查等方面充分发挥作用。长三角征信链通过区域征信一体化，让长三角区域内金融资源一体化前景可期。

目前，不少小微企业存在财务制度不健全、会计信息失真、对外公开的数据较少等情况，银行对企业实际情况缺乏足够的了解，无法掌握其真实的经营信息、财务状况等。由于信息不对称，银行往往对放贷持谨慎态度。同时，虽然银行对于这些企业的授信金额小，但在审批难度上与大中型企业并无明显差别，导致审批效率低、人力成本高。"长三角征信链"的出现提供了一个解决方案。与人民银行征信中心提供的信贷信息不同，"长三角征信链"提供更多的是非信贷数据，也被称为"替代数据"。通过企业授权之后，加入"长三角征信链"的银行在获得企业授权的前提下，可以在线调取长三角地区的企业信息，涵盖企业基本信息、经营信息、融资信息、抵押与查封信息、涉诉信息、负面信息和水、电、燃气公共事业信息等 29 项内容。有了这些非信贷数据，银行可以更清晰、更全面地了解企业，作出授信与否的判断，大大提高了审批效率。

未来，各参与方还将加强市场调研与多方协作，探索将征信链的应用从金融信用逐步扩展到非金融的商业信用领域。

2. 设立长三角 G60 科创走廊综合金融服务平台、上交所资本市场服务长三角 G60 科创走廊基地。2019 年 12 月，长三角 G60 科创走廊综合金融服务平台正式启用。2020 年 9 月，该平台加挂"上海市中小企业政策性担保基金服务 G60 科创走廊基地"牌子，主要承担政策宣讲、科创板上市培育、企业路演、项目推介、产融对接、专业培训、联合研究等方面职责，同时承担长三角 G60 科创走廊金融服务联盟秘书处职责，负责运营长三角 G60 科创走廊综合金融服务平台。截至 2023 年 11 月，在该平台注册的企业突破 100 万家，入驻机构数 529 家，发布需求 77 万条，解决需求 62 万条，企业在该平台完成的融资总额累计达到了 2.6 万亿元。目前，长三角 G60 科创走廊已初步形成债权、股权、融资租赁、基金、上市联动的综合金融服务生态。

2019 年 12 月，上交所资本市场服务长三角 G60 科创走廊基地启用。为精准对接科创板和注册制改革，长三角 G60 科创走廊持续深入落实九城市与上交所签订的战略合作协议，在上市培育、政策宣讲、专业培训、联合研究、干部交流等方面开展战略合作。具体而言，长三角 G60 科创走廊主要推进以下几项工作：（1）重点聚焦七大战略性新兴产业，动态更新 300 家拟上科创板企业储备库，邀请上交所专家对储备库企业开展分行业、分城市、分层次精准辅导，建立优质科创企业"蓄水池"；（2）成立科创板企业家联盟，建立"4＋5"科创属性实质性判断预咨询、预辅导、预推荐机制，加速高成长性企业登陆科创板。目前，该基地已累计举办拟上科创板企业上市培育、产融对接、双创债、绿色债等各种活动 249 场，线上线下参与 114.7 万人次；科创板共受理长三角九大城市的企业 160 家，其中已注册发行上市 108 家，均超过全国的 1/5，G60 科创走廊已成为企业登陆科创板的沃土。

3. 试点长三角地区跨区域联合授信。联合授信，是指对同一企业（含企业集团，下同）提供债务融资的多家银行业金融机构，通过建立信息共享机制，改进银企合作模式，提升银行业金融服务质效和信用风险防控水平的运作机制。跨区域联合授信则是指多家不同行政区域的银行建立信息共享机制提供授信。

2022 年 3 月，沪、苏、浙、皖、甬五地银保监局联合印发《长三角地区跨省（市）联合授信指引》，推动信贷资源在长三角区域更好畅通流动。这一文件的第五条提出，银行应建立长三角地区跨省（市）联合授信专门机制或制定差异化的授信政策，适度授权，简化审批，理顺各地分支行在客户营销、利益分配和贷后管理等方面的关系。有条件的银行可以建设联动长三角地区各分支行的管理平台，统筹开展联合授信。

2023 年 3 月，银保监会发布《关于进一步做好联合授信试点工作的通知》（以下简称《通知》）。《通知》具体包括十二部分，从充分认识联合授信的重要意义、及时确定企业名单、异地机构积极加入联合授信、加强联合风险防控、压实牵头银行责任、强化履职问责等方面提出具体要求。

目前，多个跨区域联合授信业务已经落地开花，上海银行机构对长三角地区江苏、浙江、安徽三省的贷款余额稳步上升。这样的举措打破了原来的"玻璃门"，使得上海的优质信贷资金得以进入苏浙皖，进一步降低了企业融资成本。

（三）长三角金融一体化的新问题

1. 银行资源差异较大。上海作为金融市场体系最完备的城市，集聚了大量的金融资源与要素，其金融发展水平明显处于领先地位。江苏、浙江、安徽相对滞后，且金融资源主要集中于辖区内中心城市。作为传统金融业务中最重要的组成部分，银行信贷一直是维系金融服务实体经济的有力工具，而长三角三省一市的信贷不平衡也是金融一体化过程中矛盾最突出的领域。

截至 2022 年末，上海市的存贷比为 53.6%，显著低于江苏省的 94.5%、浙江省的 96.9% 及安徽省的 89.3%。存贷比的显著差异一方面说明上海地区直接融资渠道更为畅通，另一方面说明上海地区拥有充足的贷款能力，应当向长三角其他三省进一步辐射以扩展其间接融资的潜在空间。长三角区域内行政化壁垒导致的金融分割不打破，金融市场集聚与扩散效应就难以正常发挥其合理有效配置资源的功能，由此带来的区域性产业分工与产业转移也难以实现。这势必会影响长三角经济一体化高质量发展进程。

因此，如何将征信共享、跨区域联合授信真正转变为贷款，弥合区域间信贷资源不平衡是当前金融一体化工作中很重要的一个课题。

2. 省际绿色金融发展不平衡。长三角三省一市绿色金融在市场体量、制度建设等方面差异较大，存在发展不同步、不平衡现象。在绿色金融市场方面，江苏、浙江两省相对处于领先地位，绿色贷款余额占各自贷款比重均在 8% 以上，绿色债券发行额分别占长三角地区发行总额的 44.1% 和 39.1%。

市场机构方面，长三角绿色金融领域专业服务机构的数量和规模整体有限，金融中介服务水平仍有待提升，行业集中度、规模化和专业化水平较低，缺少品牌效应，而且专业机构大都集中在上海，例如，长三角地区具有证券市场、银行间债券市场绿色债券信用评级资质的评级机构均集中在上海。

制度建设方面，在现有行政分割和体制机制障碍下，长三角三省一市在绿色金融政策制定方面缺乏协同和有效对接，呈现出一定程度的"碎片化"，在长三角一体化层面缺少对绿色金融发展的整体性、系统性、前瞻性规划和考量，也无法在绿色金融生态链上进行有效分工和准确定位。

市场建设方面，长三角地区的环境权益市场仍按行政区划分散发展，没有建立统一的市场体系，各市场之间信息不透明、功能无法互补、价格形成机制不健全，例如，上海碳排放权交易市场已相对成熟，全国碳交易市场也已落户上海，但对长三角其他地区的辐射和带动作用不足；针对全国碳交易市场未能覆盖的领域（能耗低于 1 万吨标准煤的企业），长三角地区缺乏有效的跨区域碳交易机制；浙江、江苏两地的排污权交易市场均已具备一定基础，但由于市场分割，市场定价功能尚未有效发挥。

3. 自贸区金融有待进一步发展。自 2013 年 9 月设立以来，上海自贸试验区的实践打造了以开放促改革、以改革促发展的生动样板。我国自贸区建设也实现从一枝独秀到雁阵齐飞，先后分 6 批设立 21 个自贸试验区。长三角三省一市都设有各自的自由贸易试验区：2017 年 3 月，中国（浙江）自由贸易试验区成立；2019 年 8 月，中国（江苏）自由贸易试验区成立；2020 年 9 月，中国（安徽）自由贸易试验区成立。各自贸区业务已取得一定成果。然而，不可否认的是，以上海自贸区为代表的自贸区开放创新探索与其建设目标相比还存在比较明显的差距，金融领域的先行先试还有待进一步发展。

当前，各自贸区对于开放的金融风险预警和压力测试尚未得到相应的检验。同时，上海自贸区在本外币一体化、资本跨境流动等方面的经验也尚未完全推广至其他自贸区，进一步发展空间很大。

三、长三角金融支持产业发展和城市更新的新举措

2019 年 12 月，中共中央、国务院印发了《长江三角洲区域一体化发展规划纲要》，提出长三角地区是我国经济发展最活跃、开放程度最高、创新能力最强的区域之一，推动长三角一体化发展，增强长三角地区创新能力和竞争能力，提高经济集聚度、区域连接性和政策系统效率，对引领全国高质量发展、建设现代化经济体系意义重大。2023 年 11 月 30 日，中共中央总书记、国家主席、中央军委主席习近平在上海主持召开深入推进长三角一体化发展座谈会并发表重要讲话，强调要紧扣一体化和高质量这两个关键词，统筹科技创新和产业创新，统筹龙头带动和各扬所长，统筹硬件联通和机制协同，统筹生态环保和经济发展，在推进共同富裕上先行先试，在建设中华民族现代文明上积极探索，推动长三角一体化发展取得新的重大突破，在中国式现代化中走在前列，更好发挥先行探路、引领示范、辐射带动作用。

2023 年 10 月 30—31 日召开的中央金融工作会议强调要强化金融的"服务属性"，强调金融要服务经济社会高质量发展，为经济社会发展提供高质量服务，要做好科技金融、绿色金融、普惠金融、养老金融、数字金融"五篇大文章"。长三角金融一体化是长三角一体化的重要内容，要强化长三角金融一体化在长三角经济社会一体化高质量发展中的服务功能。

都市圈和城市群的高质量一体化发展，更容易在产品市场和要素市场打通都市圈和城市群之内和之间的循环，进而畅通国内经济大循环和联通国内国际双循环。长三角一体化无疑在其中应该发挥好先行探路、引领示范、辐射带动作用。长三角金融一体化通过促进区域内商品和要素的自由流动，提高资源配置效率；促进产业升级以及在产业链价值链和空间结构布局上的优化；促进科

技创新的溢出和扩散效应，强化科技进步；促进基础设施的互联互通、能源供应的互保共济、绿色生态的共建共保、公共服务的共建共享促进长三角区域经济社会的一体化发展和高质量发展。

（一）长三角金融支持产业发展的新举措

一是金融服务先进制造业高质量、一体化发展。首先，金融服务制造业转型升级。持续推进长三角三省一市在可持续金融方面的一体化发展，尤其是在绿色金融、转型金融、碳金融方面，建立一致的环境绩效标准，提供更多既能满足监管合规又能满足实际需求的可持续金融产品，为制造业低碳转型提供更多更匹配的金融资源，同时也通过金融数字化和数字金融的发展与深化，进一步支撑绿色金融资源在长三角区域内的流动和配置效率。通过加强长三角三省一市科技金融的一体化协同发展，进一步吸引集聚国际国内的科创信贷、风险投资、私募股权、科技保险以及相关的金融产品创新等服务科技创新、激发创新创业活力、促进科技成果产业化，进而服务产业的升级。其次，金融服务制造业在产业链价值链上的协同和优化。通过金融资源带动各类要素的流动、集聚和辐射，进而带动制造业转型升级过程中上下游产业在产业链价值链上的协同发展，结合三省一市各地的优势和特色，避免产业结构重构带来的"内卷"和资源浪费。最后，金融服务制造业在空间布局上的协同和优化。结合三省一市各自的优势来看，上海要充分发挥国际金融中心和国际科技创新中心的优势，发挥国际绿色金融枢纽、人民币跨境使用枢纽、金融科技中心建设以及自贸试验区的金融制度型开放的引领作用，并与江苏省以苏州市为代表的数字金融特色、浙江省的普惠金融特色、安徽省的科创金融特色相融合形成引领长三角现代产业体系建设和制造业高质量发展的金融新势能，并以金融资源和要素的自由流动和优化配置服务长三角制造业的高质量发展。

二是金融服务现代服务业高质量、一体化发展。首先，金融服务新模式、新业态、新产业的创造。顺应金融和科技融合发展的大势，以金融资源、数据要素的流动带动长三角区域传统服务业的数字化转型，运用大数据、商业智能等技术进行流程重塑、模式改造、业态创新。在长三角区域内做好科技金融、绿色金融、普惠金融、养老金融、数字金融"五篇大文章"的协同发展，通过金融资源在产业链、供应链、价值链和区域空间的配置和布局，服务和促进现代服务业的流程、商业模式和新业态创新，推动长三角区域的现代服务业体系向创新型、数字化、可持续、高质量方向发展。其次，金融服务现代服务业的产业链价值链布局和协同发展。引导金融资源在区域内的自由流动，提升金融资源配置的效率，通过金融资源在产业链、价值链、供应链上的流动和配置，形成上下游产业的合理布局，并能实现价值链各环节的良性互动和价值系统之间的良性循环，进而实现长三角区域内现代服务业的高质量一体化发展。最后，金融服务现代服务业的长三角区域协同发展。三省一市要结合各自的优势和特色，形成区域内和区域间的合理分工和布局，有序竞争、共同发展。要加快上海"五个中心"建设，实现"四大功能"，加快推进浦东新区综合改革试点，大力实施自由贸易试验区提升战略，着力发挥虹桥综合枢纽的辐射效应，带动长三角区域推进以制度型开放为重点的高水平对外开放，在维护金融稳定和安全的前提下，以金融制度型开放为突破，实现更高标准的投融资、经贸自由便利；着力深化金融服务"一带一路"建设的作用，通过金融交易平台、金融产品创新、金融互联互通等方式，服务长三角优势产能、优质装备、适用技术和标准"走出去"。

三是金融服务现代农业高质量、一体化发展。首先，金融服务农业科技技术和绿色低碳一体化发展。根据精准滴灌、正向激励的原则，加大长三角区域农村可持续金融的供给，提升可持续金融资源配置效率和服务水平，创新金融产品和服务模式，加大对农业关键核心技术攻关的金融支持力度，加大对现代设施、农业设备和关键领域研发融资的金融支持，加大对农业绿色低碳发展、农村地区风力发电和太阳能及光伏等基础设施建设的金融支持。其次，金融服务农业强国建设。长三角区域应发挥产权交易和信息服务较为发达的优势，利用现有的农村产权流转交易和融资服务平台，加快探索完善农村产权确权颁证、抵押登记、流转交易、评估处置机制，推动区域内农村产权流转交易和融资服务一体化发展。推广农村承包土地经营权、集体经营性建设用地使用权等抵（质）押贷款业务以及其他可能的金融创新，为农村集体经济发展项目提供融资服务。进一步深化长三角区域农村数字普惠金融，推动金融与快递物流、电商销售、公共服务平台等合作共建，形成资金流、物流、商流、信息流"四流合一"。鼓励金融机构发行"三农"、小微、绿色金融债券，乡村振兴票据等产品，加大"三农"金融产品创新，推动"融资、融智、融商"有机结合，创新搭建招商引资、产销对接、融资支持等综合服务平台。依托上海各类保险交易所、期货交易所等大宗商品交易，优化"保险＋期货"，提高大宗商品"上海价格"的影响力，助力农业强国建设。长三角区域应依托上海国际金融中心建设、长三角生态绿色一体化发展示范区，发挥长三角在可持续金融、农村金融、数字普惠金融等金融支持农业强国建设中的先行探路作用。

四是金融服务长三角科技创新和产业创新统筹发展，服务长三角产业融合发展，构建高质量一体化的长三角产业集群体系。加强金融服务长三角科技创新和产业创新的跨区域协同发展，积极推动服务科技成果商业化、产业化转化的金融产品和服务创新，依托上海联合产权交易所，长三角区域内各高科技园区、特色产业园区、各类孵化器等载体和平台，鼓励金融机构开发各类有针对性的投融资产品，服务于科技创新与产业创新的深度融合，催生新产业、新业态、新模式。进一步深化长三角区域资本市场、金融市场一体化建设，积极鼓励服务于技术转移、产业转移、产业跨区域布局的金融产品和服务创新，引导长三角区域科技创新和产业创新深度融合，提升产业链、供应链的分工协作水平，优化长三角区域的产业结构和空间布局，建设高质量一体化的现代化产业集群。进一步深化对内对外开放，特别是以制度型对外开放为重点，积极推进长三角区域高层次协同开放，有序推动产业的跨境布局，使长三角真正成为畅通我国经济大循环的强大引擎和联通国内国际双循环的战略枢纽。

【案例1】

苏州数字金融先行先试 助力全市金融实现高质量发展[①]

2018年11月，苏州市相城区与人民银行数字货币研究所签订战略合作协议；2019年5月，长三角数字货币研究院、长三角金融科技局有限公司两个平台在苏州正式揭牌；2019年11月，人民银行在苏州召开全国第一次数字人民币闭门研讨会，标志苏州进入数字人民币试点阶段。苏州数字金融发展至今，成为苏州金融发展特色和亮点，助力全市金融实现高质量发展。

一是创新示范性越发凸显。建设可复制可推广的全国创新示范项目，推出全国首个《公积金数字人民币场景应用标准（试行）》，为全省推广提供范本。建立长三角数字人民币研究与应用实训基地、苏州数字金融展示体验中

---

① 资料来源：苏州数字金融大会宣传资料。

心，开展专业化、系统化试点培训，打造苏州数字人民币试点推广样板。创新探索编制发布数字人民币发展指数，提升苏州数字金融发展影响力和首位度。

二是应用覆盖面深入扩大。全市各级行政单位、事业单位、国资公司以数字人民币形式发放工资。苏州公积金实现数字人民币全场景应用。应用覆盖面进一步扩大，全市规模以上企业数字人民币对公钱包开通率 100%，在水、电、燃气等民生服务缴费领域数字人民币场景覆盖率接近 100%。

三是产业支撑度全面强化。已举办两届"金融密码杯"全国密码应用和技术创新大赛颁奖典礼等重大活动，人民银行长三角数字货币研究院、长三角金融科技有限公司、长三角数字金融数据中心三大国家级平台，人民银行数字货币研究所加密资产大数据监测平台、贸易金融区块链平台先后落地苏州。

四是用户认可度稳步提高。在全市范围内启动"数字人民币示范商圈提升工程"，2023 年上半年，各银行和板块共组织数字人民币促销活动 120 个，投入资金超 1.3 亿元，带动消费近 30 亿元，参与人数突破 80 万人次。月活跃个人钱包 113 万个，月活跃对公钱包 6 万个。打造多个促销活动多、用户口碑好、交易金额高、商户覆盖率高的数字人民币消费示范商圈项目。

五是小微企业数字征信试验区获批。获批全国首个小微企业数字征信实验区打造综合金融服务体系，地方征信平台累计入库征信数据超 8 亿条，获得企业授权超 80 万户。

六是五项资本项目外汇业务创新试点获批。全面落地信贷资产跨境转让、跨国公司本外币一体化资金池、外债便利化额度、非金融企业外债登记管理改革、合格境外有限合伙人（QFLP）外汇管理五项试点。涉及市场主体 173 家，金额达 233.75 亿美元。

七是金融科技创新监管试点获批。共有三批 14 个金融科技应用场景项目对外公示，在试点城市位列全国第三，仅次于北京和上海。

八是"苏融通"苏州综合金融服务平台，推动金融高质量服务"苏州制造"。全新推出金融服务品牌"苏融通"，通过布局"一网一通一码"多端服务渠道，着力培育"政府+市场"综合金融服务生态，实现金融政策、产品和服务的一站式供给，建设便捷高效、融合开放、智能创新的综合金融服务体系，引导经济金融高质量发展。截至 2023 年 6 月，苏州综合金融服务平台注册企业达到 24 万家，累计支持全市 6.9 万户企业融资 1.2 万亿元，共 1.3 万家企业获得"信保贷"授信 1 538 亿元，4 万家企业获得信用贷款 3 003 亿元。在企业服务上，可通过高效融资服务工具获得金融支持，享受智能 AI 辅助决策和政策奖补的线上快捷通道服务。在金融机构服务上，通过提供全链路一站式金融服务解决方案，让银行在获客、风控和审批等环节实现降本增效。在政府部门服务上，通过围绕重点产业领域打造特色服务专区，为精准施策提供高效服务路径。

【案例2】

安徽合肥"风投之城"的科技金融实践

合肥模式的成功之处在于，它开创了独具中国特色的风险友好型且极富实践性的特殊融资方式，通过"政府领投 + 市场跟投"，全面铺开"创投城市计划"，致力技术创新转化，推进产业经济发展。具体表现在：

一、推动建设模式创新，加速科技成果转化

一是建立项目分开审批模式。积极对接国家发展改革委，创新建设机制，让综合性国家科学中心建设提速提质。探索主体工程和配套园区分开审批模式，将聚变堆主机关键系统综合研究设施主体和配套园区工程分开审批，让项目开工时间较国家整体审批至少提前 6 个月。

二是"挖潜"关键环节。开创"一套制度、一个项目、一个专班、一张清单"的项目推进新模式。建立高效统一的项目全过程管理制度，为重大项目配备工作专班，明确时间节点、压实工作职责，倒排工期、压茬推进。

三是探索建立大科学装置"沿途下蛋"机制。依托建设布局的 12 个大科学装置，为原始科研创新和科技成果就地交易、就地转化、就地应用，提供重要支撑。

二、招商引资，打造"产学研"交流平台

一是建立"创投城市计划"，以基金为抓手，聚集资本、挖掘项目、判研项目、匹配项目。通过设立政府引导母基金，"以投代引"，广泛利用参股基金筛选优质项目，撬动更多社会资本参与产业发展建设。先后招引京东方、蔚来、比亚迪等龙头企业，让创新产业"无中生有""从有到强"，进而迈入中国城市"万亿俱乐部"，形成国资引领战新产业发展的"合肥经验"。

二是倾听企业家声音，加速创新产业落地。立足市经信厅首创的"市场拓展指导处"，常态化召开产融对接会，打破产业链龙头企业采购订单的信息壁垒，配合产业界的技术需求，加速转化应用。

三是加快推进"科大硅谷"建设，面向全球招募合作伙伴，出台专项扶持政策为创新企业和投资机构量身定制友好型发展环境。

四是产学研结合，搭建交流平台。在集中布局大科学装置集中区的同时，集中布局创新平台，打造新型研发机构集聚地。在合肥高新区核心地段，集中布局中科院量子创新院、中国科学技术大学高新园区、中科院技术创新院、中国科学技术大学先进技术研究院等一批创新平台，打造全球"量子中心"。成立合肥市科技成果转化专班，常态化深入中国科学技术大学、中科院合肥研究院等22家高校院所，开展科技成果项目发现、挖掘、策划、转化和服务。合肥市重点打造"线下路演＋线上直播"结合的"'科里科气'科创荟"科技成果转化项目路演品牌，邀请产业上下游应用企业和投融资机构，通过观摩互动，对科技成果进行现场评价、打磨，加快成果落地转化应用及获得投融资。

（二）长三角金融支持城市更新和社会发展的新举措

一是金融服务长三角基础设施的互联互通。首先，长三角金融一体化要服务于构建"一体化、数字化、低碳化、共享化"的综合交通网络基础设施、服务治理体系、内优外畅的交通体验、宜居宜业宜游的交通环境。要为长三角区域内各类交通基础设施的存量优化和新增项目及区域内各类交通网络基础设施标准跨区域衔接提供足够的投融资、风险管理等金融产品和服务。同时，还要发挥金融资源流动和配置的引导功能，发挥绿色金融等可持续金融、科技金融和数字金融对于交通网络基础设施建设、服务治理、交通体验和交通环境进行绿色低碳和智慧赋能的引导作用，以金融一体化助力交通基础设施高质量互联互通。其次，长三角金融一体化要更好地服务于各省市及跨区域油气管网、智能电网输送体系、清洁能源供应体系等能源基础设施建设的项目和工程，服务于"互联网＋"、数字化、绿色低碳的智慧能源等综合能源项目，服务于上海国际油气交易中心、浙江国际油气交易中心、长三角煤炭交易中心等区域能源市场的建设和合作，服务于区域能源余缺互济市场机制、数据开放共享机制等机制协同创新。针对这些方面的投融资、定价交易、信息披露、风险管理等各方面需求，积极鼓励绿色金融、科技金融、金融科技等方面的金融创新，以金融助力长三角能源基础设施的绿色和科技赋能，实现更高质量的互联互通和互保互济。最后，数字长三角建设既需要充足优质高效的金融服务支持，同时也是长三角金融一体化发展的基础。引导金融资源和服务流向高标准布局新型数字基础设施，包括5G网络建设、卫星互联网服务能力开发建设、大数据中心长三角枢纽节点、算力提升等；流向以"长三角工业互联网一体化发展示范区"和各项"数字＋"平台和项目，助力数字赋能长三角一体化建设；服务于数字治理能力的提升和一体化建设，促进公共数字资源的共享标准和开放机制对接，促进长三角各数据交易所等数据要素市场建设，助力数据安全、数据产权、交易流通、跨境传输等的体制机制建设，同时，依托数据和算力的提升，相关的金融创新又能更好地服务于数字长三角建设，进而形成积极的正向循环。

二是金融服务长三角生态环境共保联治。首先，充分发挥金融服务长三角绿色低碳转型发展的作用，尤其是要发挥绿色金融、碳金融、气候金融、转型金融等可持续金融在支持高碳行业转型和绿色低碳发展中的引导作用，服务长三角碳交易市场一体化建设，充分发挥上海国际绿色金融枢纽对长三角绿色低碳转型发展的支持作用。其次，引导金融资源流向安全、高效、绿色、智慧的供排水、生活垃圾处理、固废危废处理等市政基础设施建设，服务于长三角市政基础设施标准衔接和协同治理。再次，引导金融资源流向水源地保护利用、长三角区域河、湖、海水域生态保护和跨境水域的联防联治，服务区域环境智能感知和智慧监测、生态环境信息共享、生态补偿机制等的建设。最后，服务好长三角生态绿色一体化发展示范区建设，顺应项目协同到区域制度一体化创新趋势，做好相应的长三角金融一体化配套。

三是金融服务长三角公共服务便利共享。积极鼓励普惠金融、养老金融等社会责任和可持续金融的创新，引导金融资源流向长三角区域内社会保障水平的高标准和便利化，流向医疗康养基础设施、医疗康养资源的联动和一体化发展，流向现代教育的高标准、一体化协同发展，流向文化和旅游服务的高标准配置和一体化协同发展，强化金融资源和服务助力长三角基本公共服务制度衔接、政策协同、标准趋同和各领域公共服务便利共享。

四是金融助力长三角合力建设国际一流的营商环境。一方面，长三角金融一体化为金融、法治、市场等方面的营商环境优化提供服务和配套；另一方面，国际化、市场化、法治化营商环境的优化也是实现长三角金融一体化高质量发展的需要。第一，金融资源的自由流动和高效配置相应地带来各类人才等人力资源在长三角区域内的自由流动和高效配置，比如，吸引国际人才来华工作，为企业和人才提供跨境金融便利。第二，通过积极鼓励长三角区域内航运金融等金融创新，助力整合港航物流信息和监管信息的国际贸易"单一窗口"建设，助力一体化进出口商品全流程质量安全溯源管理平台建设等为大通关一体化提供高质量一体化金融服务配套。第三，依托上海自贸区的升级建设，以及江苏、浙江、安徽自贸区的联动，对接更高标准的国际经贸规则，稳慎探索以金融制度型开放为突破的跨境金融创新，率先形成长三角区域内一体化的跨境投融资、跨境贸易便利。第四，助力长三角一体化信用体系建设，实现跨区域联动奖惩和跨区域信用信息共享共用，推动区域内信用行业服务一体化，这既需要区域金融一体化为其提供融资、信息等方面的服务，同时也是完善区域金融营商环境的应有之义。第五，助力长三角一体化高质量的市场营商环境建设，包括助力一体化产品供应链体系建设、市场标准体系的衔接、区域市场监管的联动，以及相应的一体化市场监管信息平台建设等。第六，为长三角法治营商环境的建设提供金融服务和配套，助力智慧法院、异地审理便利等一体化建设，同时，金融法院等金融领域的法治建设既是法治营商环境的重要内容，也是长三角金融一体化的基础保障。

五是金融服务和美乡村和共同富裕战略。运用金融科技、数字金融赋能乡村振兴建设、和美乡村建设，鼓励金融机构运用新一代信息技术和数字技术因地制宜打造惠农利民金融产品和服务，鼓励金融机构发行"三农"、小微、绿色金融债券，推动金融与快递物流、电商销售、公共服务平台等合作共建，形成资金流、物流、商流、信息流"四流合一"的农村数字普惠金融服务体系，促进农民就业增收。鼓励金融机构依托农村产权流转交易和融资服务平台建设进行金融配套和金融创新，推广农村承包土地经营权、集体经营性建设用地使用权等抵（质）押贷款及其他相关金融产品的创新，助力农民增加财产性收益。引导金融资源流向城乡基本公共服务全覆盖建设，鼓励金融机构为城乡公共服务设施配置、长三角基本公共服务标准对接、重点区域和示范性工程等提供金融助力。鼓励金融机构为提升长三角区域农村人居环境、提升生态环境品质和根植人文涵养的和美乡村建设提供金融配套和服务。

【案例3】

浙江普惠金融实践

浙江是民营企业大省，小微企业占比超过九成，是浙江经济的"毛细血管"和保就业、稳增长、促创新的基础（张一帆，2023①）。2022年浙江省国民经济和社会发展统计公报数据显示，2022年全年浙江民营经济增加值占全省生产总值的比重为67%，民营企业创造的税收占全省税收收入的71.7%，民营企业进出口占全省的78.3%；规模以上工业中民营企业数量突破5万家，占比为92.2%；在册市场主体943万户，新设民营企业46万户，占新设企业数的93.5%，私营企业308万户，占企业总量的92.5%。按照2022年末全省常住人口6577万人计，每21个浙江人里就有一个私营企业。因此，普惠金融在浙江既有市场又是助力经济社会高质量发展的重要金融力量。

一是中央和浙江省政策的重视和支持。(1)《浙江省金融业发展"十四五"规划》提出要深化普惠金融改革，打造民营企业和中小微企业金融服务高地，建设具有全国引领示范效应的普惠金融特色带。深化台州小微企业金融服务改革创新试验区建设，持续打造专注实体、深耕小微、精准供给、稳健运行的金融服务模式；推进宁波普惠金融改革试验区建设，率先构建普惠金融信用信息体系，打造优质便捷安全的民生金融服务模式。支持丽水深化农村金融改革、生态产品价值实现机制等试点，深化金融要素集成、制度变革、服务创新，争创全国普惠金融服务乡村振兴改革试验区。(2)人民银行杭州中心支行会同浙江省发展改革委等9部门出台《关于金融赋能山区26县跨越式高质量发展助力共同富裕示范区建设的实施意见》（杭银发〔2021〕156号），从资源投入、产业发展、改革创新、金融服务、部门联动五个方面提出二十二条举措，加大对山区26个县的金融精准支持，助力共同富裕示范区建设。(3)中央财政支持普惠金融发展示范区建设，财政部公布的2023

---

① 张一帆. 走进浙江看农村普惠金融发展［J］. 中国金融，2023（11）：93-96.

年中央财政支持普惠金融发展示范区名单中，浙江宁波、金华、台州、丽水4个设区市上榜。

二是数字赋能普惠金融创新。首先是搭建适合农村的移动支付环境建设，推广数字人民币在"浙里办"等政府数字化平台的应用，推动刷脸支付等生物识别支付应用。其次是浙江农商联合银行以服务"三农""小微"为市场定位，加快数字化转型，通过构建数据共享平台、隐私计算平台、数据运营平台、"丰收数据云平台"等支撑辖内机构的数字化转型；创新推动"数字普惠大脑"项目建设，融合多源、多模态数据，运用知识图谱、隐私计算、机器学习等技术，为客户进行精准画像、识别潜在资金需求，全面为小微企业、个体工商户和低收入农户等提供普惠金融授信。最后是各类"金综平台""金融超市"助力普惠金融发展。"金综平台"是原浙江银保监局联合浙江省发改委、浙江省大数据局等部门，为解决以往平台存在的数据质量差、信息共享方式单一、供需对接效率低、平台封闭运行等问题，提升金融服务实体能力所打造的线上服务平台，浙江省农信联社积极打造数字化应用平台，对接"金综平台"。依托该平台实现资金供需双方的智能匹配、精准对接、风险管控、产品的创新和个性化定制，搭建供需桥梁，缓解小微企业"融资难"，提高服务实体经济的效率。余姚"金融超市"、杭州"e金融"、永康市象珠镇"金融小超市"等是依托城市大数据平台和现代互联网技术搭建的市、县、乡镇等各级别金融服务平台，整合政府扶持政策、公共信用信息、企业融资需求、金融机构融资产品等资源，通过畅通政、银、企信息渠道和线上线下联动，实现融资供需直接对接，缓解中小微企业融资难、融资贵等问题。

三是普惠金融与乡村治理相结合。一方面是通过激活农户基础信息、家庭资产负债信息、村规民约及绿色出行消费等行为信息、负面清单信息等资源，实现金融契约信用和社区信用的联结，实现普惠金融和乡村治理的互融互动。另一方面是普惠金融产品和服务的创新，比如推出农机具、大棚设施、"三权"（农村承包土地经营权、农房财产权、林权）等抵（质）押贷款，"三治（自治、德治、法治）农贷""四治（自治、德治、法治、智治）兴农贷"等服务乡村治理的金融产品和服务创新。

四、长三角金融一体化发展的环境分析

(一) 长三角金融一体化发展的监管环境

在传统的监管体系下，监管层对于地方性法人商业银行要求坚守发展定位，强调严格控制跨区域经营。在长三角金融一体化发展的进程中，相关省市正在逐步推进授信业务的一体化，积极试点跨区域联合授信。随着这些业务的深入实施，传统的金融监管方式在行政区划方面已经显得不再适应当前金融市场的需求，因此迫切需要寻求新的监管模式。其中，打破行政区划的监管限制成为一个关键方向。这意味着需要构建一种新型的跨区域协同监管机制，以更好地适应金融市场的发展趋势，并确保金融市场的稳定和健康。

新型跨区域协同监管机制的建立，意味着监管体系需要更好的灵活性和适应性，能够有效应对金融机构跨越行政区域的经营活动。这可能涉及监管政策的协调和整合，以确保各地金融机构在跨区域经营中平稳运行，同时保持金融市场的整体稳定。这一新型机制的建立也需要引入更加先进的监管技术和手段，以实现对跨区域金融活动的实时监控和风险评估。可能需要建立共享的监管信息平台，使监管机构能够更及时、全面地获取跨区域金融机构的运营情况，从而更加有效地履行监管职责。

以信贷业务为例，长三角地区作为我国经济发展的重要引擎之一，其信贷业务一体化对于整个区域的经济发展至关重要。然而，传统的金融监管模式限制了信贷资源的自由流动和优化配置。因此，需要采取一系列措施来改善监管环境，以促进长三角信贷业务的一体化。

第一，建立一个长三角金融监管联席会议机制。这个机制可以将长三角地区的监管机构联合起来，形成一个统一的监管体系。通过这个机制，各地区的监管机构可以共享信息、交流经验，共同应对金融市场的风险。这有助于消除信息不对称和监管套利的问题，提高整个市场的透明度和公平性。此外，这个联席会议机制还可以定期召开会议，讨论金融市场的动态和监管问题，并制定相应的政策和措施，加强各地区之间的合作和协调，促进金融市场的健康发展。

第二，推动《共建信用长三角宣言》的实施。《共建信用长三角宣言》于

2004 年 5 月发布，旨在促进长三角地区的信用体系建设，进一步推动该宣言实质性的落地实施，将有助于加强各地区之间的信用信息共享。通过建立统一的信用信息平台，可以有效防止金融机构的违规行为，减少金融风险的发生，有助于提升整个市场的信用水平，增强市场参与者的信心和信任。此外，该宣言的实施还可以促进各地区之间的信用合作和信息交流，推动信用评级机构的合作和发展，提高整个市场的透明度和公信力，减少信息不对称和逆向选择问题。

第三，加强功能性监管。加强功能性监管意味着监管需要从以管机构为主转向管机构、管业务并重，强化非现场、现场联动监管。对于一些跨区域的金融业务，应实施统一的监管标准，避免出现监管套利的情况。同时，应加强对金融机构的业务审查和风险评估，确保其合规经营，提高金融机构的合规性和透明度，降低潜在的风险和不确定性。此外，还需要加强对金融机构的资本充足率、流动性等指标的监测和分析，及时发现和应对潜在的风险点。

第四，为了应对可能出现的金融风险，可以探索设立一个区域信用风险互保互助基金。设立区域信用风险互保互助基金可以为涉及跨省市的大型企业债务风险共同组建债委会，提供资金支持和风险保障。这种互保互助的方式能显著增强各地区之间的经济联系和信任，共同应对金融市场的风险和挑战，有助于降低单个地区或机构所面临的风险，提升整个市场的稳定性和韧性。此外，还可以探索建立风险预警机制和应急处置机制，及时发现和应对潜在的风险事件。

第五，研究建立长三角区域性金融风险联防联控机制。区域性金融风险联防联控机制可以促进金融风险监测和金融知识安全宣传平台的共建共享，提升区域性金融风险防控处置能力。通过加强各地区之间的合作和信息交流，可以更好地预防和控制金融风险的发生，保障金融市场的稳定和健康发展，有助于提高整个市场的风险防控能力和应急响应能力，减少潜在的损失和损害。另外，还应继续加强对金融机构风险管理能力的监督和评估，推动其加强内部控制和风险管理水平。

改善监管环境的意义在于创造一个公平、透明和稳定的金融市场环境。通过建立跨区域协同监管机制、加强功能性监管和推动信息共享等措施的实施，可以提高金融机构的合规性和透明度、促进金融机构的创新和发展、提升整个行业的竞争力和可持续发展能力、维护金融市场的稳定和安全、防范和化解金融风险、缩小地区发展差距、促进区域经济一体化和协调发展等。改善监管环境还将有助于加强各地区之间的合作和协调、提高整个市场的透明度和公信力、增强市场参与者的信心和信任、促进资本的有效配置和流动等。这些措施的实施将有助于推动我国金融市场的健康发展、提升我国经济的竞争力和发展潜力、为我国的经济发展作出更大的贡献。

（二）长三角金融一体化发展的政策环境

自 2020 年以来，长三角地区的金融一体化进程在国家及地方各级政府的大力推动下取得了显著进展。这一区域凭借其独特的地理位置、经济实力和资源优势，逐渐成为国内乃至全球金融领域的焦点。为了进一步推进长三角金融一体化，各级政府及相关部门制定了一系列具有针对性的政策文件，为该区域的金融合作与发展提供了强有力的政策环境。这些政策主要归纳为以下六点。

1. 上海金融中心的建设与功能提升。上海市作为长三角地区的核心城市，在整个区域金融发展中扮演着举足轻重的角色，其国际金融中心的地位显得尤为重要。为了进一步提升上海国际金融中心的竞争力，相关政策文件明确提出了加强该中心建设的任务，着重于完善金融基础设施，并提高金融服务的国际化水平。政府计划通过多方面的措施来实现这一目标。首先，对金融基础设施的建设将进行深化和优化，以确保其能够更好地支持国际金融活动。这可能包括提高技术水平、加强信息安全以及建设更加高效的金融交易系统等方面的努力。其次，政策文件鼓励引入更多的国际金融机构，通过提供便利条件和优惠政策，加强上海与国际金融市场的紧密联系。

吸引更多的国际金融机构入驻，不仅可以为上海带来更多的金融资源和人才，同时也有助于促进本地金融市场的国际化。这样的举措将使上海更好地融入全球金融格局，提高其在国际金融舞台上的影响力和竞争力。通过这些努力，上海有望在未来进一步稳固国际金融中心的地位，为整个长三角地区的繁荣和发展作出更大的贡献。

2. 金融业态集聚与区域协同发展。长三角地区各省市在金融发展方面都具备独特的优势和特色，因此政策要求这些地区充分利用各自的优势，进一步推动金融业态的集聚，实现区域间的协同发展。以安徽省为例，合肥市等地依托其丰富的产业基础和资源优势，被鼓励积极发展各类金融业态，包括但不限于金融服务后台基地和股权投资基金等，以形成具有一定规模的集聚效应。新出台的相关政策文件旨在进一步激励和引导各类金融机构向这些地区集聚。这一举措旨在实现资源的优化配置,通过促进金融业的集中发展,提高地区金融体系的整体效益。例如,将金融服务后台基地引入这些地区,有望加速当地金融科技的发展,提高金融服务水平,从而为本地产业提供更为便捷和高效的金融支持。

另外,支持股权投资基金等金融机构在这些地区建设和发展,不仅有望吸引更多资金流入当地产业,还能够促进创新型企业的孵化和成长。通过这些努力,长三角地区各省市的金融业可以实现互补互助,共同推动产业结构的升级和优化,为整个地区经济的可持续发展作出积极贡献。

3. 金融服务同城化与市场互联互通。金融服务同城化是长三角金融一体化的关键目标之一。通过实现金融服务的同城化,可以显著提高整个区域内的金融服务效率,降低企业融资成本,从而促进经济快速发展。相关政策文件明确提出了推进同城化金融服务和试点跨区域联合授信等具体措施,以确保金融服务在长三角地区实现更为紧密的一体化。推进同城化金融服务的举措包括在各城市之间建立更为畅通的金融服务通道,简化金融交易流程,提升金融产品的可获得性。这有助于企业更加便捷地获取资金支持,促使资金流动更为灵活高效。试点跨区域联合授信则意味着不同地区的金融机构可以共同参与企业的融资活动,为企业提供更全面、多元的融资选择,进一步降低了融资成本,促进了跨区域经济合作。

此外,政府的政策还鼓励金融机构积极开展跨境业务合作,推动长三角地区金融市场的一体化进程。这包括在金融监管和法律法规方面的合作,为跨境业务提供更为便利的环境,促进不同城市之间更加紧密的金融合作。通过这些努力,长三角地区有望实现更为紧密的金融一体化,为整个区域经济的协同发展创造更有利的条件。

4. 绿色金融创新与发展。在全球气候变化和环境问题日益严峻的背景下,各国都将绿色金融发展作为经济发展的关键方向。作为国内经济最发达的区域之一,长三角地区不仅紧跟这一趋势,而且在绿色金融领域走在了前列。相关政策文件明确提出了大力发展绿色信贷、绿色投资、绿色债券等创新产品和工具,以全力支持绿色产业发展。

政府鼓励金融机构创新金融产品,例如,推动绿色信贷,以降低对环境友好企业的融资成本,促进可持续发展。同时,支持发行绿色债券,为环保项目提供更多融资渠道，助力绿色经济的发展。这些创新工具有望吸引更多资金流入绿色领域，促进相关产业增长。

为了确保绿色金融的健康发展，政府还提出了一系列措施。其中包括建立绿色金融评价体系，以明确和衡量绿色金融项目的环保效益，从而提高投资者和金融机构对这类项目的信心。另外，加强绿色金融监管也是其中的重要环节，以确保绿色金融市场的透明度和稳定性。通过这些政策措施，长三角地区有望在绿色金融领域树立示范，促使更多地区效仿，共同推动全球经济向着更加环保和可持续的方向发展。

5. 信用合作与信息共享机制建设。信用体系建设是维护金融市场稳定、防范金融风险的关键保障。相关政策文件强调了在长三角地区加强信用合作与信息共享机制建设的重要性。通过建立健全信用信息平台、推动信用信息互通共享等措施，旨在提高整个区域的信用水平，从而有效降低信用风险，优化区域内的营商环境，促进经济健康发展。

政府鼓励建立统一的信用信息平台，以整合和管理各类信用信息，为金融机构和企业提供更为全面准确的信用评估数据。推动信用信息的互通共享，则有助于打破信息孤岛，促进信用数据在长三角地区的跨界流动。这将为金融机构提供更为全面的客户信息，提高信贷决策的精准性，降低不良贷款的风险。

通过加强信用合作与信息共享机制建设，长三角地区有望构建起更为完善的信用生态系统，提高整体信用水平，从而改善企业融资环境、降低融资成本，推动区域内企业的创新和发展。这一系列措施有助于提高金融市场的健康运行水平，增强金融体系的稳定性，为长三角地区的可持续经济增长提供坚实的基础。

6. 政策协同与落实保障。为了确保政策的有效实施，各级政府及有关部门正加强政策协同，并致力于建立完善的政策落实机制。通过加强政策宣传解读、制定具体实施细则及加强监督检查等手段，确保各项政策措施得以切实贯彻，取得实际效果。同时，为更好地应对实际情况，各级政府还在建立健全政策反馈机制上付出努力，以便及时收集和处理政策实施过程中的问题和反馈意见，以不断完善和调整政策措施。首先，政府通过加强政策宣传解读，确保政策理念、目标和具体操作得以深入人心。这有助于提高各级政府和相关部门的执行力，增强广大社会成员对政策的理解和支持。其次，制定具体实施细则是政策成功落地的关键一环。具体实施细则能够对政策内容进一步细化，为执行提供明确的指导和操作规程，确保政策全面、有序、高效实施。加强监督检查是确保政策执行情况的关键措施。通过建立有效的监督体系，政府能够迅速发现和纠正实施中的问题，确保政策执行的连贯性和效果。最后，健全的政策反馈机制有助于及时了解社会反馈，收集实际问题和建议。这样的机制能够为政府调整政策提供有力支持，保证政策更好地符合实际需求，为社会提供更为有效的服务。通过这些综合性的努力，政府能够确保政策既科学合理，又贴近实际，为社会发展提供更为有力的支持。

综上所述，自 2020 年以来，国家及地方各级政府针对长三角金融一体化制定并实施的一系列新政策，为该区域的金融市场发展营造了强有力的政策环境。通过加强金融中心建设、推动金融服务同城化、发展绿色金融、应对气候变化、加强信用合作等方面的政策措施，长三角地区的金融一体化进程不断加速推进。这些政策的出台和实施将进一步促进长三角地区经济的持续健康发展，提升该区域在全球金融格局中的地位，为全国乃至全球的经济发展作出积极贡献。

五、加快推进长三角金融一体化的对策建议

为加速推动长三角金融一体化的发展，各方应在该地区现有金融业及产业特点的基础上，进一步加强基础设施建设、促进金融资源跨区域流动、强化金融创新发展模式。

（一）进一步推进长三角金融一体化发展的基础设施建设

在长三角金融监管协同机制建设方面，建议进一步优化有关机构在长三角地区的组织架构，以提高长三角一体化的全局管理协调能力。例如，当前中国人民银行上海市分行、江苏省分行、安徽省分行、浙江省分行分别对三省一市进行管辖，但在区域协调和一体化发展的过程中存在一定的组织架构和协调机制方面的优化空间。相关机构可以根据长三角金融一体化的需求进行架构调整，以提升监管协同效率。可以考虑设立专门的长三角金融监管机构，负责统筹和协调上海、江苏、浙江、安徽四地的金融监管事务。这一机构可以在各省市设立分支机构，形成更加紧密的监管网络，提高信息共享和业务协同的效果。对于中国人民银行等相关机构，可以进行跨地区的组织架构调整，使得不

同分行的监管职能更为明确，更好地配合长三角一体化发展的需要。此外，可以加强分行之间的协作机制，确保信息畅通、资源共享，提高监管工作的协同效率。建议设立一个专门的长三角金融监管协调机构，以协助各级监管机构在政策协调、信息共享、风险防范等方面更为高效的合作。这个机构可以起到桥梁和纽带的作用，推动长三角金融监管体系更好地服务地区一体化的金融发展目标。通过这些调整和创新，可以优化长三角地区的金融监管协同机制，使其更适应一体化发展的需要，提高监管效能，促进金融市场的协同发展。

在长三角一体化金融稳定评估系统建设方面，建议制定长三角普惠金融指标体系和长三角金融稳定季度指数。考虑到长三角地区民营经济的强劲活力和金融创新的持续涌现，可能存在一定的影子银行风险、信用风险以及金融秩序紊乱的潜在风险。因此，制定长三角普惠金融指标体系是至关重要的。这一指标体系应包括反映金融服务普及程度、小微企业融资支持、农村金融服务等方面的指标，以全面评估金融服务的普惠性。通过建立这样的指标体系，能够更准确地了解长三角地区金融服务的全面状况。建议制定长三角金融稳定季度指数，以使及时地监测和评估金融市场的稳定性。这一季度指数可以包括反映信用风险、流动性风险、市场风险等方面的指标，通过对这些指标的监测，能够更迅速地发现潜在的金融风险，采取及时有效的应对措施。为实现长三角金融监管机制的协同统一，各级监管机构应加强联动，共同参与机制的设计和实施。这包括建立信息共享机制、加强协调合作，形成一体化的监管网络，以更好地应对区域金融市场的多样化和复杂化。通过这些措施，可以有效提升长三角金融一体化发展的监管水平，确保金融市场健康稳定发展。

长三角金融一体化的成功推进离不开对时间进度和区域功能的有效规划。因此，在中长期规划方面，建议从国家层面实施区域整体规划，明确定义长三角地区的中长期目标，并制订因城施策、一城一策的具体方案。然后，由地方层面制定实施细则，对顶层设计规划进行具体实施。首先，国家层面的区域整体规划是确保长三角金融一体化成功实施的关键。这一规划应该明确整个区域的发展方向、战略目标和政策框架，为地方层面提供统一的指导和蓝图。其中，要考虑因城施策的原则，针对每个城市的发展特点和需求，制订个性化的实施方案，以推动金融一体化协同发展。其次，由地方层面制定实施细则，是将国家层面的规划具体贯彻到行动的关键步骤。地方政府可以根据国家规划的指导，结合本地实际情况，制定相应的政策和行动计划，确保金融一体化的推进与地方的经济社会发展相协调。这也包括为实施各项政策提供法规和政策的支持，形成执行合力。整体而言，通过中长期规划的国家层面规划和地方层面的实施细则，可以在金融一体化进程中保障区域内的协同发展。这种分层次的规划和执行模式有助于确保政策的可行性和灵活性，更好地应对不同城市之间的差异，推动长三角金融一体化有序推进。

（二）进一步促进金融资源跨区域流动

为进一步促进金融资源跨区流动，建议制定以下政策：第一，加强政策引导。设立长三角金融一体化专项政策，通过激励措施，鼓励金融机构加大在长三角地区的跨区投放和支持力度。政府可以给予一定的税收优惠、贷款利率优惠贴息等政策支持，鼓励金融机构参与区域一体化建设。第二，建立金融资源共享机制。制定长三角地区金融资源共享机制，强调信息共享、合作共赢的理念。各金融机构应当建立起有效的信息交流平台，确保跨区金融服务的快速响应和协同推进。此外，可以探索建立共同的风险管理体系，提高金融机构对长三角区域的信心。第三，鼓励金融机构设立区域一体化管理总部。给予金融机构在设立长三角一体化管理总部方面更多的支持和激励，包括但不限于税收优惠、融资支持等。这有助于在总部层面更好地统筹规划，提高对长三角区域的全面服务水平。第四，建设金融服务一体化平台。加强金融科技的应用，通过建设统一的金融服务平台，促进金融业务信息化、标准化、便捷化。这有助于金融机构更好地整合业务、优化服务，提高金融资源在长三角地区的流动效率。第五，推动金融机构设立示范区分支机构。给予设立示范区分支机构的金融机构更多的政策支持，鼓励其在示范区内进行创新实践，形成成功经验。这有助于示范区成为推动长三角金融一体化的典范，吸引更多金融机构参与。

通过这些政策建议，可以更好地推动长三角金融资源的跨区流动，促进区域一体化的金融服务体系建设，推动长三角地区经济的协同发展。

（三）鼓励区域金融创新发展

贯彻创新发展理念，深入探索支持长三角科技创新的有效金融模式。为此，建议长三角地区积极开展长三角科创金融改革创新试点，加强科技资源与金融资源之间的紧密对接。在为科技企业提供资金支持的同时，致力于为风险化解提供多样化的金融工具和制度安排。

具体而言，长三角地区可以考虑构建一种全面的、涵盖各个方面的金融支持模式，即"六专机制"。这个机制包括机构设立的专业性、经营机制的专业性、金融产品的专业性、信息平台的专业性、直接融资的专业性以及金融监管的专业性。通过这一机制，长三角地区可以为科技型中小企业提供更为全面和专业的金融服务，助力其全生命周期的发展。另外，长三角三省一市也可以积极推进"人才+资本"融资服务模式。在这个模式下，特别强调人才在科技创新中的关键作用，通过推出长三角科创人才贷、长三角科创专利贷等创新金融产品，将人才与资本有机结合，为科技创新提供更为灵活和个性化的融资服务，进一步推动创新型企业的健康发展。

通过这些创新性的金融模式和产品，长三角地区有望更好地贯彻创新发展理念，为科技创新和创业提供更为有力的金融支持，推动整个区域科技产业的蓬勃发展。

六、参考文献

［1］上海市社会信用建设办公室，江苏省社会信用体系建设领导小组办公室，浙江省信用浙江建设领导小组办公室，安徽省社会信用体系建设联席会议办公室. 2022 年长三角区域信用合作工作计划［R］.

［2］中国金融新闻网. 长三角有这样一条"征信链"［EB/OL］. https：//new. qq. com/rain/a/20220517A059T100.

［3］21 世纪经济报道. 联合授信试点五年探路：有助改善企业融资结构，信息共享瓶颈待解决［EB/OL］. https：//m. 21jingji. com/article/20230307/8663bc483bad10c59cc06648c9c6e21c. html.

［4］澎湃新闻. 长三角 G60 科创走廊科创板上市企业突破 100 家！［EB/OL］. https：//www. thepaper. cn/newsDetail _ forward _ 19719066.

［5］央广网. 国内首个跨省域银行业金融机构同城化建设指导性文件出台［EB/OL］. https：//news. cnr. cn/native/city/20201217/t20201217 _ 525366660. shtml.

［6］搜狐网. 一文了解长三角绿色金融地方政策情况［EB/OL］. https：//www. sohu. com/a/685707959 _ 120933031.

［7］中国人民银行杭州中心支行课题组，陆巍峰. 长三角绿色金融一体

化发展现状，问题和建议［J］．浙江金融，2022（2）：12.

［8］中国人民银行合肥中心支行．安徽省金融运行报告（2023）［R］. 2023.

［9］中国人民银行杭州中心支行．浙江省金融运行报告（2023）［R］. 2023.

［10］中国人民银行上海总部．上海市省金融运行报告（2023）［R］. 2023.

［11］中国人民银行南京分行．江苏省金融运行报告（2023）［R］. 2023.

［12］范从来．以信贷资源优化配置支持长三角一体化发展［R］. 2020.

［13］新华社．习近平主持召开深入推进长三角一体化发展座谈会强调：推动长三角一体化发展取得新的重大突破 在中国式现代化中更好发挥引领示范作用［EB/OL］. http：//www. news. cn/politics/leaders/2023 – 11/30/c _ 1130001743. htm.

［14］华夏时报．长三角金融一体化再进一步！央行正积极推进长三角金融基础设施互联互通［EB/OL］. https：//chinatimes. net. cn/article/109128. html.